KB253526

당신도 이름을 지을 수 있다

家庭作名法

대법원 선정 호적에 사용되는
人名用漢字 5,762 자 수록

金栢滿 著

明文堂

머 리 말

인간은 하느님의 명(命)을 받아 하나의 생명체로서 세상에 태어난다.

귀여운 아들딸이 탄생하였으니 부모의 기쁨이야 오죽하겠는가. 부모는 아기를 애지중지하며, 아기가 무럭무럭 잘 자라서 부귀공명하기를, 또 장수하기를 마음 속으로 기원한다. 아기에게 쏟는 이러한 애정이야말로 인지상정이다.

아기가 잘 되게 하기 위한 일념으로 부모는 우선 아기에게 좋은 이름을 지어 주려고 한다. 이름은 아기의 몸과 영혼이 이 세상에 존재한다는 것을 뜻하는 것일 뿐 아니라 좋은 이름은 부를 때마다 잘 되라는 축복이며 나쁜 이름은 망하라는 욕이 된다는 생각에서이다.

옛날의 군왕(君王)을 비롯하여 성현(聖賢), 군자(君子)와 대학자(大學者), 고관대작, 부호(富豪)에 이르기까지 대개 대명(大名), 소명(小名), 아호(雅號), 자(字) 등, 많은 이름을 갖고 있음을 흔히 보게 된다. 이것은 그만큼 이름을 예부터 중요시하여 왔다는 증거이며, 이렇게 이름을 시기마다 가려 지어 줌으로써 앞날의 행복을 축원했던 것이다. 이 세상에서 삶을 영위하는 동안, 행복을 희구(希求)하는 것은 인간의 본능임과 동시에 지상목표(至上目標)이기도 하다.

어떤 인생의 행로를 가든, 거기에는 으레 행복과 불행이 따르게 마련이다. 인생에 있어서 행복은 최상의 낙이요, 불행은 극도의 슬픔이다. 행복과 불행은 운명이 지어 내는 작품이요, 인과응보(因果應報)의 전개(展開)이다. 천지만물과 더불어 사는 인간에게는 반드시 타고난 운명이 있는 법이며, 운명은 행복과 불행을 조작(造作)해 낸다.

인간은 똑같은 것 같은데, 어찌하여 똑같은 사회에 살며, 똑같은 조건하에서 똑같이 노력을 해도 모두 각기 천차만별의 인생길을 걸어가야만 하는가?

예부터 인간들은 이러한 운명의 문제를 해결하기 위해 어떤 사람은 종교를 통해서, 어떤 사람은 철학이나 과학을 통해서, 깊이 탐구하여 왔다. 어떤 사람은 모든 것이 하늘의 뜻이라고 생각하여 인생의 어려움을 숙명에 떠맡기고 체념한 채 살아간다. 그러나 학문이 발달함에 따라 인간의 운명은 절대적인 것이 아니라 어느 정도 수정될 수 있다는 생각을 갖게 되었다.

동양철학은 인간의 운명을 탐지하여 인생의 나침반(羅針盤) 역할을 함으로써 운명을 호전(好轉)시키는 데 그 뜻을 두고 있다. 즉 우리가 인생의 행로를 감에 있어서 흉(凶)과 길(吉)의 갈림길에 접했을 때 진로(進路)를 좋은 방향으로 제시하여 줌으로써 나쁜 일을 미연에 방지하고 운로(運路)를 개척, 호전시킨다는 데 그 참뜻이 있는 것이다.

더우기 인간의 운명을 어느 선내(線內)에서 성명(姓名)의 운유도력(運誘導力)으로 웬만큼 변경 조절(調節)할 수 있다는 성명학(姓名學)은 오늘날 그 실용가치가 인정되고 있는 실정이다. 모든 인간은 영혼과 육체를 소유하고 있다. 이 영육을 대변하는 대표적 표기인 성명으로 영육(靈肉)의 충동발작(衝動發作)을 일으킴으로써 운명의 진로를 유도하고 호전시킬 수 있다는 것이다. 따라서 역리학(易理學)이 인생행로의 지침(指針) 역할을 하는 것이라면 성명학은 운로(運路)를 변화, 선도(善導)하는 것이라 볼 수 있다.

이에 본인은 인생 운로의 개척에 있어서 나침반이 되어 선도하는 역할을 하고자 성명학책을 펴내게 되었다. 이미 1967년에 《성명판단법(姓名判斷法)》이라는 제목으로 성명학책을 저술한 바 있으나, 그 책의 내용이 초심자들이 이해하기에 어렵다고 생각되어 이를 쉽게 풀어 쓰는 동시에 내용을 좀더 보강하여 새로이 책을 펴내게 된 것이다. 이 책이 독자들의 인생 행로를 개척하는 데 조금이나마 보탬이 된다면 더 이상 바랄 것이 없겠다. 끝으로 이 책을 펴내는 데 도움을 주신 명문당(明文堂)의 김동구(金東求) 사장 이하, 관계 직원 여러분에게 심심한 사의(謝意)를 표하는 바이다.

鶴舞 金 栢 滿 再述

차　례

상편・성명학론(姓名學論)

제1장　운명학과 성명학의 논리(論理)

1. 운명학과 성명학에 대한 인식·······················21
운명학의 의의(意義)와 목적·······················21
성명학의 목적과 유도력 작용·······················23
성명 유도력의 원리·······················24
2. 성명의 중요성·······················25
성명은 자기 영혼과 육체의 대표·······················25
성명의 영동작용(靈動作用)·······················26
성명운의 변화 작용 범위·······················26
신체적 가정적 사회적 환경에 미치는 영향·······················27
개인과 국가의 운명에 미치는 영향·······················29
운명학과 과학·······················30
성명학의 발달과 기본방향·······················31

제2장　작명법(作名法)의 기초와 원리

1. 사주학(四柱學)과 성명학의 기초·······················34

　　육갑법(六甲法) ···································· 34

　　육십갑자법(六十甲子法)·························· 35

　　오행의 상생상극법(相生相剋法) ················ 35

　　간지(干支) 오행의 상생상극법 ················· 36

　　간지의 상합상충법(相合相沖法) ················ 37

2. 간지오행의 속궁(屬宮) ························· 40

　　간지의 방각(方角) ····························· 40

　　간지의 수리(數理) ····························· 40

　　간지의 색상(色相) ····························· 42

　　천간 오행의 본질······························· 42

　　지지(地支)의 월별 계절························· 42

　　간지 오행의 왕쇠(旺衰) ······················· 43

　　매월 절입법(節入法) ··························· 44

　　시간을 정하는 법〔定時法〕···················· 45

3. 간지(干支) 오행의 육신법(六神法)과 육친법(六親法) ········· 47

　　간지의 육신법〔十星法〕························· 47

　　육친법(六親法) ································· 49

4. 신살법(神殺法) ································· 51

　　천을귀인법(天乙貴人法)························· 51

　　정록법(正祿法) ································· 51

　　천덕귀인(天德貴人)과 월덕귀인(月德貴人) ········· 52

금여(金輿)와 문창성(文昌星) ·······························52

역마살(驛馬殺)과 화개살(華蓋殺) ·······················53

도화살(桃花殺)과 장성살(將星殺) ·······················53

원진살(冤嗔殺) ···53

형(刑), 충(沖), 파(破), 해(害)살 ·······················54

고신살(孤神殺)과 과숙살(寡宿殺) ·······················54

양인살(羊刃殺)과 괴강(魁罡) ·····························55

5. 육수법(六獸法) ···55

　육효(六爻)에서의 육수의 작용 운성 ····················56

　성명학에서의 육수의 작용 ·······························57

제3장　성명 조직의 제반법칙

1. 성명 조직의 7대 요령(要領) ····························59

수리운로(數理運路 : 성명의 노선) ·······················59

음양배열(陰陽配列 : 성명의 운성) ·······················59

음령오행(音靈五行 : 성명의 생명) ·······················59

자의 정신(字意精神 : 성명의 정신) ······················60

선천명 합국(先天命合局 : 성명의 조직) ··················60

역리 대상(易理大象 : 성명의 운행) ······················60

오행 역상(五行易象 : 성명의 결정) ······················60

2. 성명의 수리조직 방법 ···60

  수리조직 : 원형이정(元亨利貞)의 4대 운로 ·····················60

  원형이정(元亨利貞)격의 각 영동력(靈動力) ·····················61

3. 수(數)의 원리(原理) ··63

4. 기본수리 해설···64

5. 81수의 영동력(靈動力) ···68

6. 성명의 수리배치 ··85

7. 음령오행(音靈五行)의 원리와 표출법(表出法)·····················93

  음령오행(音靈五行)의 원리···93

  음령오행의 표출법··94

  성명자로 살펴본 발음(음령) 오행의 예·····························96

  음령오행을 간지로 표출하는 법·······································96

  음령오행의 생(生)과 극(剋)의 작용력·······························97

  주음과 종음과의 연결관계 ···98

8. 음령오행의 육친과 육수법(六獸法) ·································101

  외궁 표출법(생년지로 표출하는 것) ·······························102

  내궁(內宮) 표출법〔日干甲木〕·······································103

  육수(六獸) 표출법··104

  성명의 사주표출법 : 음령오행 역상(易象)·······················104

  음령오행 역상에 신살 붙이는 법······································106

9. 음양과 음령오행 배열의 길흉 관계·································107

음양 배열의 길흉·······································107

오행 배열의 길흉·······································108

10. 이름자의 선택·······································109

이름에 함부로 사용하지 않는 글자·······································109

성명에 길한 글자·······································111

성명의 어휘(語彙) 조정·······································111

문자수의(文字數意)와 획수의 차이·······································113

수리역상(數理易象)의 표출법·······································114

제4장 작명법과 각 길흉관계

1. 작명법 총정리·······································116

2. 성명조직의 예(例)·······································117

남자의 사주—김씨의 경우·······································117

여자의 사주—이씨의 경우·······································120

남자의 사주—박씨의 경우·······································122

3. 선천합국의 길흉관계·······································124

4. 수리 각격의 길흉 비법·······································129

형격(亨格)에 길(吉)한 수리배치·······································129

형격에 흉한 수리배치·······································130

4대 운격 수리 종합 길흉수·······································131

  5. 육친에 육수의 길흉 ··· 132

    부선망(父先亡)과 조실부모격(早失父母格) ························· 132

    부모 장수하고 덕 있는 격 ·· 133

    모선망(母先亡)격 ··· 134

    부모 길흉시의 연령기준법 ·· 135

    형제궁 길흉법 ··· 135

    처궁 길흉법 ··· 138

    남편궁 길흉법 ··· 139

    자녀궁 길흉법 ··· 140

    건강, 질병, 수명의 길흉 ··· 144

    수명(사망 시기) ··· 146

    재운의 길흉 ··· 148

    관운과 관운의 길흉 ·· 148

  6. 성격 및 직업 관계 ·· 150

제5장 실제 감정법의 단식과 복식 판단법

  1. 실제 인물 감정의 예(例) ·· 155

  2. 사회 저명인사의 성명 분석 ·· 160

    전 국회의장 이기붕 ·· 160

    국가적 저명인사 성명 약술 ·· 165

3. 상호(商號)와 아호(雅號) 명명법(命名法) ·················· 172

　아호(雅號)의 명명법 ··································· 172

　상호(商號) 및 사호(社號) ······························ 173

　필자의 성명과 아호의 예(例) ·························· 173

하편·사주법론(四柱法論)

제1장 사주의 정립과 원리

1. 사주팔자(四柱八字)를 정하는 법 ······················ 179

　연주(年柱)를 정하는 법 ······························· 179

　월주(月柱)를 정하는 법 ······························· 180

　일주(日柱)를 정하는 법 ······························· 181

　시주(時柱)를 정하는 법〔定時法〕 ····················· 181

2. 대운을 정하는 법〔大運定法〕 ························· 183

　대운(大運)의 기둥 세우는 법 ························· 183

　대운 세수(歲數) 산출법(算出法) ······················ 184

　대운과 연운(年運) 및 월운(月運) ····················· 186

3. 육신(六神)과 육친(六親)의 응용법 ···················· 187

육신의 응용(작용) ·· 187

육친(六親)의 분류(分類) ·· 188

4. 신살 붙이는 법 ·· 189

　　12운성(運星) ·· 189

　　10악대패살(十惡大敗殺) ·· 191

　　백호살(白虎殺) ·· 192

　　음양 차착살(陰陽差錯殺) ·· 192

　　삼재살(三災殺) ·· 192

　　고란과고살(孤鸞寡鵠殺) ·· 193

　　망신살(亡身殺) ·· 193

　　천을귀인과 녹, 역마, 도화, 화개살을 붙이는 방법 ············ 193

제 2 장　사주(四柱)를 푸는 요령

1. 용신법(用神法) ·· 194

　　신약(身弱)과 신강(身强)에 용신 ································ 194

　　용신(用神)의 분류(分類) ·· 197

　　전왕(專旺) 사주의 용신 ·· 198

　　조후(調候) 사주의 용신 ·· 198

　　병약(病藥) 사주 ·· 199

　　통관(通關) 사주 ·· 199

원류(源流) ···································· 200

2. 형상(形象) 격국론(格局論) ···································· 201

　　정팔격(正八格) ···································· 201

　　정관격(正官格) ···································· 201

　　편관격(偏官格) ···································· 203

　　정재격(正財格) ···································· 204

　　편재격(偏財格) ···································· 205

　　잡기재관격(雜氣財官格) ···································· 207

　　인수격(印綬格) ···································· 209

　　편인격(偏印格) ···································· 210

　　식신격(食神格) ···································· 211

　　상관격(傷官格) ···································· 212

3. 외격(外格) 각론 ···································· 213

　　전왕격(專旺格) ···································· 213

4. 기명종격(棄命從格) ···································· 216

　　기명종재격(棄命從財格) ···································· 217

　　기명종살격(棄命從殺格) ···································· 217

　　기명종아격(棄命從兒格) ···································· 218

5. 종강격(從强格) ···································· 218

　　종강격 사주 ···································· 219

　　종재격(從財格) 사주 ···································· 219

종관살격(從官殺格) ·· 220

종세격(從勢格) ··· 220

가종격(假從格) ··· 221

6. 화격(化格)과 가화격(假化格) ······················ 221

7. 양신성상격(兩神成象格)과 방국(方局) ············ 225

양신성상격(兩神成象格) 사주 ························ 225

방(方)과 국(局) ··· 226

국(局) ··· 227

방국이 함께 오는 것 ······································ 228

8. 여자의 사주론 ·· 230

귀격 조건(條件)의 여자 사주 ························ 234

여자 사주의 천한 격 ······································ 234

여자 사주의 길흉관계 ···································· 235

여명 총결론 ·· 235

9. 결혼운 ··· 236

제3장 성명용 한자자전(漢字字典)

1. 글자획수, 뜻, 음령오행 ································· 238

2. 각 성자(各姓字)수, 음양, 오행 ····················· 254

부록 호적에 사용되는 인명용 한자(총 5,762자) ················· 261

상편
성명학론(姓名學論)

제1장　운명학과 성명학의 논리(論理)

인간은 태어날 때 선천적으로 타고나는 운명이 있고, 출생 후에 후천적으로 갖게 되는 성명이 있으니 운명과 성명은 육체와 영혼처럼 불가분(不可分)의 관계로서 존재한다.

1. 운명학과 성명학에 대한 인식

운명학의 의의(意義)와 목적

천지만물은 우주 대생명력(大生命力 : 天靈) 창조력의 근원인 음양(陰陽) 오행(五行；金·木·水·火·土), 수(數) 등의 작용으로 전개되는 것이다. 무릇 한 생명적 인간의 개체는 우주 생성원리에 의하여 선천적으로 우주 대생명의 분화적(分化的) 작용에 의하여 천품(天稟 : 하늘성품)의 정기(精氣 : 天氣)를 받아서 태어나는 것이다. 즉 인간은 소우주(小宇宙) 형상이므로 우주의 원리를 인간에 적용하여 구명하는 것이 운명학이다.

그러면 선천명(先天命)이란 무엇인가? 한 인간의 생명이 선천적으로 받아나는 정기(精氣) 속에는 음양(陰陽) 오행(五行 : 金·木·水·火·土)의 기(氣)의 유기(流氣)가 있으니 이 수기(受氣 : 받는 기)가 생년월일시(生年月日時)를 기점(基點)으로 해서 그 운명적 기국(器局)이 정해지는 것이다. 이것이 선천명으로, 이를 사주팔자(四柱八字) 또는 정명(定命) 정국(定局)이라 하는 것이다.

운명학[四柱八字의 推命學]은 이 선천적으로 수기(受氣)한 음양 오행적 기(氣)의 강약(强弱), 상생(相生), 상극(相剋), 다과(多寡 : 많고 적음) 등의 조화(調和) 여하를 탐색하여 그 정명 정국적인 팔자(八字), 운명의 길흉 관계를 탐구하고 이를 미연에 선도(善導)하려는 것이 학술의 목적이다.

이와 같이 인간이 선천적으로 정기를 받아 나는 것은 부모를 통하여 우주 대생명의 일부를 이어받은 유전생명(遺傳生命)이며, 태어날 때 수기(受氣)되는 음양 오행기(五行氣)의 조화 여하에 따라 대·중·소(大·中·小)의 정명(定命) 정국(定局)이 되어 대·중·소의 인물적(人物的) 운명이 좌우되는 것이다. 즉 대국자(大局者)는 대인물격(大人物格), 중소국자(中小局者)는 중소(中小) 인물격이 되는 것이다. 다시 말해서 대기국자(大器局者)는 성현(聖賢), 호걸(豪傑), 대부(大富), 군왕(君王) 등이 된다는 것이다.

이와 같이 그 인물의 정국은 선천수기의 조화 여하에 따라 만들어지는 것이다. 즉 조명(造命)인 것이다.

그런데 이 선천명이 후천적으로 운행되는 운로(運路)가 조성되니, 운수(運數)라 하는 운(運)이 있게 된다. 즉 우주에는 정기적(精氣的) 음양 오행기가 충만하여 있어서 항상 어느 곳이나 간섭치 않는 곳이 없으며 명(命)하지 않는 데가 없는데, 이 기운(氣運)의 오기(五氣)가 후천적으로 선천명의 수기(受氣)와의 연관작용(聯關作用)을 하고 있다. 이 기운 중 오기(五氣)의 조화(調和) 여하에 따르는 인과(因果)가 여기에서 말하는 명운(命運)의 운(運)이다.

이처럼 선천명과 운(運)을 통틀어서 명운 또는 운명이라고 한다.

따라서 사주추명학(四柱推命學)은 역시 그 개성(個性)의 생년월일시(生年月日時)를 기점으로 해서 선천적 수기의 선천명과 그에 부수(附隨)되는 후천적 수기운(受氣運)의 조화 여하를 탐지 분석하여 길흉화복을 가려 내는 학술이다.

고로 사주법에는 선천명(선천수기), 즉 생년월일시의 사주팔자(四柱八字)와 그 선천수기의 기틀이 후천적으로 운행되는 대운법(大運法)과 유년법(매년의 운행운)이 있게 되는데, 이 대운·유년행운법이 후천적 수기운이다. 그러므로 선천 수기와 후천 수기의 배합조화(配合調和) 작용 여하에 따라 운기가 좌우되며 성공·실패가 결정되는 것이다.

이상과 같이 인간은 육체와 영혼이 선천적, 후천적 수기와 연관작용하여 동하게 되며, 운기가 조성됨으로써 인과(因果)가 이루어지게 되는 것이다.

성명학의 목적과 유도력 작용

위에서 논한 운명학술은 인간이 태어나면서 정해지는 운명과 후천적으로 조성되는 운수론을 말했다.

본서의 성명학은 인간이 타고난 운명에 대하여 후천적으로 가공(加工)되는 성명의 유도력(誘導力)으로서 선천명의 정국 범주 내에서 가히 변동 조정함으로써 운명을 호전(好轉) 선도(善導)하는 데 그 목적이 있는 것이다.

따라서 본 성명학술은 우주의 고등수리(高等數理)와 음양 오행의 원리를 기초로 한 동양철학이요, 과학적 체험통계를 포함한 것이며 특히 본 성명학은 영과학(靈科學)의 일부를 내포한 형이상학(形而上學)이라 할 수 있다.

따라서 성명학은 인간 개체의 선천명과 연관하여 영육(靈肉)의 운동력을 일으켜 운로를 조성하는 데 특성이 있는 것이다.

그러면 성명의 유도력 작용은 어떠한 것인가?

전술한 대로 인간 개체의 운명은 탄생할 때 선천적으로 받아나는 정기에서 생년월일시(生年月日時)를 기점으로 해서 수기되는 오행기의 선존적(先存的) 수기로써 정명 정운되는 그 작용력에 의하여 운화(運化)되는 것인데 이것이 선천명운이요, 성명의 유도력은 후천적으로 가공(加工) 인수(引受)되는 후존적(後存的) 수기(受氣)로써 조성(造成) 운화(運化)되는 작용력이다.

이 후존적 성명의 수기는 선존적 선천명 수기와 합류(合流) 병행(並行)하여 그 개성의 운화공과(運化功果)를 조성하는 것이다.

이 유도력의 작용을 자동차에 비유해 보자. 개인의 사주팔자의 네 기둥을 자동차라고 가정한다면 사주의 기국 형태는 자동차의 종류, 즉 고급승용차, 보통승용차, 트럭 등의 유형적 종별이요, 사주에 따르는 대운(大運)과 연운(年運) 등의 운로(運路)는 그 사주의 운행되는 길로서 자동차의 길과 같은 것이며, 성명의 유도력은 그 자동차의 운전수와 같은 것으로서 그 사주의 운행을 유도하는 작용을 한다.

아무리 자동차나 길이 좋아도 운전수의 기술이 부족하면 그 자동차의 성능을 제대로 발휘할 수 없을 뿐만 아니라 도중에 돌발적인 사고를 일으키는 수가 많다. 그러나 운전수의 기술이 좋으면 자동차가 다소 성능이 떨어진다 하더라도 목적지까지 무사히 도달할 수 있는 것이다.

이와 같이 사주가 좋아도 성명유도력이 부족하면 흉조가 생기고 사주가 나쁘더라도 유도력이 좋으면 비교적 좋은 운명으로 이끌어 갈 수가 있는 것이다.

성명학은 사주에서 수기의 부족한 부문과 필요한 조건을 보강하고, 흉한 것을 제거해 주기 위한 학술인 것이다.

성명 유도력의 원리

인간에게는 정신과 육체를 이어주는 힘(力)이 있다. 즉 영적(靈的) 생명력이 있음으로써 생존할 수 있는 것이다. 이 생명력은 정신과 육체적 활동의 중간에서 중계작용을 하고 있는 것이다. 그런데 선천명의 수기(受氣)는 잠재적으로 육체를 통하여 생명력에 이어져 정신에 도달하고 다시 정신은 육체에 명(命)하여 움직이게 됨으로써 운기(運機)가 조성되는 것이나, 성명은 인간의 영(靈)의 숙소(宿所)로서 후존적(後存的) 성명의 수기(受氣)는 호명(呼名 : 이름을 부름)하면 그 개성(個性)의 정신에 충격(衝激)을 가하고 정신을 통해 발생하는 생명력은 이어 육체에 충격을 주며, 다시 육체적 에너지는 생명(에너지)을 통해 정신에 도달하게 되어 활동이 성사됨으로써 운기가 조성되는 것이다.

이와 같이 성명운 유도력의 작용은 인간 운로에 있어서 불가결(不可缺)한 조건이 되고 있다. 따라서 인간의 운은 숙명(宿命)만이 아니며, 그 선천명운 범위 내에서 어느 정도 변화, 조절할 수 있는 것이다.

그것은 즉 성명유도력의 조화 여하에 따르는 것인데, 그 인과(因果)를 과학적으로 논한다면 일도(一道) 탄생한 개성은 몸과 마음이 구비

되어 활동하게 되는데 자연법리(自然法理)는 음양의 결합으로 발생하되 음양의 결합에서 제일 먼저 나타나는 것이 음(音 : 소리)이니 음이 '리듬'으로 되고 리듬이 중복되어 소리(聲)로 되며, 성음(聲音)이 수(數)로 나타나고, 음수(音數)는 다시 색(色)으로 나타나는 동시에 체(體)가 형성되고 체가 형성되면 활동하기 시작한다는 것이다.

성명을 분석하면 음양, 음령(音靈 : 발음), 수리(數理)로 구성되어 있으니, 호명(呼名 : 이름을 부름)은 만물이 활동하는 운명의 유도력이 되는 것이다.

그러므로 좋은 이름(良名)은 운을 좋게 유도하고, 흉명(凶名 : 나쁜 이름)은 운을 나쁘게 유도하는 것이다.

2. 성명의 중요성

성명은 자기 영혼과 육체의 대표

세상의 만물이 존재하는 이상 그에 따르는 명칭이 있게 마련이니 인간에게도 명칭이 없을 수 없다.

인간의 성명은 그 개성의 영혼과 육체를 대변하는 것이기 때문에 성명에는 개성의 영(靈)이 깃들이게 된다. 다시 말해서, 성명은 자기 영과 연결되어 있는 것이며, 영은 육체에 내재(內在)하여 명령하게 되는 것이니, 성명은 진실로 영육의 대표가 아닐 수 없다.

만일 수만 군중 속에서 누가 자기의 성명을 부르면 자기 정신은 곧 그 방향으로 집중되며, 육체에 명령하여 눈과 귀를 동원한다. 그 원인은 자기 존재가 성명과 육체의 불리관계(不離關係)에 놓여 있기 때문이다.

성명을 부르면 정신이 동하는 것은 영혼이 성명에 깃들여 있는 까닭이다. 따라서 성명은 가장 안전한 자기 존재의 대표요, 자기 존재를 표현하는 유일한 기표(記標)요, 자기 영혼, 즉 생명률(生命律)의 숙소인 동시에 자기의 존재가치(存在價値)를 스스로 인식할 수 있는 징표(徵表)인 것이다.

성명의 영동작용(靈動作用)

지어진 이름(命名됨)에는 반드시 음양 오행, 수(數), 글뜻(字意) 등이 자연적으로 내포되는데, 이 음양 오행, 수 등은 우주 만물이 생성하는 기본조건이며, 그 원리에 따라 응하여 그 작용력으로 운력의 유도를 받게 되는 것이다.

우주의 모든 현상은 수, 음양 오행으로 조성되며, 영동성(靈動性) 파장(波長)으로써 사물이 구별 판단되며 조정(調整)할 수 있는 고유(固有)한 특성을 보유(保有)하고 있는 것이다.

따라서 좋은 이름(良名)은 그 운력을 양도(良導)할 것이요, 나쁜 이름은 그 흉한 작용이 발휘되어 흉한 길로 인도될 것이다.

어떤 사람들은 성명을 단지 인간의 기호(記號)로만 생각하여 운명에 영향을 미치지 않는 것으로 생각한다. 그러나 이것은 잘못된 생각이다. 제아무리 철저한 유물론자(唯物論者)요 성명학을 부인하는 자라 할지라도, 자기의 성명이나 자녀의 이름에 죽을사(死)자나 망할망(亡)자 등은 택하지 않을 것이다. 혹 누군가가 자기의 명함(名啣)을 자기가 보는 앞에서 땅에 던져 짓밟아 버린다면 노여운 감정이 생기지 않는 사람은 없을 것이다. 명함은 작은 종이 한 장에 성명을 새긴 물질적인 것에 지나지 않는다. 그런데 무엇 때문에 감정이 악화되는 것일까? 그것은 자기 인격과 성명이 불가분의 관계에 있기 때문이다.

깊이 생각해 보면 자기 자신이 죽은 후까지도 영원히 자기의 존재를 전할 수 있는 것도 성명이다.

예부터 선천숙명이 단명하다든지 하는 경우에 '개똥(開東)'이니, '돼지'니 '바우'니 하는 등의 천한 이름 또는 별명을 부르는 수가 있는데, 이는 사람이 천하면 장수한다는 관념에서 나온 방법이다. 이것만 보아도 예부터 선천명운이 흉하면 성명으로 전환할 수 있다는 자연발생적 암시를 무의식중에 느낄 수 있다.

성명운의 변화 작용 범위

"좋은 이름만 지으면, 고관대작 또는 큰 부자가 될 수 있을까?"

라고 혹자는 반문하리라. 이런 반문은 어리석은 질문이다. 인간의 행복이란 반드시 큰 벼슬이나 큰 부자가 되어야만 얻어지는 것은 아니다. 제아무리 고관대작이나 큰 부자라 할지라도, 그 환경에 파란곡절이 많으면 불행이요, 의식주가 풍족하지 못하더라도 그 환경이 단란하면 그것이 행복이다.

성명의 유도력은 그 개성의 선천명〔四柱八字〕의 정해진 범위 내에서 소장(消長)의 운화작용(運化作用)을 하는 것이다. 따라서 선천명이 양호하다 할지라도, 성명운이 흉도(凶導)할 때는 그 운력에 지장을 초래하여 그 유도력 각도에 상응(相應)한 흉운을 당하는 것이요, 선천명이 약간 흉하더라도 성명 유도력이 양호하면 비교적 호운(好運)을 맞게 되는 것이다. 고로 인간의 숙명은 절대적인 것이 아니요, 그 본질적인 범위 내에서 가변(可變)할 수 있는 것이다.

간혹 개명(改名)한 결과 일약 부자가 되는 예도 왕왕 있으니 이는 역시 본인의 선천명운에 거대한 재물운이 있기는 하나 성명유도력이 막혀 있는 경우인데, 그 개명유도력으로써 막힌 것을 제거한 까닭이다. 그러므로 이름을 택할 때는 그 선천명운의 본질에서 벗어나지 않는 범위 내에서 최선을 다하여 조정유도해야 한다고 본다.

그런데 예를 들어 군왕(君王), 고관 대작, 혹은 부호(富豪) 등의 성명과 똑같이 작명한다고 해서 그 사람들처럼 되는 것은 아니다. 만일 선천명운이 약한데 강한 유도력을 사용하면 도리어 억압당하여 감당을 못 하게 되는 수가 있으니 주의해야 한다.

신체적, 가정적, 사회적 환경에 미치는 영향

복잡한 오늘날의 사회적 환경으로 볼 때 매일같이 일어나는 교통사고, 가정불화, 자살, 변사, 참사, 범죄 등과 부부의 생사이별, 무자녀로 고민하는 등의 여러 사건을 대조 감정해 보면 흉명의 반영이 대부분임이 실증적인 통계로 나와 있다. 이것만 보더라도 성명작용이 인간운로에 미치는 지대한 영향력을 알 수 있다.

또한 위생학상으로 보아도 인체 건강에 파급되는 성명의 암시 영동력은 실로 강한 것임을 알 수 있다. 즉, 인체에 미치는 각종의 질환 또는 불구, 단명 등도 성명학상으로 감정해 보면 알 수 있으니, 흉명의 영향력이 어느 정도인지 짐작할 수 있을 것이다. 또한 흉명을 양명(良名)으로 바꾸면 그 근본영성(根本靈性)의 방향전환에 따라 어느 한도 내에서 육체의 질환이 호전될 수 있다.

그것은 본래 육체는 인간 영성(靈性)에 존속된 물질적 육상(肉相)이니, 인간 영성이 유숙(留宿)하고 있는 본인의 생명력의 율동자체(律動自體)인 성명을 변경함으로써 영성의 전환이 곧 물질적인 육체에 그 영향을 미치기 때문에 가능한 것이다.

이를 과학적 견지에서 논한다면, 우주의 태양계는 하나의 양(陽)을 중심으로 하여 8음(八陰)이 질서정연하게 일정한 궤도상을 조금도 차질 없이 구형(球形)으로 선회(旋回)하고 있으며, 인간의 세포(細胞)는 남자의 경우 한 개의 양전자를 중심으로 47개의 음전자가 급속도로 선회하고 있으며, 여성의 세포전자 형성은 하나의 양전자에 대하여 48개의 음전자가 선회하고 있다. 또는 하나의 양전자를 중심으로 하여 2개의 음전자가 주위를 돌고 있는 것이 수소(水素)요, 金은 79개의 음전자가 선회하고, 수은(水銀)은 80, 라듐은 88, 원자탄에 사용하는 우라늄은 92개의 음전자가 급속도로 선회하는데 그 중심, 즉 양핵(陽核)은 238개의 양전자와 146개의 음전자로써 견고한 핵(核)을 형성하고 있다고 한다.

따라서 모든 만물은 무엇이나 양전자를 중심으로 하여 회전하는 음전자 수(數)의 다과(多寡)에 의하여 원자(原子)의 분열도(分裂度)와 수명(壽命)과 형태, 생태, 성능(性能) 등이 서로 다른 것이다.

이와 같이 우주의 모든 만물 현상은 무엇이나 음양과 체(體)로 양자(兩者)의 수리결합(數理結合)의 법칙에 기준하여 생성변화한다. 이같은 이치로서 성명의 수리(數理), 음양 오행의 작용과, 호명시(呼名時 : 이름 부를 때)에 성음(聲音 ; 소리)의 영음파동(靈音波動)이 인간생명률(律)에 영향을 미치는 강약, 청탁(淸濁), 고저(高底)의 성능진동(性能振動)으로써 정신 에너지와 연계(連繫)되고 그 작용이 영(靈)과 육체에 파급되기 때문에 병에 대한 변동을 일으켜 치유가 가능한 것이다.

개인과 국가의 운명에 미치는 영향

개인에는 개인의 성명, 단체에는 단체명, 국가에는 국호(국가 이름)가 있어, 그 명칭에 그 생명운동(生命運動)이 개재되는 것이다. 따라서 우리 한국 총체를 대표한 이름을 '대한(大韓)'이라 하였으니 대한은 우리 국가 생명체의 이름이요, 우리 민족의 집결된 인격적(人格的) 표현이다.

우리 민족의 국기(國旗)는 태극기(太極旗)로 상징(象徵)되어 배달민족 정신의 표식(標識)이 되고 우리 민족의 세계관과 인생관이 이 대한과 태극기와 더불어 생성발전되고 있는 것이다.

국호와 국기는 그 나라 그 민족 전체를 대표하며, 그 나라 전체의 인격을 암시하고 상징하는 지대(至大)한 생명의 생생한 율동(律動)이니, 국호와 국기에 대하여 숭엄(崇嚴)한 감이 자연적으로 발로(發露)되는 것이다. 진실로 그 민족성의 진가(眞價)를 국호가 대표하고 국기가 상징하며, 그것은 또 국가민족의 명운(命運)을 인도하는 것이다. 온 겨레의 슬픔도 기쁨도 국호와 국기에 즉각 반영된다. 국호와 국기는 그 나라 민족, 즉 살아 있는 총생명체의 영기(靈氣)가 결집(結集)한 지표(指標)이다.

성명 역시 그 개성을 대표하며, 인격을 상징적으로 표현할 뿐 아니라 그 사람 전체의 생명률, 영혼이 깃들여 있는 것이다.

고금을 막론하고 그 이름을 존중하는 것도 이러한 이치에서이며, 더러운 이름(汚名;오명)을 남기지 않겠다는 숭고한 자연발생의 인격적 심리(心理)도 이에서 나온 것이다.

그러나 오늘날의 세태는 급속한 물질 문명 발달의 편중으로 물질만을 존중하여 물질을 취득하기 위해서는 정의(正義), 도덕, 인격을 돌보지 않고, 명예를 아끼지 않는 무리가 허다하니, 이는 실로 국가의 손실이요, 큰 유감이 아닐 수 없다.

현대인은 국가를 존중하고 상대를 존중하는 마음, 즉 국가의 영기

(靈氣)와 상대의 영혼의 숙소인 국호와 성명의 존엄성을 망각하고 물
질욕에 휩쓸려, 자아(自我)를 잃고 영적 존재성을 은연중에 상실하여
물질의 노예로 되어가고 있는 것이다. 따라서 성명의 존엄성을 자각
하여 정신적으로 행동적으로 상대를 존중하는 마음을 갖는 것이 중요
하다.

운명학과 과학

인간은 누구나 모두가 천지의 법리로 출생한 소우주(小宇宙)이다.
그래서 누구나 자유를 희구(希求)하고 행복을 염원한다. 그런데 왜 우
리는 천차만별의 상위(相違)한 환경과 입장과 처지에서 생활하게 된
것일까?

이 수수께끼를 풀고자 하는 노력은 모름지기 예부터 꾸준히 이어져
왔다. 따라서 모든 학문도 역시 이것을 최대의 목적으로 삼았다. 그래
서 인간들은 철학에서 또는 종교에서 이 비밀의 열쇠를 탐구해 보는
가운데 결국에는 현재의 과학이 발달된 것이다. 이와 같이 철학도, 종
교도, 과학도, 모두가 인간운명의 개척수단이라 할 수 있는데, 과학은
물질문명의 진보를 가져옴으로써 인간생활의 편리를 도모하게 된 것
이 사실이다. 그러나 아직도 행운의 열쇠를 인간에게 주지 못하고 있
음도 역시 사실이다. 과학의 발달이 인간생활에 편리함을 가져다 준
반면, 인간의 불행을 증대시킨 면도 적지 않은 것이다.

예를 들면, 오늘날 교통사고의 빈발로 말미암아 신경과민증, 정신
착란증, 소심공포증, 심장마비, 광증(狂症) 등의 격증은 기계의 발달
에 부수되는 과속, 폭음, 공포, 초조 등에 따른 것이다.

특히 오늘날 군사적으로 원자탄, 수소탄 등의 강한 무기로 무장하
지만 이것은 오히려 자살행위나 다름없는 짓임을 인간은 모르고 있을
뿐만 아니라 과학의 발달만으로는 인간생명도 기계의 한 부속에 지나
지 않게 되며, 인간생활도 기계화되어 일정한 '틀' 속에서 일하고, 놀
고 먹고 자는 건조한 생활, 또는 이기주의적 생활에 빠지게 마련이다.
즉 물질문명만으로는 인간이 행복해질 수 없다는 말이다. 인간이 행

복해지는 길은 영과학(靈科學)의 탐구, 발전에 있다. 영리통효(靈理通曉)에 도달하여 이 신비경을 개척함으로써만이 가능한 것이다.

　인간 본연의 성격은 매우 광활하기 때문에 자연스런 생활을 하고자 한다. 기계적인 '틀'을 초월한 자타일체(自他一體)의 이상세계(理想世界)를 희구하는 것이 인간이다.

　노벨상 수상자인 철학자 '베르그송'은 앞날의 문명은 신비경 개척에 있다 하였다. 물론 여기에는 달나라 또는 화성(火星)을 비행하는 물질세계의 신비경 탐구도 포함될는지 모르겠으나, 그의 관찰 각도는 영성세계(靈性世界), 정신문화의 신비경(神秘境) 개척을 의미한 것이라 하겠다.

　정신문화의 고도화, 즉 영과학(靈科學)의 발달은 정신생활의 진보(進步)인 동시에 인간운명 문제의 해결이다. 그러므로 영묘(靈妙)한 소우주인 인간에다가 그 단순하고 물체적인 이론주의(理論主義)의 틀로써 전부를 규정지을 수는 없는 것이다.

　오늘날 물질문명이 크게 발달된 서양 각국의 학자들도 정신과학, 즉 철학적이며 과학적인 동양철학의 연구에 박차를 가하고 있는 실정이다.

　이 인간사회의 과학의 비약적 발달에 의하여 원자설이 전자설로 옮아 가고, '하이겐베르크'의 원리가 공포되고, 확정설로부터 불확정설로 전진함에 따라 세계사조(思潮)는 필연성(必然性)과 우연성(遇然性)을 깊이 따지게 되고, 금일에 와서는 우연성을 중요시하게끔 되었다. 세상사가 필연성만이 아니요, 우연성이 인간운명을 크게 지배하기 때문이다. 이 우연성을 구명하고자 하는 것이 운명철학이다.

성명학의 발달과 기본방향

　한국, 중국, 일본 등의 동양에서 옛날부터 전해 온 작명법은 주로 글자의 뜻에 치중한 자의정신(字意精神)에 의한 것이 통례이다.

　그러나 학문이 발달됨에 따라 성명학이 약간 진전하였으니 중국에서는 제갈공명(諸葛孔明) 작명법을 비롯하여 역리법(易理法), 음양법,

파자작명법(破字作名法) 등 기타 잡다한 성명학이 있었으며, 우리 한 국에서도 자의(字意) 선택식의 작명법 외에 88제지수(除之數)의 수리 법, 주자(朱子)작명법 황극책정수법(皇極策定數法) 등 기타 각종의 작 명법을 사용해 왔다.

금세기(今世紀)에 이르러 서양에서는 영자(英字)의 중복수와 영자 중에 머리글자[語頭字]와 끝글자[語尾字]에 붙어서 길한 것과 흉한 것 을 가져오는 글자발음식[字音式]을 논하는 성명학이 대두되고 있다.

동양에서는 근대에 이르러 일본에서 발전한 학술 중에 구마자키[熊 崎], 다카지마[高島], 도쿠다[德田], 가네코[金子] 등의 저서가 있다. 그러나 이 서적들은 일본 민족에게만 적합한 것이므로 언어, 문화, 풍 습, 국민성 등이 다른 우리 한국 민족에게는 적합하지 않다.

따라서 우리 한국에서는 선인(先人)들이 창도(唱導)한 학술과 더불 어 많은 성명학자들이 심혈(心血)을 기울여 연구함으로써 많은 학술 서적들이 나오고 있으며 앞으로도 더욱 발전하리라고 생각한다.

본 신성명학(新姓名學)은 종래의 성명학을 종합통일하고, 좀더 구체 적이고 실증적인 원리를 개발키 위하여, 다년간 심혈을 기울여 연구 함으로써 실증적인 통계와 체험적인 정확성으로 좀더 세부적인 면을 파헤쳐서 지금까지 개발치 못한 부분을 발견하는 데 성공하였으며, 따라서 개성의 운명을 세밀하고 정확하게 판단하고 선도할 수 있는 방향으로 전환하였다. 이리하여 필자가 1967년(丁未年)에 《실증철학, 성명판단법(姓名判斷法)》이란 제목으로 저술한 책을 독자 여러분에게 선보였던 것이다.

특히 본서는 현행 학술의 수리역리(數理易理)에 비하여 오행역상(五 行易象)에서 풀려 나오는 운격소장(運格消長)과 부모, 형제, 자녀, 부 부, 재산, 건강, 질병, 수명 등을 명확히 판단할 수 있으며, 이에 대한 영향력을 양도할 수 있는 점을 주로 하고, 수리운로와 연관하여 기간 노선(基幹路線)의 조정(調整)과 선천기국(先天器局)과의 합국 관계를 조 화(調化)하며 오행역상으로써 제2기국으로 변경할 수 있는 방법 등을 구명한 것이다.

　따라서 개성운명을 탐지하며 양도함을 목적으로 하는 진실한 실증학인 동시에 이를 기초로 하여 우리 성명학이 더욱 발전하리라 생각한다.
　이제 여기의 본서는, 전자에 저술했던 성명판단법의 내용을 좀더 보강하고, 작명법을 구체화하여 초심자들이 이해하기 쉽게 다시 풀어서 엮었다. 따라서 독자들은 전자의 성명판단법과 본서를 겸하여 탐독하면 더욱 이해가 빠르리라 생각한다.

제2장 작명법(作名法)의 기초와 원리

작명의 묘리(妙理)는 사주정명(定命)과 연관하여 합국시킴으로써 그 운로를 유도함에 있다. 고로 사주와의 합국 관계와 성명의 수리배치, 음양배열, 음령오행역상(音靈五行易象)의 주입, 자의선택(字意選擇), 자체인상(字體印象), 수리역상(數理易象) 등의 7대 요소의 조직에 있다.

1. 사주학(四柱學)과 성명학의 기초

본성명학은 사주(선천명 정국)를 알고 그 운로를 유도해야 하므로 그 기초를 다음과 같이 알아야 한다.

육갑법(六甲法)
육갑법에는 다음과 같이 천간(天干) 10개와 12개의 지지(地支)가 있다. 10개의 천간을 10간(干)이라 하고 12개의 지지를 12지(支)라 한다.

천간(天干) : 갑(甲)[1] 을(乙)[2] 병(丙)[3] 정(丁)[4] 무(戊)[5] 기(己)[6] 경(庚)[7] 신(辛)[8] 임(壬)[9] 계(癸)[10] —10간
지지(地支) : 자(子)[1] 축(丑)[2] 인(寅)[3] 묘(卯)[4] 진(辰)[5] 사(巳)[6] 오(午)[7] 미(未)[8] 신(申)[9] 유(酉)[10] 술(戌)[11] 해(亥)[12] —12지

위의 천간(天干)과 지지(地支)는 다음과 같이 음양과 오행에 속한다. 오행이란 금(金), 목(木), 수(水), 화(火), 토(土)를 말한다.

천간
- 양(陽) : 甲(木) 丙(火) 戊(土) 庚(金) 壬(水)
- 음(陰) : 乙(木) 丁(火) 己(土) 辛(金) 癸(水)

지지
- 양(陽) : 子(水) 寅(木) 辰(土) 午(火) 申(金) 戌(土)
- 음(陰) : 丑(土) 卯(木) 巳(火) 未(土) 酉(金) 亥(水)

육십갑자법(六十甲子法)

육십갑자는 위에서 표시한 천간(天干)과 지지(地支)를 간(干)의 양(陽)과 지(支)의 양으로 세우고, 음간(陰干)과 음지(陰支)로 세워 육십갑자(六十甲子)가 되니 다음과 같다.

육십갑자 조견표

甲子	乙丑	丙寅	丁卯	戊辰	己巳	庚午	辛未	壬申	癸酉	戌亥가 空
甲戌	乙亥	丙子	丁丑	戊寅	己卯	庚辰	辛巳	壬午	癸未	申酉가 空
甲申	乙酉	丙戌	丁亥	戊子	己丑	庚寅	辛卯	壬辰	癸巳	午未가 空
甲午	乙未	丙申	丁酉	戊戌	己亥	庚子	辛丑	壬寅	癸卯	辰巳가 空
甲辰	乙巳	丙午	丁未	戊申	己酉	庚戌	辛亥	壬子	癸丑	寅卯가 空
甲寅	乙卯	丙辰	丁巳	戊午	己未	庚申	辛酉	壬戌	癸亥	子丑이 空

위의 육십갑자 조견표의 끝란에 표시된 공(空)이란 무엇일까?

간(干)의 갑(甲)에서부터 계(癸)까지에 지(支)의 자(子)에서부터 붙여 가다 보면 지(支)에서 10번째인 유(酉)까지 이어지고 지(支)에서 남은 술해(戌亥)가 갑자(甲子)에서 계유(癸酉)까지의 10순(旬) 중에 들어 있지 않다. 이에 들어 있지 않은 지(支)가 공(空) 되는 것인데 이를 공망(空亡)이라 한다. 이 공망법 사용에 대해서는 앞으로 신살법(神殺法)에서 다시 논하게 된다.

오행의 상생상극법(相生相剋法)

오행〔金木水火土〕에는 서로 생(生)해 주는 것(도와 줌)과 서로 극(剋; 견제함)하는 것이 있는데, 이는 다음과 같다.

오행상생 金生水 : 金은 水를 생한다.
　　　　　水生木 : 水는 木을 생한다.

木生火 : 木은 火를 생한다.
火生土 : 火는 土를 생한다.
土生金 : 土는 金을 생한다.

오행상극　金극木 : 金은 木을 극한다.
木극土 : 木은 土를 극한다.
土극水 : 土는 水를 극한다.
水극火 : 水는 火를 극한다.
火극金 : 火는 金을 극한다.

위에서 논한 상생(相生)은 도와 준다, 또는 낳는다는 뜻이다.

이 오행의 상생상극법을 간지(干支)의 오행에서 찾아서 다음과 같이 적용한다.

간지(干支) 오행의 상생상극법

앞에서 제시한 바와 같이 육갑(六甲)의 간지(干支)에 속한 음양 오행을 찾아서 다음과 같이 상생상극법을 쓴다.

간지(干支) 오행에는 간과 간, 지와 지, 간과 지가 서로 만나서 상생되는 것과 상극되는 것이 있게 된다.

간지(干支) 오행의 상생법

① 갑목(甲木), 을목(乙木), 인목(寅木), 묘목(卯木)은 병화(丙火), 정화(丁火), 사화(巳火), 오화(午火)를 생한다(甲寅乙卯木生→丙丁巳午火).

② 병화(丙火), 정화(丁火), 사화(巳火), 오화(午火)는 무토(戊土), 기토(己土), 미토(未土), 축토(丑土)를 생한다(丙午丁巳火生→戊辰戌己未丑土).

③ 무토(戊土), 기토(己土), 미토(未土), 축토(丑土), 술토(戌土)는 경금(庚金), 신금(辛金), 유금(酉金), 신금(申金)을 생한다(戊辰戌己未丑生→庚申辛酉金).

④ 경금(庚金), 신금(辛金), 신금(申金), 유금(酉金)은 임수(壬水), 계수(癸水), 해수(亥水), 자수(子水)를 생한다(庚申辛酉金生→壬子癸亥水).
⑤ 임수(壬水), 계수(癸水), 자수(子水), 해수(亥水)는 갑목(甲木), 을목(乙木), 인목(寅木), 묘목(卯木)을 생한다(壬子癸亥水生→甲寅乙卯木).

간지(干支) 오행의 상극법
① 庚申辛酉金은 甲寅乙卯木을 극한다.
② 甲寅乙卯木은 戊辰戌己未丑土를 극한다.
③ 戊辰戌己未丑土는 壬子癸亥水를 극한다.
④ 壬子癸亥水는 丙午丁巳火를 극한다.
⑤ 丙午丁巳火는 庚申辛酉金을 극한다.
⑥ 庚申辛酉金은 甲寅乙卯木을 극한다.

간지의 상합상충법(相合相沖法)
간지(干支)의 음양 오행에는 간과 간이 서로 만나서 합하는 것과 충(沖)되는 것이 있고, 지와 지가 서로 만나서 합하는 것과 충되는 것이 있다. 합한다는 것은 서로 의합(意合)됨을 말함이요, 상충이란 것은 서로 대립하고 부딪치는 것을 말한다. 그런데 간과 간, 지와 지가 서로 합하여 변하는 오행이 있게 된다.

간합(干合) : 甲이 己와 합하고, 土로 변한다.
　　　　　　乙이 庚과 합하고, 金으로 변한다.
　　　　　　丙이 辛과 합하고, 水로 변한다.
　　　　　　丁이 壬과 합하고, 木으로 변한다.
　　　　　　戊가 癸와 합하고, 火로 변한다.

위의 간합은 양간이 음간을 극하면서 양은 남성이요, 음은 여성인데, 남성이 여성을 제압하면서 합하므로 이를 부부의합(夫婦意合)이라 한다. 그리고 합하여 생긴 오행은 응용법이 따로 있다.

38

간(干)충극 : 甲이 庚을 충하고 庚은 甲을 극한다.
　　　　　 乙이 辛을 충하고 辛은 乙을 극한다.
　　　　　 丙이 壬을 충하고 壬은 丙을 극한다.
　　　　　 丁이 癸를 충하고 癸는 丁을 극한다.
　　　　　 戊는 甲을 충하고 甲은 戊를 극한다.
　　　　　 (戊와 己의 충도 있다)

이상은 양〔干〕과 양〔干〕, 음〔干〕과 음〔干〕이 서로 만나서 충하고 극하므로 이를 충극이라 한다.

지(支)의 합에는 2개의 지가 만나서 합하는 것이 있으니 이를 6합이라 하고, 지가 3개 모여서 합하는 것이 있으니 이를 지3합(支三合)이라 한다.

이상의 6합이나 3합도 합하여 생기는 오행이 있게 된다.

지6합(支六合) : 子가 丑과 합하고, 土로 변한다.
　　　　　　　 寅이 亥와 합하고, 木으로 변한다.
　　　　　　　 卯와 戌이 합하고, 火로 변한다.
　　　　　　　 辰이 酉와 합하고, 金으로 변한다.
　　　　　　　 巳가 申과 합하고, 水로 변한다.
　　　　　　　 午가 未와 합하고, 변치 않는다.

지6합은 생하면서 합하는 것과 극하면서 합하는 것이 있다.

지3합(支三合) : 申子辰이 합하여 水로 변한다.
　　　　　　　 寅午戌이 합하여 火로 변한다.
　　　　　　　 巳酉丑이 합하여 金으로 변한다.
　　　　　　　 亥卯未가 합하여 木으로 변한다.

지3합으로 생긴 변오행은 그 힘이 다른 오행보다 강하다.

또 3합 중에 반합(半合)이 있다. 즉 3합지 중에 어느 2개의 지가 만나도 합이 되는데, 이것을 반합이라 한다.

　　반합 : 申子,　子辰,　申辰이 반합임.
　　　　　寅戌,　午戌,　寅午가 반합임.
　　　　　巳丑,　巳酉,　酉丑이 반합임.
　　　　　亥卯,　卯未,　亥未가 반합임.

　위의 반합도 3합과 같이 변오행이 있게 되나 3합 오행보다는 힘이 약하다. 그런데 3합하여 변하는 오행의 원리는 3합지(合支) 중에 가운데의 지(支)의 오행과 같은 것이 되는데, 그 이유는 각 지(支) 속에 간(干)의 오행이 들어 있는 동류의 오행이 가운데 지(支)의 오행에 합류되기 때문이다. 예로서 신자진(申子辰)의 수(水)는, 신(申) 중에 임(壬)이 있고, 진(辰) 중의 계수(癸水)가 있어서 임계수(壬癸水)가 자수(子水)에 합류되는 것이다.

　지(支) 중에 간(干) 오행법은 지장간(支藏干)이라 하여 이 지장간법은 앞으로 논하게 되니 참고하기 바란다.

　　지(支)의 상충 : 子가 午를 충한다.
　　　　　　　　　丑이 未를 충한다.
　　　　　　　　　寅이 申을 충한다.
　　　　　　　　　卯가 酉를 충한다.
　　　　　　　　　辰이 戌을 충한다.
　　　　　　　　　巳가 亥를 충한다.

　이 지충(支沖)도 충하면 극하는 것이니 이를 지상충극이라 하며, 충살(沖殺)이라 한다.

　지금까지 위에서 논한 바와 같이 간지(干支)가 상충극하는 것은 주로 흉(凶)의 작용을 하는 것이지만, 충극해서 길(吉)한 경우가 있고 흉한 경우가 있으니 그 운용법이 각 분야마다 다르게 된다. 또 합법(合法)도 역시 길과 흉의 작용이 경우에 따라 다르게 된다.

2. 간지오행의 속궁(屬宮)

간지의 방각(方角)

   甲乙, 寅卯 : 동방(東方)에 속한다.

   丙丁, 巳午 : 남방(南方)에 속한다.

   庚辛, 申酉 : 서방(西方)에 속한다.

   壬癸, 亥子 : 북방(北方)에 속한다.

   戊己, 辰戌丑未 : 중앙(中央)에 속한다.

간지의 수리(數理)

   간지(干支)에는 다음과 같이 수리적(數理的)으로 선천수와 후천수가 있다.

간(干)의 선천수와 후천수 조견표

天　干	甲	乙	丙	丁	戊	己	庚	辛	壬	癸
先 天 數	九	八	七	六	五	九	八	七	六	五
後 天 數	三	八	七	二	五	百	九	四	一	六

지(支)의 선천수와 후천수 조견표

地　支	子	丑	寅	卯	辰	巳	午	未	申	酉	戌	亥
先 天 數	九	八	七	六	五	四	九	八	七	六	五	四
後 天 數	一	十	三	八	五	二	七	十	九	四	五	六

   간지의 선후천수(先後天數)를 다음과 같은 술어로 암기해 두면 편리하다.

  간지의 선천수법 : 甲己子午九, 乙庚丑未八, 丙辛寅申七

丁壬卯酉六,　戊癸辰戌五,　巳亥는 四
간지의 후천수법 : 甲寅三,　乙卯八,　丙午七,　丁巳二
戊辰戌五,　丑未十,　己독(獨)百
庚申九,　辛酉四,　壬癸一,　癸亥六

위와 같이 천간의 후천수와 방각과 오행을 합하여 암기하기에 편리
한 합칭(合稱)의 방법은 다음과 같다.

東方甲乙三八木,　南方丙丁二七火,　西方庚辛四九金
北方壬癸一六水,　中央戊己五十土

위의 방법은 동녘동(東) 자를 파자(破字)하면, 甲과 乙과 三八과 木
이 들어 있기 때문이다. 기타도 이와 같은 이치이다. 그런데 이 간지
의 후천수는 용마하도(龍馬河圖)에서 나온 숫자이다. 용마하도는 옛날
태호복희씨(太昊伏義氏) 때에 나온 말이다.

황하강(黃河江)에서 나온 용과 같이 생긴 말의 등에 무슨 점선(點線)
이 있었다. 이것은 천기(天機)의 비밀부호(秘密符號)인데, 복희씨는 이
를 보고 역경(易經)의 괘(卦)를 지어, 우주만물의 생성원리를 논했던
것이다.

이 그림에서 보는 바와 같이 동쪽에 흑점 을목8수, 갑목3수, 남쪽에 병화7수, 정화2수, 서쪽에 경금9수, 신금4수, 북쪽에 임수1, 계수6, 중앙에 무기토의 50수가 있다.

또 그림의 'ㅇ'의 표시는 양, '●'의 표시는 음을 뜻한다. 숫자(數字)로 봐도, 홀수는 양, 짝수는 음으로 되어 있다.

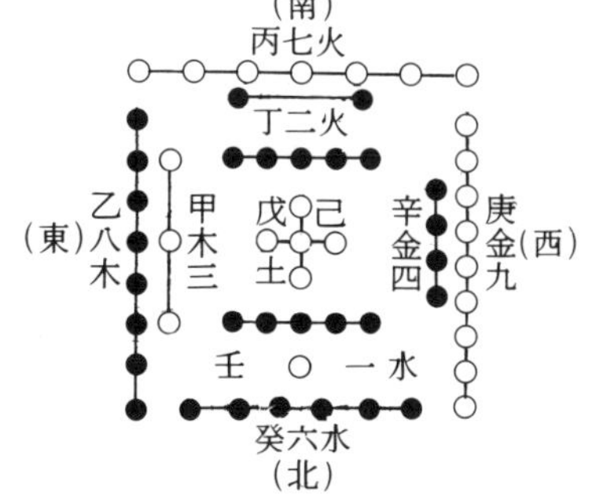

용마하도(龍馬河圖)의 그림

이 하도는 우주생성과 천지만물의 성쇠원리가 들어 있는 하늘의 비밀부호인데 이에 대한 구체적인 진리는 필자가 저술한 《천민(天民)의 나라》라는 책에서 논했으니 참고하기 바란다.

간지의 색상(色相)

간지는 다음과 같이 색(色)으로 **구분된다.**

甲乙寅卯木 : 청색(靑)
丙丁巳午火 : 적색(赤)
戊己辰戌丑未土 : 황색(黃)
庚辛申酉金 : 백색(白)
壬癸亥子水 : 흑색(黑)

천간 오행의 본질

천간 오행의 본질은 다음의 조견표와 같다.

천간 오행의 본질표

天干 五行	甲木	乙木	丙火	丁火	戊土	己土	庚金	辛金	壬水	癸水
본질	대림 (大林)	초목 (草木)	태양 (太陽)	등화 (燈火)	성원 (城垣)	전원 (田園)	강철 (剛鐵)	주옥 (珠玉)	강해 (江海)	우로 (雨露)

지지(地支)의 월별 계절

지(支)는 다음의 조견표와 같이 월별(月別)로 4계절이 구분된다(음력을 기준으로 함).

지(支)의 월별 4계절표

4계절	봄(春)			여름(夏)			가을(秋)			겨울(冬)		
支五行	寅	卯	辰	巳	午	未	申	酉	戌	亥	子	丑
월	1월	2월	3월	4월	5월	6월	7월	8월	9월	10월	11월	12월

간지 오행의 왕쇠(旺衰)

　간지 오행은 계절에 따라 왕(旺)하고 쇠(衰)한다. 이 왕쇠법은 사주학을 비롯하여 기타 운명학에 있어서 중요한 것이다.

　이 간지 오행이 왕하고 쇠하는 원리는 그 간지 오행이 자기 당절(當節)에 왕하고, 다른 오행에서 생(生)해 줄 때 그 힘이 강해지며, 다른 오행이 극하거나, 그 오행이 다른 오행을 생해 주거나, 또는 극해 줄 때는 그 힘이 빠지므로 약해진다. 그리고 자기와 같은 오행이 있어도 힘이 있게 된다.

간지 오행이 왕(旺)하는 시절

① 甲乙寅卯木 : 1, 2월에 왕하고 3월에 木기(氣)가 있어 힘이 있다〔正二月木旺節〕. 10, 11월에 역시 생왕한다(水가 木을 생하기 때문이다).

② 丙丁巳午火 : 4, 5월에 왕하고〔火旺節〕, 1, 2월에 생왕한다(木이 火를 생하기 때문이다). 6월에 火기가 있으므로 힘이 있다.

③ 戊己辰戌丑未土 : 3, 6, 9, 12월에 왕하고〔土旺之節〕, 4, 5월에 생왕한다(火가 土를 생하기 때문이다).

④ 庚辛申酉金 : 7, 8월에 왕하고〔金旺節〕, 3, 6, 9, 12월 생왕한다(土가 金을 생하기 때문이다).

⑤ 壬癸亥子水 : 10, 11, 12월에 왕하고〔水旺節〕, 7, 8월에 생왕한다(金이 水를 생하기 때문이다).

간지 오행이 쇠하는 시절

① 甲乙寅卯木 : 7, 8월에 가장 쇠하고(金이 木을 극하기 때문이다), 4, 5월에 쇠한다. 木이 火를 생해 줌으로써 木의 기운이 빠지기 때문이다. 이를 설기(洩氣)라 한다〔休〕. 또 3, 6, 9, 12월에도 약간 약해진다.

② 丙丁巳午火 : 10, 11, 12월에 가장 쇠한다(水가 극하기 때문이다). 또 3, 6, 9, 12월에 약간 약해진다.

③ 戊己辰戌丑未土 : 1, 2월에 가장 쇠하고, 7, 8월에 약해진다. 설기당하기 때문이다. 10, 11월에도 약해진다.

④ 庚辛申酉金 : 4,5월에 가장 쇠한다(火가 金을 극하기 때문이다). 또 10,11월에 약해진다. 설기되기 때문이다. 또 1,2월에도 약해진다.
⑤ 壬癸亥子水 : 3,6,9,12월에 가장 쇠해진다(土가 水를 극하기 때문이다). 또 1,2월과 4,5월에도 약해진다.

다음은 이상을 알기 쉽게 표로 만든 것이다.

간지 오행의 왕쇠(旺衰) 조견표

旺衰 \ 干支五行	甲乙寅卯木	丙丁巳午火	戊己辰戌丑未土	庚辛申酉金	壬癸亥子水
가장왕함〔旺〕	1 , 2월 (3월 유기)	4 , 5월 (6월 유기)	3,6,9,12월	7 , 8월 (9월 유기)	10,11월
생왕함〔相〕	10,11월	1 , 2월	4 , 5월	3,6,9,12월	7 , 8월
약해짐〔休〕	4 , 5월	3,6,9,12월	7 , 8월	10,11월	1 , 2월
약해짐〔囚〕	3,6,9,12월	7 , 8월	10,11월	1 , 2월	4 , 5월
가장약함〔死〕	7 , 8월	10,11,12월	1 , 2월	4 , 5월	3,6,9,12월

매월 절입법(節入法)

매월에 그 달의 정당행사력(正當行事力)은 그 달의 절입에서부터 완전한 행사력이 있게 된다. 따라서 매월의 초하루가 그 달의 시작일지라도 그 달의 절입이 아니면, 그 달의 행사가 되지 않는다. 즉, 정월이라도 정월절인 입춘절이 지나지 않으면 정월의 기운이 없다.

입절 조견표(干支月의 입절)

年 \ 절입	1월 입춘 立春	2월 경칩 驚蟄	3월 청명 淸明	4월 입하 立夏	5월 망종 芒種	6월 소서 小暑	7월 입추 立秋	8월 백로 白露	9월 한로 寒露	10월 입동 立冬	11월 대설 大雪	12월 소한 小寒
甲己年	丙寅	丁卯	戊辰	己巳	庚午	辛未	壬申	癸酉	申戌	乙亥	丙子	丁丑
乙庚年	戊寅	己卯	庚辰	辛巳	壬午	癸未	甲申	乙酉	丙戌	丁亥	戊子	己丑
丙辛年	庚寅	辛卯	壬辰	癸巳	甲壬	乙未	丙申	丁酉	戊戌	己亥	庚子	辛丑
丁壬年	壬寅	癸卯	甲辰	乙巳	丙午	丁未	戊申	己酉	庚戌	辛亥	壬子	癸丑
戊癸年	甲寅	乙卯	丙辰	丁巳	戊午	己未	庚申	辛酉	壬戌	癸亥	甲子	乙丑

이 법칙은 사주 월주(月柱)를 정할 때 적용한다.

위의 조견표와 같이 언제나 정월은 인월(寅月)이요, 2월은 묘월(卯月)로서 지(支)의 순서대로 진행하면 되는데, 매년의 천간(天干)에 갑(甲)이나 기(己)가 붙는 해는 그 해의 정월이 병인월(丙寅月)로부터 시작하여 2월 정묘(丁卯) 등으로 진행하고, 경년(庚年)이나 을년(乙年)의 정월은 무인월(戊寅月)로부터 순서대로 진행한다. 모두 이와 같은 식인데 이것을 다음과 같이 암기해 두면 편리하다.

甲己년 丙寅頭 : 甲과 己년은 丙寅月부터
乙庚년 戊寅頭 : 乙과 庚년은 戊寅月부터
丙辛년 庚寅頭 : 丙과 辛년은 庚寅月부터
丁壬년 壬寅頭 : 壬과 丁년은 壬寅月부터
戊癸년 甲寅頭 : 戊과 癸년은 甲寅月부터

위의 것을 암기하여 두면 어느 해의 어느 달의 천간(天干)이 무엇인지 빨리 알게 된다. 이와 같은 방법을 둔월법(遁月法)이라 한다.

언제나 연주(年柱)와 월주(月柱)는 그 달의 입절을 기준으로 하기 때문에, 사주에서는 입절이 지나지 않으면 그 달을 사용치 않고, 입절월(入節月)을 사용한다. 또 정월 입춘절(入春節)을 기준하여 그 해를 정한다.

시간을 정하는 법〔定時法〕

간지(干支)로 시간을 정하는 법이 있으니 육갑(六甲)으로 시간을 정하는 법은 오늘날의 두 시간이 간지 시간으로는 한 시간이 된다. 따라서 간지의 시간은 다음과 같다.

子時 : 오후 11시부터 다음날 오전 1시까지
丑時 : 오전 1시부터 오전 3시까지
寅時 : 오전 3시부터 오전 5시까지

卯時 : 오전 5시부터 오전 7시까지
辰時 : 오전 7시부터 오전 9시까지
巳時 : 오전 9시부터 오전 11시까지
午時 : 오전 11시부터 오후 1시까지
未時 : 오후 1시부터 3시까지
申時 : 오후 3시부터 5시까지
酉時 : 오후 5시부터 7시까지
戌時 : 오후 7시부터 9시까지
亥時 : 오후 9시부터 11시까지

위의 12지 시간법을 사주의 시주(時柱)로 정하는 것인데, 이는 생일의 일주(日柱)를 기준으로 하여 생시를 정하는 것이다.

자시나 축시 등의 시지(時支)는 알았으나, 시지의 천간에 무엇이 붙느냐 하는 것을 알아야 하는데, 그것은 다음과 같은 법으로 진행해야 한다. 생일 천간(天干)을 기준으로 정하여 다음과 같은 방식으로 진행한다.

甲己夜(야 : 밤)에 生甲子시하여 甲과 己日은 甲子시부터 乙丑시 등으로 진행하여 생시까지 진행한다.
乙庚夜에 生丙子시하여 丙子시부터
丙辛夜에 生戊子시하여 戊子시부터
丁壬夜에 生庚子시하여 庚子시부터
戊癸夜에 生壬子시하여 壬子시부터

그런데 사주법에서 자시에는 야자시(夜子時)법과 명자시(明子時)법이 있는데, 야자시는 밤 11시부터 12시까지이고, 명자시는 밤 12시부터 내일 새벽 1시까지를 말한다. 명자시는 내일의 일간을 기준하여 자시부터 쓰나, 보편적으로는 명자시보다 야자시를 적용하며, 그것이 타당한 논리이다.

3. 간지(干支) 오행의 육신법(六神法)과 육친법(六親法)

간지의 육신법〔十星法〕

간지(干支) 오행의 상생상극법과 음양법을 적용하여 육신을 표출하는 법이 있다. 이것은 사주학에서도 물론 중요하지만, 특히 본 성명학에서는 음령오행(音靈五行 : 발음오행)법을 응용하므로 매우 중요한 부문이다.

이 육신법을 10성(十星)이라 하는데, 다음과 같이 비견(比肩), 겁재(劫財), 식신(食神), 상관(傷官), 편재(偏財), 정재(正財), 정관(正官), 편관(偏官), 인수(印綬), 편인(偏印) 등의 10종을 말한다. 이는 일간(日干)을 기준하여 상생상극법으로 표출한다.

육신〔十星〕 표출법〔天星〕

① 비견(比肩) : 일간과 오행이 같고 음양도 같은 것.
② 겁재(劫財) : 일간과 오행이 같고 음양이 다른 것.
③ 식신(食神) : 일간이 생해 주는 것으로 음양이 같은 것.
④ 상관(傷官) : 일간이 생하는 것으로 음양이 다른 것.
⑤ 편재(偏財) : 일간이 극하는 것으로 음양이 같은 것.
⑥ 정재(正財) : 일간이 극하는 것으로 음양이 다른 것.
⑦ 편관(偏官) : 일간을 극하는 것으로 음양이 같은 것, 이를 칠살(七殺)이라고도 한다.
⑧ 정관(正官) : 일간을 극하는 것으로 음양이 다른 것.
⑨ 편인(偏印) : 일간을 생하는 것으로 음양이 같은 것, 이를 도식(倒食) 또는 효신(梟神)이라고도 한다.
⑩ 인수(印綬) : 일간을 생하는 것으로 음양이 다른 것, 이를 정인(正印)이라고도 한다.

위의 10성을 표로 만들면 다음과 같다.

육신\日干	비견	겁재	식신	상관	편재	정재	편관	정관	편인	인수
甲	甲	乙	丙	丁	戊	己	庚	辛	壬	癸
乙	乙	甲	丁	丙	己	戊	辛	庚	癸	壬
丙	丙	丁	戊	己	庚	辛	壬	癸	甲	乙
丁	丁	丙	己	戊	辛	庚	癸	壬	乙	甲
戊	戊	己	庚	辛	壬	癸	甲	乙	丙	丁
己	己	戊	辛	庚	癸	壬	乙	甲	丁	丙
庚	庚	辛	壬	癸	甲	乙	丙	丁	戊	己
辛	辛	庚	癸	壬	乙	甲	丁	丙	己	戊
壬	壬	癸	甲	乙	丙	丁	戊	己	庚	辛
癸	癸	壬	乙	甲	丁	丙	己	戊	辛	庚

지성(地星) 표출법

위와 같이 육신 10성을 표출하는 데는 어디까지나 천간(天干)과 천간을 대조하여 표출하는 것이므로, 지성을 표출함에 있어서도 천간을 찾아 표출해야 하는바, 지(支)에 있는 천간을 찾는 법이 있으니 지 속에는 간이 들어 있다. 이를 지장간(地藏干)이라 한다. 이 지장간법을 우선 다음과 같이 찾아 보기로 한다.

子 : 壬癸, 丑 : 癸辛己, 寅 : 戊丙甲, 卯 : 甲乙
辰 : 乙癸戊, 巳 : 戊庚丙, 午 : 丙己丁, 未 : 丁乙己
申 : 己戊壬庚, 酉 : 庚辛, 戌 : 辛丁戊, 亥 : 戊甲壬

위와 같이 지(支) 중에 천간(天干)이 들어 있는데, 이 지장간법에는 여기(餘氣 : 전달의 남은 기)와 중기(中氣), 정기(正氣 : 오행본기) 등으로 구분된다. 그러나 사주법에는 주로 정기를 보편적으로 응용하고 기타는 참고할 뿐이다.

다음 표에서 보는 바와 같이 지(支) 중에 있는 천간(天干)이 여기, 중기, 정기에 따라 그 왕(旺)하는 일수가 있다. 즉 그 일수가 합쳐져 1

지장간 분야도(支藏干分野圖)

支	여기(餘氣) 왕생 일수	중기(中氣) 왕생 일수	정기(正氣) 왕생 일수
寅	戊 : 七日二分	丙 : 七日二分	甲 : 十六日二分
卯	甲 : 十日五分		乙 : 二十日六分
辰	乙 : 九日三分	癸 : 六日一分	戊 : 十八日六分
巳	戊 : 五日一分半	庚 : 九日三分	丙 : 十六日五分
午	丙 : 十日三分	己 : 九日三分	丁 : 十日三分
未	丁 : 九日三分	乙 : 三日二分	己 : 十六日六分
申	己 : 七日一分半 戊 : 六日一分半	壬 : 三日一分	庚 : 十七日六分
酉	庚 : 十日五分		辛 : 二十日七分
戌	辛 : 九日三分	丁 : 三日二分	戊 : 十八日六分
亥	戊 : 七日二分	甲 : 七日二分	壬 : 十二日五分
子	壬 : 十日五分		癸 : 二十日六分
丑	癸 : 九日三分	辛 : 三日一分	己 : 十八日六分

개월이 되는데, 사주법에서는 주로 정기를 육신으로 표출하되, 그 표출법은 천성에서 표출하는 법과 같은 방식으로 일간(日干)을 기준하여 각 정기를 대조하여 표출한다.

육친법(六親法)

육친법이란 사주법의 인간관계를 육신법과 같이 일간(日干)을 기준으로 각 간지(干支)와 대조하면서 육신에 의하여 부모, 형제, 부부, 친구, 동료, 자손, 벼슬, 재물, 학문 등의 관계를 표출하는 방법이다.

육친의 표출법

육친법은 일간을 나[我]로 삼고 육신법으로 표출한다.

- 生我者父母(日干을 생한 자) : 나를 낳은 자는 부모이다[편인, 정인 : 인수].
- 我生者子孫(日干이 생한 자) : 내가 낳은 자는 자손이다[식신, 상관].
- 我剋者妻財(日干이 극한 자) : 내가 극한 자는 처와 재물이다[정재,

편재〕.

- 剋我者官鬼(日干을 극한 자) : 나를 극한 자는 관귀이다〔편관, 정관〕.
- 比和者兄弟(日干과 오행이 같은 자) : 나와 같은 자는 형제이다〔비견, 겁재〕.

위의 육친을 육신법으로 분별하면 다음과 같다.

① 인수(印綬) : 어머니, 장인(丈人) 조부의 자매, 백숙모, 외숙부, 어머니의 형제로 본다.

② 편인 : 후모, 계모, 아버지의 첩, 조부, 이모(姨母), 처남의 처, 이복형제의 어머니.

③ 비견 : 형제, 자식의 후처첩, 고모부, 친구, 동료.

④ 겁재 : 자매, 사촌, 며느리, 처의 외부(外夫), 이복형제, 친구 동료.

⑤ 정재 : 처, 처남, 형제의 처, 모지외부(母之外夫), 고모, 후모(後母)의 정부(正夫).

⑥ 편재 : 남녀 모두 아버지〔父〕로 보고, 또는 후처, 첩, 아버지의 형제, 형제의 재혼 처.

⑦ 정관 : 여자에게는 정혼한 남편, 남자의 일간(日干)이 양일 때는 딸, 음일 때는 아들, 벼슬, 또는 후처 첩의 자식, 증조모, 남자 일간이 음일 때는 아들, 벼슬.

⑧ 편관 : 남자의 일간이 양일 때는 아들, 음일 때는 아들 또는 이복자, 남자는 법관, 무관, 연자엔 재혼남자, 외간남자.

⑨ 식신 : 장모, 증조부, 여자의 일간(日干)이 양일 때는 아들, 음일 때는 딸, 남녀 같이 손자, 사위, 부하.

⑩ 상관 : 조모, 손녀, 외조부, 조카, 여자 일간이 양일 때는 딸, 음일 때는 아들.

이상과 같이 사주법에서는 인간관계로, 성명학에서는 음령오행으로 표출하는 것이 특색이다. 이상은 성명편에서 다시 거론하기로 한다.

4. 신살법(神殺法)

사주학과 성명학을 비롯하여 모든 운명학은 신살법을 응용하는바, 신(神)이란 운명학에 길한 작용을 하는 자요, 살(殺)이란 흉한 작용을 하는 자이다.

천을귀인법(天乙貴人法)

사주나 성명학에서는 이 천을귀인이 붙으면 뭇 사람들이 도와서 성공하기 쉽고, 인품이 유덕하며 학문도 잘 하는 길신이다. 사주에서는 일간(日干)을 기준하여 각 지(支)에 해당자를 쓰고, 성명학에서는 연간(年干)과 일간에서 기준하며, 육효(六爻 : 易理法)에서는 일진(日辰)에서 기준하여 붙이게 된다. 귀인법은 다음과 같다.

- 甲戊庚에 丑未가 귀인이다 : 일간이 甲이나 戊나 庚에는 丑과 未가 귀인이 된다는 것이다〔牛 : 丑, 羊 : 未가 귀인〕.
- 乙己에 子와 申이 귀인이다(鼠 : 子, 猴 : 申).
- 丙丁에 亥와 酉가 귀인이다(猪 : 亥, 鷄 : 酉).
- 壬癸에 巳와 卯가 귀인이다(蛇 : 巳, 兎 : 卯).
- 六辛에 午와 寅이 귀인이다(馬 : 午, 虎 : 寅).

귀인법은 이외에도 많으나 다음에 논한다.

정록법(正祿法)

사주와 본 성명학과 육효법에도 이 녹(祿)법이 붙는바, 이 녹은 복록을 뜻하니 길신록이 붙으면 재물적으로 풍요해진다. 역시 일간(日干)을 기준으로 하고, 본 성명학에서는 연간과 일간을 기준으로 한다.

- 甲에 寅이 祿이다(甲祿在寅).

- 乙에 卯가 祿이다(乙祿在卯).
- 丙과 戊에 巳가 祿이다(丙戊祿在巳).
- 丁과 己에 午가 祿이다(丁己祿在午).
- 庚에 申이 祿이다(庚申祿在申).
- 辛에 酉가 祿이다(辛祿在酉).
- 壬에 亥가 祿이다(壬祿在亥).
- 癸에 子가 祿이다(癸祿在子).

녹은 간(干)의 뿌리가 된다. 이 녹을 건록(建祿)이라고 하는 것이다. 이 녹과 합한 지(支)를 암록(暗祿)이라 하며 역시 길한 작용을 한다.

천덕귀인(天德貴人)과 월덕귀인(月德貴人)

사주에 이 귀인이 있으면 길상(吉祥)을 나타내며 항상 주위환경에서 도와 주는 사람이 많고, 흉성(凶星)이 감해진다. 표출법은 주로 월지(月支)를 기준으로 한다.

천월덕귀인 조견표

月支	寅	卯	辰	巳	午	未	申	酉	戌	亥	子	丑
천덕	丁	申	壬	辛	亥	甲	癸	寅	酉	乙	巳	庚
월덕	丙	甲	壬	庚	丙	甲	壬	庚	丙	甲	壬	庚

금여(金輿)와 문창성(文昌星)

사주에 금여가 있으면 성질이 온후하고, 부부의 좋은 인연이 생기며 문창성이 사주 또는, 성명에 있으면 흉이 길로 변하고, 지혜로우며

문창성과 금여 조견표

日干	甲	乙	丙	丁	戊	己	庚	辛	壬	癸		
문창성	己	午	申	酉	申	酉	亥	子	寅	韶		
금여표	辰	巳	未	申	未	申	戌	亥	丑	寅		

총명하고, 글을 잘 한다. 표출법은 일간(日干)을 기준으로 한다.

역마살(驛馬殺)과 화개살(華蓋殺)

사주와 성명에 역마살이 있으면 타향, 외국 등에 출행이 잦고, 길신에 이 살이 있으면 비약적으로 발전하고, 흉신이면 사사 분주하다. 그리고 화개살이 있으면 문장이 좋고, 예술에 능하며, 지혜가 있다. 혹 중이 되기도 한다. 일지(日支) 또는 연지(年支)를 기준한다.

역마살과 화개살 조견표

日支年支	寅	午	戌	申	子	辰	巳	酉	丑	亥	卯	未
역 마	申	申	申	寅	寅	寅	亥	亥	亥	巳	巳	巳
화 개	戌	戌	戌	辰	辰	辰	丑	丑	丑	未	未	未

도화살(桃花殺)과 장성살(將星殺)

사주나 성명에 도화살(일명 함지살〈咸池殺〉이라고도 하며 패살〈敗殺〉임)이 있으면 호색가(好色家)요, 장성살이 있으면 남자는 길한데 여자는 활동력이 있으나 가정운은 불길하다. 표출법은 연지(年支)나, 일지(日支)을 기준한다.

장성살과 도화살 조견표

日支 年支	寅	午	戌	申	子	辰	巳	酉	丑	亥	卯	未
장성살	午	午	午	子	子	子	酉	酉	酉	卯	卯	卯
도화살	卯	卯	卯	酉	酉	酉	午	午	午	子	子	子

원진살

이 원진살(투쟁살)은 모두 흉살이다. 주로 궁합에 적용하여 이 살이 있으면 싸우기 잘 하며, 사주에 있으면 매사에 막힘이 있고, 성명학에서의 이 살은 수명과 생사에 연관된다.

- 子와 未가 만나면 원진이다.
- 丑과 午가 만나면 원진이다.
- 寅과 酉가 만나면 원진이다.
- 卯와 申이 만나면 원진이다.
- 辰과 亥가 만나면 원진이다.
- 巳와 戌이 만나면 원진이다.

형(刑)·충(冲)·파(破)·해(害)살

- 삼형(三刑)살

  ① 寅—巳—申, 申—寅, 寅—巳, 巳—申 : 지세지형(持勢之刑)이라 한다. 이 살이 있으면 형액, 사고, 실패, 이별 등의 액운이 따르게 된다.

  ② 丑—戌—未, 未—丑, 丑—戌, 戌—未 : 무은지형(無恩之刑)

  ③ 卯—子 : 무례지형(無禮之刑)

  ④ 辰—辰, 午—午, 酉—酉, 亥—亥 : 자형(自刑).

  위의 형살들이 사주에 있으면 흉하다.

- 충살 : 子—午, 丑—未, 寅—申, 卯—酉, 辰—戌, 巳—亥. 이 충살이 있으면 흉해진다.

- 파살(破殺) : 子—酉, 午—卯, 申—巳, 寅—亥, 辰—丑, 戌—未. 이 살이 있으면 파탄된다.

- 해살(害殺) : 子—未, 丑—午, 寅—巳, 卯—辰, 酉—戌. 이 살이 있으면 그 해당되는 육신에 해롭다.

고신살(孤神殺)과 과숙살(寡宿殺)

사주에 고신살과 과숙살이 있으면 과부, 홀아비가 되기 쉽다.

고신과숙살 조견표

年支	子	丑	寅	卯	辰	巳	午	未	申	酉	戌	亥
고신	寅	寅	巳	巳	巳	申	申	申	亥	亥	亥	寅
과숙	戌	戌	丑	丑	丑	辰	辰	辰	未	未	未	戌

양인살(羊刃殺)과 괴강(魁罡)

양인살은 건록(建祿) 다음의 지(支)가 양인이다. 이 살은 칼과 같은 것으로서, 사주에 양인살이 있으면 재물을 파하고 부부운도 파탄되기 쉽다. 사주격이 좋고, 이 살이 있으면 큰 인물이 되나, 주로 강렬하고 난폭하며 성급하다. 간혹 열사, 괴걸, 군인 등의 인물이 되기도 한다. 양인살은 다음과 같다.

- 甲에 卯, 丙에 午, 庚에 酉, 壬에 子, 戊에 午가 양인인데, 乙에 辰, 丁에 未 등의 음간의 양인은 약하므로 적용함이 적다.
- 괴강(魁罡)은 庚戌, 戊戌, 壬辰, 庚辰 등의 4가지 있는바, 이 살이 사주에 있고, 길격이면 대길하나, 흉격이면 극흉한 것으로서 길과 흉이 극단에 흐르는 작용을 한다.

5. 육수법(六獸法)

이 육수법은 주로 육효점법과 기타 육임(六壬), 기문(奇門)법 등에 응용되며, 성명학에서는 중요한 부분이다. 육수법은 다음과 같다.

- 甲乙 : 靑龍(청룡)인데 靑자만 쓴다.
- 丙丁 : 朱雀(주작)인데 朱자만 쓴다.
- 戊 : 勾陳(구진)인데 勾자만 쓴다.
- 己 : 螣蛇(등사)인데 巳자만 쓴다.
- 庚辛 : 白虎(백호)인데 白자만 쓴다.
- 壬癸 : 玄武(현무)인데 玄자만 쓴다.

육수법의 약기(略記)와 오행법

육수	靑龍	朱雀	勾陳	螣蛇	白虎	玄武
약기	靑	朱	勾	巳	白	玄
오행	木	火	土	土	金	水

육수의 속성과 운질

	靑龍	朱雀	勾陳	螣蛇	白虎	玄武
속성	甲乙	丙丁	戊	己	庚辛	壬癸
성질	聖剛	言多	賢仁	詰言多	强	陰幽
운질	護神	口舌	근심	시끄럼	惡强	도둑

육효(六爻)에서의 육수의 작용 운성

- 靑龍 : 대길한 길신으로써 이 청룡이 붙는 곳에 길경사(吉慶事)가 있고, 모든 일이 순조롭게 이루어진다.
- 朱雀 : 이 주작은 구설수를 작용하니, 주작이 붙는 곳에 시비, 구설수가 있게 된다.
- 勾陳 : 이 구진은 근심수를 작용하니, 이것이 붙는 곳에 근심사가 있게 된다.
- 螣蛇 : 이 등사는 괴상한 일, 시끄러운 일, 놀라운 일, 흉몽 등이 작용하니, 이것이 붙는 곳엔 놀랄 일, 괴상한 일, 구설수 등이 있게 된다.
- 白虎 : 이 백호는 모든 사고, 질병, 재물 파탄, 관재 구설 등의 작용을 하니, 이것이 붙는 곳에 모든 흉사가 일어난다.
- 玄武 : 이 현무는 음흉한 작용을 하여 도적, 실물, 사기, 음사 등이 있게 된다.

위의 육수에서, 청룡은 오행으로 목(木)과 토(土)와 수(水) 등이 붙는 것이 길하고, 주작은 화(火)·목(木) 등이 붙으면 그 작용이 강해지며, 구전은 토(土)·화(火)가 붙으면 길하며, 백호에는 신유(申酉) 등의 금(金)이 붙으면 그 흉한 작용이 더욱 강해진다. 특히 육효점의 5효(五爻)에 백호가 임하고, 신금(申金)이 붙으면 교통사고 또는 길중에서의 불의의 사고, 또는 경찰의 시비에 걸리기 쉽다.

또한, 현무에 해(亥)·수(水)가 붙으면 도둑·사기 등에 걸리기 쉽고, 주작이나 등사에 사(巳) 등의 화(火)가 붙으면 화재를 당하기 쉽다.

성명학에서의 육수의 작용

위에서 논한 육수법은 육효점 등에서 작용하는 것이며, 성명학에서는 그 작용이 다르다.

성명학에서는 육수가 어떻게 작용하는 것일까?

성명학상에서 육수는 등급이 있으니 청룡은 군왕 · 대통령 · 성인군자 등의 등급에 해당되고, 주작은 장관급으로서 법관 · 법무장관 등의 등급에 해당되고, 구진은 일반 행정직원에 해당되며, 등사는 내무장관 · 경찰국장 검찰급에 해당되고, 백호는 국방장관 · 군인 등에 해당되며, 현무는 일반 경찰급에 해당된다.

육수가 붙는 곳의 길흉 작용

- 청룡은 길신으로서 성인격의 호신인 동시에 외유내강한 운성을 보유하고 있다. 성명의 육친에 청룡이 붙는 해당 육친은 길상의 호운을 형수하니 예로서 관(官)에 붙으면 벼슬과 명예에 길하고, 손(孫)에 붙으면 귀자와 자손이 많고 유덕하며, 처(妻) · 재(財)에 붙으면, 현처와 재물운에 길하며, 부(父)에 붙으면 부덕(父德)이 있고 부모가 장수하며 사업이 길하게 된다.

- 주작은 성명에는 길흉의 상반운성을 발휘한다. 주작이 관에 붙으면 법관 등의 벼슬에 좋고(이는 사주와 합국했을 경우), 자손이나 재에 붙어도 길하며, 부(父) · 손(孫) · 형(兄)에 붙으면 길하다.

- 구진이 관에 붙으면 일반행정관에 길하고, 처나 재 또는 자손에 붙으면 약하고 근심력이 된다.

- 등사가 관에 붙으면 법관 등에 길하고, 자손 · 재물 등에 붙어도 길하다.

- 백호에 관이 붙으면 무관에 길하다. 그러나 손(孫)과 재(財)에 붙으면 처와 자손에 흉(凶)하고 부(父)도 흉하다.

- 현무가 관에 붙으면 일반 경찰이 되거나, 하급 공무원이 되고, 재물 자손 등에 붙으면 하급격이 된다.

이 육수를 붙이는 법은 성명의 음령오행(音靈五行)이 표출된 곳에 붙이는바, 성명 오행의 아랫부분에서부터 위로 상향하면서 자릿수대로 붙여 올라간다. 즉, 외궁(外宮)에서는 연간(年干) 오행을 기준하고 내궁(內宮)에서는 일간(日干) 오행을 기준한다.

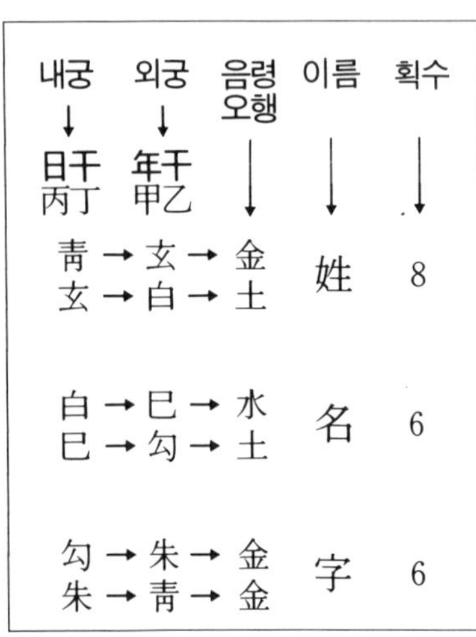

육수 붙이는 법의 예

이 항목은 작명법에서 다시 거론하기로 한다.

본장(本章)에서 지금까지 논한 육갑법, 음양 오행법, 간지(干支) 오행의 작용법, 길신·흉살 등의 신살법, 귀인, 녹법, 육수법 등은 사주의 추명학(推命學)과 본 성명학의 전제 조건이 되는 기초 작업 부분을 논한 것이다.

본 성명학은 다른 성명학과 달라서 어디까지나 사주의 선천명과 성명과의 연관 관계를 철저히 다루었다.

만일 성명의 유도력을 선천명 사주의 요건에 합국시키지 않고 단지 성명의 글자 획수나, 음양 오행 등만 맞추어서 작명한다면, 그대로 운로가 운행되는 것이 아니라 자칫 잘못하면 선천명 운로를 그르칠 뿐만 아니라 그 성명 자체는 아무런 효능을 발휘할 수 없고 허울 좋은 껍데기 성명에 지나지 않는다.

사람마다 선천명에 연관시키지 않고 멋대로 겉모양만 좋은 이름을 지었다 하자. 또 다른 사람도 그와 동일한 이름을 지었다고 하자. 그러면 그들은 모두 같은 운명에 놓이게 되는 것일까?

사람마다 동성동명(同姓同名)을 가졌다 해도 어느 사람은 이러하고 어느 사람은 저러한 길을 가고 있는 것을 본다. 그 까닭은 선천명과 이름과의 부합에 차이가 있기 때문이다. 따라서 본 성명학은 선천명과 합국 관계를 중점적으로 다루고 있는 것이다.

제3장 성명 조직의 제반법칙

사주 정국에 합당한 수리조직, 음양 오행 배열, 자의(字意) 선택, 선천 명운의 요건, 음령역상, 육친의 작용선정, 용신(用神)의 선택 등을 조화시킬 때 비로소 운명은 길운으로 유도된다.

1. 성명 조직의 7대 요령(要領)

수리 운로(數理運路 : 성명의 노선)

우주 만물은 수리, 음양, 오행 등의 3대 요소로 생성 전개되는바, 수리는 우주의 근본 원령(元靈)에서 기원(起源)하는 고등영수학(高等靈數學)으로서 9수의 자승수(自乘數)로 9×9=81수의 신비한 수리영동(數理靈動) 작용을 한다. 성명은 이 수리영동으로 평생의 운로를 좌우하는 성명운의 기간 노선(基幹路線)이 된다(수에도 음양과 오행이 있다).

음양 배열(陰陽配列 : 성명의 운성)

천지 만물은 음양의 조화(造化)로 생성된다. 성명에 음양의 조화(調和), 부조화(不調和) 여하는 그 운성의 강약과 육체조직의 발달과 병행하여 성격의 강유(剛柔)를 지배하며, 수명의 장단의 작용을 한다.

음령 오행(音靈五行 : 성명의 생명)

사람의 소리〔音聲〕에는 영동력(靈動力)이 있다. 고로 옛날에도 언즉 필신(言則必神)이라 하여 말로써 그 사람을 평가할 수 있다고 했다.

영동작용은 가정환경에 관한 육친(六親)과 건강, 질병, 수명, 재산 등의 운력작용에 가장 중대한 역할을 하는 부문으로서 성명의 생명이라 할 수 있다.

자의정신(字意精神 : 성명의 정신)

이름자[姓名字]의 글뜻은 그 인품의 기질과 기국(器局)의 심천(深淺), 그리고 처세(處世)의 지향을 암시하며, 생활상태의 무형면(無形面)을 지배한다.

선천명 합국(先天命合局 : 성명의 조직)

선천명 정국[四柱]과의 합국 여하에 의하여 운력의 양도(良導)와 흉도(凶導)를 결정적으로 지배하는 부문으로서 사주격에 상응한 수리조직, 음양 배열, 오행의 조화, 자의 선택, 역상조정 등을 총괄하는 부문이다. 즉 사주에 필요로 하는 용신(用神)과 격국에 응해야 한다.

역리 대상(易理大象 : 성명의 운행)

성명 전체의 수리역상과 오행역상에 기점하여 선천 명리(命理 : 四柱)와 후천적 성명운과의 오묘한 연관 관계가 작용되며 운기가 변화작용하는 제반 운로를 종합적으로 구명 또는 선용 호전할 수 있는 것으로서 운명 전체를 대표적으로 표현하는 부문인 동시에 유년운(流年運)의 운동파급을 관찰할 수 있는 부문이다. 특히 오행역상은 제2의 선천명으로 추출(抽出)된다.

오행 역상(五行易象 : 성명의 결정)

이 오행역상은 처세운기(處世運機)에 관한 이해득실(利害得失)과 가정의 육친관계와 더불어 건강, 수명, 질병 등의 길흉을 지배하는 결실운이며, 제2의 정국(定局)으로 화(化)하는 부문이다.

이상을 염두에 두고 작명에 착수하지 않으면 길명이 될 수 없다.

2. 성명의 수리조직 방법

수리조직 : 원형이정(元亨利貞)의 4대 운로

성명을 조직함에 있어서 우선 사주명국을 살펴 그 사주격이 재물형이냐, 벼슬형이냐, 또는 학문적 학자형이냐를 파악하고 다음 절에 제시되는 81수운 영동(靈動)을 보아 다음과 같이 조직한다.

이 그림에서 보는 바와 같이 원(元) 형(亨) 이(利) 정(貞)의 4대 운로를 설정하되 이름자의 획수는 정획(正畫)을 쓰며, 필획(筆畫)은 택하지 않는 것이 좋다.

4대 노선에 성(姓)자는 천(天)으로서 선조(先祖)에게서 물려받은 것이므로 그 사람의 천운(天運)의 기본적 일부 요소를 표시하고 있는 것으로서 그 성만의 영동력(靈動力)은 직접적으로 운명에 영향을 미치지 아니하고, 명(名) 자와 연관하여 형(亨)격과 이(利)격을 이루는 구성요소로서 작용하게 되는 것이다.

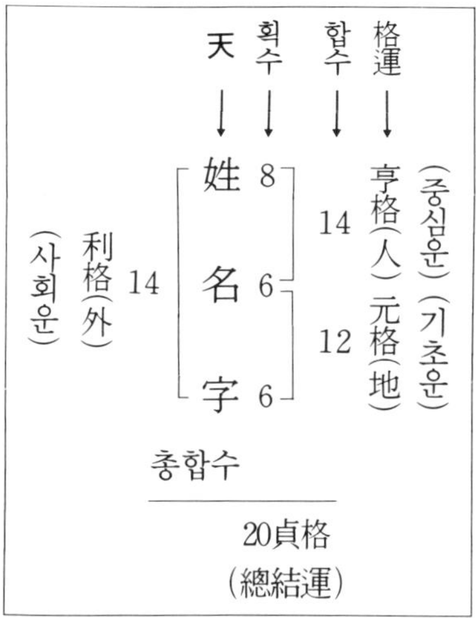

원형이정(元亨利貞)격의 각 영동력(靈動力)

원격(元格) : 성(姓)을 뺀 이름자의 합수를 원격이라 하니 이는 지(地)격으로서 기초운이 되는바 주로 유시(幼時)와 중년 전의 운명을 지배하는 것이며 전운(前運)이라 한다. 다만 단자명(單字名)이면 그 한자의 획수의 뜻을 보는 것이다. 이 원격의 연령적 기준은 유시부터 17,8세까지 강하게 발휘하며, 전반생 37,8세까지 운기력을 지배한다. 그러나 형격과 이격에 수반한다. 유시에는 30세 전까지 신상(身上)과 가정환경에 있어서 지배력이 강하게 나타난다.

형격(亨格) : 이 형격은 인위(人位)로서 중심운이라 하니 각 격중에서 인간운명에 가장 강력하게 영향을 미치되, 태반 그 사람의 일생을 통하여 중심적 위치에서 운명을 좌우하는 것이다. 이 형격은 성(姓)이

두 자인 경우에는 두 자의 합수와 윗자를 합한 획수이다.

이 형격부는 대체로 18세 이후부터 30세까지 강한 운기력을 발휘한다. 이 형격에 선량한 수리가 있고 이 원격의 방해가 없으며 선천명과 합국하면 자연히 부귀의 행복운이 **향수(享受)**되는 것이고, 만약 이 형격에 흉수가 있게 되면 그 수의(數意) 운파(運波)에 해당한 흉재는 면하기 어려운 것이다.

이 형격 부위가 3, 5, 6, 8, 11, 13, 15, 16, 21, 23(여자는 제외), 24, 25, 31, 32(여자는 제외), 33(여자는 제외), 37, 38 등의 수로 되어 있고 선천합국 관계가 양호하면, 행복하고 순조롭게 성공운이 발휘되고 그 지위를 보유하며 번영의 길로 유도된다.

만약 이 형격에 4, 9, 12, 14, 19, 20, 34 등의 수가 있으면 대부분이 병약, 단명, 처자, 남편과의 생리사별(生離死別), 실패, 고독, 역경 등의 흉재를 받게 된다. 그리고 7, 8, 17, 18 등의 수가 있으면 의지가 강하며 모든 난관을 돌파하고, 큰 일을 성취할 수 있으며, 27, 28 등의 수면 과강하여 불화(不和), 쟁사(爭事)를 야기하여 비방, 공격 혹은 조난, 형액 등의 운으로 유도된다. 간혹 정치가가 되기도 하나, 결과가 좋지 않은 수가 많다.

또한 22, 12, 14 등의 수는 가정적 인연이 박약하고, 병약, 단명, 사업 부진 등의 운을 유도한다.

이격(利格) : 형격과 밀접한 관계가 있는 동시에 자기를 중심으로 특히 주위환경과 대외관계에까지 운파영력(運波靈力)을 파급한다. 대체로 중년(30세 이후부터 45,6세까지)을 지배한다. 이 부위에 약간의 흉수가 있더라도 형격이 강하면 큰 액운은 면하게 된다.

정격(貞格) : 35,6세 이후부터 말년까지의 후반운을 지배한다. 그리고 원격과 정격의 운기력 진퇴 한계는 37,8세를 기점으로 판연히 그 영동력이 바뀌는 것이 아니라 단지 비교적 강하게 영동한다는 뜻이며, 중년 후에 있어서도 원격운이 부화영동(附和靈動)하며 청소년 시대에도 정격운이 역시 부화유도되는 것이다.

또한, 40세 이후에 개명(改名)하는 경우에 있어서도 원격운이 역시 단기간에 유도 발휘되는 것이다.

성명력은 소아(小兒)가 자기 성명을 인식할 때부터 발휘하기 시작하여 점차로 강하게 발휘되며, 청소년 시기에는 우선 원격운의 영동력이 제일 강하게 나타나고, 20세 전반부터 차차 형격〔중심운〕의 위력이 강해지며 27,8세 또는 결혼하면서부터 이격운이 대두하여 서로 연관되어 영동하기 시작하고, 37,8세 이후부터는 정격운의 영향력이 두드러지게 되며 이어 4대 운격이 서로 인과(因果)하며 연관하여 발휘함으로써 운로의 변천을 명운(命運)해 나가게 되는 동시에 성공운, 기초운, 부부상생운, 자녀운 등과 갖가지 부수운이 연관성을 갖고 해마다 변화하며 성패 길흉 등, 운명의 소장파조(消長波調)가 유도 발현(發顯)되는 것이다.

3. 수(數)의 원리(原理)

수(數)는 우주 근본에서 시작한 우주만상의 대원인(大原因)이다. 즉 우주 대생명 그 자체가 수적 요소가 되는 것이다. 다시 말해서, 대생명에는 물질과 마음〔心〕이라는 두 가지 질(質)이 내포되어 있다. 대생명은 그 존재가 무시무종(無始無終)이므로 원(○)의 이치와 동일하다. 그러므로 원(○)은 영(零)인데 영은 곧 무형의 대생명력〔靈〕의 존재이다. 고로 대생명은 영〔0〕=영(零)=영(靈)인 동시에 타존(他存)을 불허하는 자존유일(自存唯一)이다. 즉 대생명은 물심(物心) 일원(一元)의 본원이며 우주의 근원이 되는 우주 창조신이다. 따라서 우주 대생명력인 영(靈)은 영(零)인 동시에 하나〔一〕가 되는 수의 요소가 된다.

이것을 물질 과학면에서 논하여 보면, 어떤 생물(生物)을 과학적으로 분석하면, 근자(根子), 원자, 전자, 양자(量子) 등으로 분석하다 보면 결국에는 물량이 무(無), 즉 '영(零)'이 된다. 고로 물질은 물질과학면에서 볼 때 유한(有限)이 되는 것이다. 그러나 우주의 근원은 생명력인 영(靈)으로서 만유가 물질로만 이루어진 것이 아니기 때문에 물질의 유한, 즉 '영(0)' 이상은 물질과학으로는 분석할 수 없는 것이요, 영과학(靈科學)으로써 풀 수 있는 것이다.

이렇게 볼 때에 대생명적 영(靈)＝0의 분화체는 무한소(無限小)요, 대생명의 전체로 볼 때에는 무한대(無限大)라는 수량적(數量的) 법칙이 성립된다. 고로 수도 무한이 되는 것이다.

수학법에도 역시 소수법(0.1, 0.01, 0.001……) 등으로 무한소수가 나오게 되고 영(0)에서 그 이상의 정수(正數)로서 1, 2, 3…… 등의 무한대수가 나오게 된다. 따라서 수는 우주실상의 본원이 되는 대생명력(大生命力) 영(靈)의 무한대, 무한소의 양적 법칙(量的法則)에서 기원하는 것이다.

이 원리는 태극론에서도 명확하니 이에 대해서는 필자의 저서인 《천민(天民)의 나라》라는 책에서 상세히 거론했다.

여기에서 다시 한 번 언급한다면, 대생명은 0인 동시에 1의 질이 되고, 태극은 1인 동시에 2가 되며 4가 되는 원리로서, 무형에서 유형으로 만상(萬象)이 이루어지는 유형의 양적(量的) 전제조건이 되는 것이다. 따라서 유형의 만유는 수적 현형(現形)인 것이다.

이 이치는, 태극은 무극이요, 또한 태극은 1이요, 또 태극은 1양 1음인데, 여기에서 벌써 무형의 수로 1에서 2가 나오게 되며, 1양이 노양(老陽), 소음(少陰), 1음이 노음소양이 되어 4상(四象)이 되고 사상이 8괘(卦)가 되며 또한 사상이 5행(行), 5행이 생만물, 이렇게 하여 무형에서 유형으로 나타나며, 이어서 수적으로 만유가 형성되는 것이다. 고로 수는 우주 대원령(大元靈)에서 나오게 된 것이요, 우주의 본실상(本實相), 실재(實在)가 수인 것이다. 따라서 수는 천리천칙이요, 이 법칙은 누구라도 고칠 수 없는 만고불변의 철칙이다.

4. 기본수리 해설

수의 기본 정수(整數)는 물론 1에서 9까지이며, 10은 영수(零數)로 된다.

따라서 몇천, 몇만, 몇억의 큰 수라도 이 기본 정수의 연장된 대연

수(大衍數)에 불과하다. 예를 들면, 531이라면 5백은 5의 대연수요, 30
은 3의 연장수다. 531은 단지 5와 3과 1의 기본수에 의하여 연수로 된
것이다.

역리학(易理學)을 비롯하여 모든 운명학은 수를 기초로 하고 있다.

역학의 근본은 하도낙서(河圖洛書)인데 역시 1에서 9까지의 수이며,
본 성명학에 응용되는 81수도 이 기본수인 9수의 자승수, 즉 9×9＝81
수로 되어 있고 우주만유 일체는 모두 이 81수의 논리 속에 포함되어
있는 것이다.

그런데 이 낙서(洛書)는 하우(夏禹)시대에 우왕(禹王)이 낙수(洛數)에
서 포획한 신귀(神龜)의 거북 등 위에 배열되어 있는 점선의 수에서 비
롯된 것이라고 한다. 따라서 이것을 낙서라고 한 것이다.

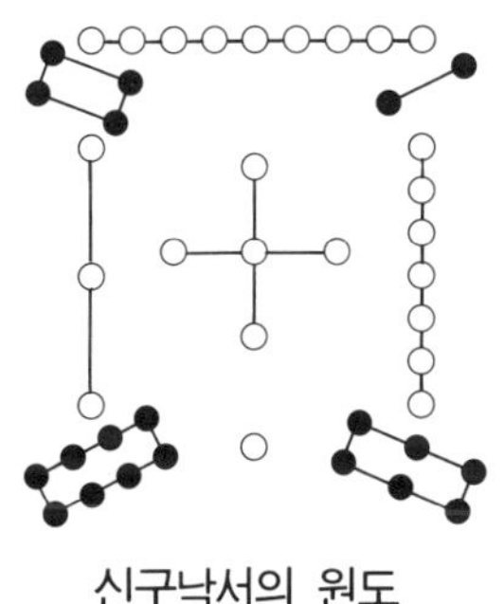

신구낙서의 원도

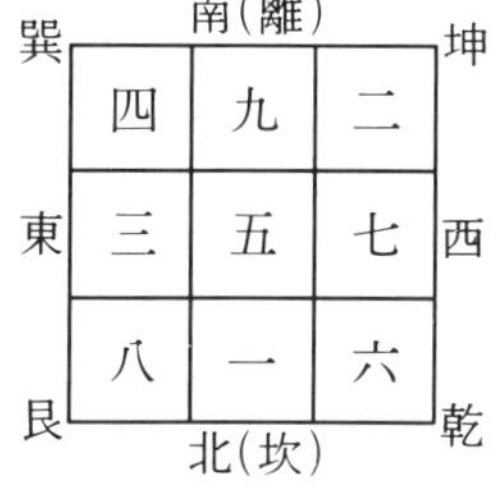

수로 나타낸 낙서

이 그림의 숫자를 보면 1, 3, 7, 9는 양수로 되어 있고, 2, 4, 6, 8은 음수
로 되어 있다. 이 중앙의 5수는 사방을 통어하고 있으며 중앙 5수를
제하고 어느 편으로 상대해 보나 10수로 되어 있으며 5수는 중앙에 위
치하여 팔방을 통솔하고 있다. 역(易)에서는 이를 3천양지(三天兩地)라
하여 3양2음으로 구성된 중심수이다. 그리고 우왕으로부터 약 1천년
후, 주문왕(周文王)이 이 낙서를 기초해서 5행법칙(五行法則)을 만든
것이 역학이며, 그것이 오늘날에는 주역(周易)이라는 이름으로 불리고
있다.

이 낙서수를 9궁(宮)법이라 한다.

이 9궁수를 확대하면 9 9는 81수로 성립된다. 이에 대해서는 필자가 저술한 《천민(天民)의 나라》라는 책에 자세히 설명되어 있다. 81수의 도표는 다음과 같다.

이 숫자는 중복되지 않고, 9 9는 81로 구구단이 형성되어 있으며 오묘한 수령으로 연결되어 있다. 여기에서는 전체적인 해설은 생략하기로 한다. 이 총합수는 3,321로 우주만유의 영적 원소의 수이다.

81수의 도표

31	76	13	36	81	18	29	74	11
22	40	58	27	45	63	20	38	56
67	4	49	72	9	54	65	2	47
30	75	12	32	77	14	34	79	16
21	39	57	23	41	59	25	43	61
66	3	48	68	5	50	70	7	52
35	80	17	28	73	10	33	78	15
26	44	62	19	37	55	24	42	60
71	8	53	64	1	46	69	6	51

수의 의의(意義)

81수에는 각각 변치 않는 일정한 영동작용력이 있다. 즉 각수에는 고유한 뜻이 함유되어 있다. 각수에는 어떤 뜻이 담겨 있는지 살펴보기로 하자.

① 1수는 만사의 기본이요, 일체의 시초이고 영구불변이며 절대부동인 기본수이다. 따라서 이 수는 시초격이요, 두수(頭首)가 되며, 집중(集增) 등의 뜻이 보유되어 있다. 고로 자연히 두령(頭領), 발전, 명예, 부귀 등의 암시 유도력이 생기게 된다.

② 2수는 1과 1의 합수요, 양과 양이 집합된 수로서 화합력이 결여되어 있으니 분리(分離)하기 쉬운 수이다. 따라서 불완전, 분산, 불구(不具) 등의 유도력이 생기게 된다.

③ 3수는 1양의 2음이 합한 확정수로서 일체의 화합의 뜻을 보유하고 있으므로 자연적으로 권위, 부귀, 지혜, 신생(新生) 등의 영력을 발휘한다.

④ 4수는 2와 2의 음합수, 또는 1과 3의 양합수로서 화합치 못하는 수이니, 분리, 분산(分散), 파멸 등의 흉조를 발휘하여 파괴, 쇠멸의 상으로 되고, 곤고, 병란, 조란 등의 역경적 흉조의 암시력이 발작

한다. 4는 '사'라는 발음으로 죽을사(死), 사(邪)된 것을 연상하게 되며 이것이 본래 4수 고유의 진동파장으로서, 파괴 흉조를 암시 발생하기 때문이다.

⑤ 5수는 3양 2음의 화합력이 합성(合成)된 수로 중심에 위치하여 상하좌우를 통솔하는 수이기 때문에 그 암시력은 응당히 만물을 능히 생성할 수 있는 것으로 번영, 존귀, 덕망, 대업 성취 등의 길상력이 발현되는 것이다.

⑥ 6수를 보면, 1에서 10까지에 이르는 수의 개개의 음양은 물론 1,3,5,7,9가 양수요, 2,4,6,8,10이 음수인데, 이 양 중에도 음기를 포함하고, 음 중에도 양기가 포함되고 있는 것이 우주 진화의 진리이다. 따라서 1에서 10까지를 음양으로 대분하게 되면, 1에서 5가 양이요, 6에서 10이 음에 속하게 되는데, 일괄하면 5는 1에서 10 가운데의 양극(陽極)이요, 6은 음의 시초가 된다. 그러므로 6수는 계승(繼承), 음덕시태(陰德始胎)의 상(象)이요, 온화(溫和), 두수(頭首)의 의미를 함유하게 된다.

　그러나 또한 3과 3, 2와 4, 혹은 1과 5로 그 합수가 모두 음양화합의 조화를 결하고 있다. 따라서 분산, 파괴의 흉의(凶意)도 함유하게 된다. 고로 6, 16까지는 길조의 암시력이 있으나, 26, 36 등의 이상수로 되면 변란 파괴 등, 극단적인 조화를 부리는 유도력이 발생한다.

⑦ 7수는 5의 성운(盛運)과 2의 파괴운이 합한 수, 또는 3의 성운과 4의 흉운이 합한 수인 관계로, 내면에는 길과 흉이 두 극단의 영력으로 상호 제극 또는 상호 화성(化成)되는 결과로, 자연히 완강하게 강한 암시력이 생기며, 강력한 전진 불굴의 기력이 발생한다.

　이 수는 서양에서 가장 길상으로 생각하는 수이다.

⑧ 8수는 파괴수인 4의 중복인 동시에 5와 3의 통솔 지덕(智德)이 합한 수로, 이 역시 각종의 영력을 작용하되, 자취발전지상(自取發展之象)으로 노력, 용진(勇進)의 암시력이 발생된다.

⑨ 9수는 양수(陽數)의 마지막이요, 또 기본수의 궁극수(종말수)인 고

로 지력(智力)과 활동력은 강하나 수의 종말의 뜻으로 궁박을 당하게 되는 대재무용(大材無用)격으로 고독 불우하고, 도로무공(徒勞無功)으로 귀결된다.

⑩ 10수는 종결을 고하는 수로서, 음의 최극이요, 영(零)의 위치에 있는 수로 그 의의가 공허무한지상(空虛無限之象)이라, 각수 중 가장 꺼리는 흉조의 암시력이 발생되는 것이다. 그러나 수리의 순환은 우주의 법칙으로서 공허, 파멸, 종결은 다시 태생(胎生)의 시초로, 이 영위(靈位)의 10수가 서로 거듭될 경우에는 의외의 전향으로 대발전이 드물게 있는 이치로 된다. 이 수는 서양에서 가장 꺼리는 수이다.

위와 같이 기본수만 살펴보아도 각수는 고유하고도 영묘(靈妙)한 의미를 내포하고 있음을 알 수 있다.

5. 81수의 영동력(靈動力)

이 81수의 운(運) 영동력에는 각각 그 고유한 길흉의 유도력이 있으며, 그것이 성명의 각 부분에 함축되어 주야(晝夜)로 끊임없이 인간의 몸과 마음의 생명률(律)을 암시유도하기 때문에 본인의 식불식(識不識)을 불문하고 무의식중에 수의(數意) 그대로 지배되며 운명이 좌우되는 것이다. 81수는 다음과 같다.

1수 : 태초격(太初格), 시두운(始頭運)

우주 본원의 기초수요 만물의 시생(始生), 만사의 시작과 출발 등을 나타내는 기본수로서, 발전, 두령(頭領)의 최대 길상을 암시하는 수로 자연히 명예, 발전, 부귀, 장수, 안강, 행복 등의 뜻을 발휘하는 운의 수이다.

2수 : 분산격(分散格), 고독운(孤獨運)

분산 분리수로서, 일마다 공허(空虛)하며, 조업(祖業)을 파산하고,

부부 혹은 자녀와 생사이별하며, 가정을 망실(亡失)하고, 역경 조난을 당하며, 고향을 떠나 객지에서 고독과 수심(愁心)으로 허송세월하는 운의 수이다.

3수 : 명예격(名譽格), 복록운(福祿運)

지혜가 남보다 뛰어나며, 과단(果斷) 용감성과 명철한 두뇌로써 처세(處世)에 탁월하니, 대국자(大局者)는 약관(若冠) 30 미만에 출세하여 만인을 통솔하는 장군(將軍)의 격이요, 정치계에서 큰 뜻이 발휘되면 한 나라의 재상(宰相)까지 될 격이다. 나가매 장군이요 들매 재상의 격〔出將入相格〕으로 이름을 떨칠 운의 수이다.

4수 : 사멸격(死滅格), 파괴운(破壞運)

만물이 사멸이요 사사(事事)가 이산 파괴하며 일시적인 성공도 중도에 실패하여 패가망신하니 객지에서 수심과 고독에 쌰이는 격이라, 병란, 조난, 변사, 형액, 단명, 부부와 자녀지간에 생사이별하는 대흉운의 수이다. 간혹 효자, 열녀(烈女), 호걸(豪傑) 등의 인물이 배출되나, 이는 극히 드문 일이다.

5수 : 통어격(統御格), 명재운(名財運)

사방을 통솔하는 수로서 지혜와 덕을 겸비하여 독실하고, 능히 대성할 수 있다. 자질은 일찍이 용문(龍門)에 도달하는 격이라, 대국자는 큰 뜻을 전개하면 큰 업을 대성하여 명진사해(名振四海)하고, 부귀, 안강하니 만인이 우러러봄이요, 재물과 녹과 권위가 겸전하여 사방을 통어(統御)하는 만인지장(萬人之長)격의 수이다.

6수 : 계승격(繼承格), 덕후운(德厚運)

온후 독실한 기풍으로 만인과 화애하며 확고부동한 신념과 인내불굴하는 노력성으로 조업(祖業) 또는 사회적 대업(大業)을 계승하여 대업성취하니 부귀영달하는 운의 수이다.

7수 : 강성격(剛成格), 발전운(發展運)

강건(剛健)한 심신(心身)과 불뇨불굴(不撓不屈)의 인내성(忍耐性)으로 분투노력하여 대업을 성취하는 수로서, 대국자는 일시적인 난관을 돌파하여 위업(偉業)을 달성하고, 권위가 왕성하여 기반을 확립하니, 뭇 사람이 우러러보는 강한 운세의 수이다. 그러나, 고집이 너무 세므로 이를 부드럽게 하여 인화(人和)에 힘써야 한다.

8수 : 발달격(發達格), 전진운(前進運)

강렬한 운성의 수로서 의지가 강건하여 초지관철(初志貫徹)하는 기백과 독립수행하는 신념으로 모든 장애를 극복하고 대업을 능히 성취하여 성운(盛運) 융창(隆昌)하는 전진(前進)의 수이다. 단 외유내강(外柔內剛)의 기풍과 인화의 심덕(心德)에 신경을 써야 한다.

9수 : 종국격(終局格), 시휴운(時虧運)

달이 차면 기운다〔月滿則虧〕는 종국(終局)의 시운수(時運數)로서 영준고매(英俊高邁)한 품성(品性)과 민첩(敏捷)한 수완으로 대지대업(大志大業)을 수행하여 명진사해하고 부귀영달하나 시세(時勢)가 불리한 판국에 출세(出世)한 영웅이라, 성공이 중도좌절하여 비참한 환경에 빠진다. 혹은 대국자(大局者)는 크게 성공하는 예가 드물게 있으나, 부부운의 불행을 면키 어렵고, 심지어는 조난, 형액(刑厄), 폐질, 불구 등의 흉운을 초래하게 되는 대재무용(大材無用)격의 수이다.

10수 : 귀공격(歸空格), 공허운(空虛運)

모든 일을 잘 도모하나 매사가 유두무미(有頭無尾)라. 혹 일시적인 성공도 중도좌절하고, 항상 좋은 기회를 놓쳐서 어느 것 하나 성공시키지 못한다. 친척의 덕이 없고, 타향객지에서 수심으로 세월을 보내는 격이다. 처자 이별, 혹은 질병, 조난, 중년요절(中年夭折), 형액(刑厄) 등의 불운을 초래한다. 다만, 이 수가 중복되거나 또는 원격(元格), 정격(貞格) 등이 강하고, 이름자의 뜻이 강하며, 선천명과 잘 조화되면 대귀(大貴), 대부호(大富豪), 장수 등이 배출되기도 한다.

11수 : 갱신격(更新格), 재흥운(再興運)

명철한 두뇌는 매사에 궁리함이 묘하여 학이시습(學而時習)하며, 자진성취한다. 이지적(理智的)인 사고력(思考力)과 진취적(進取的)인 기상(氣象)은 소기의 목적을 달성하고 사회적 또는 군부적(軍部的)으로 상당한 권위와 위치에 군림하여 인망이 집중되며, 부귀, 안락하는 운수이다. 단, 이 수는 양자, 양녀를 두는 수가 있다.

12수 : 유약격(柔弱格), 고수운(孤愁運)

기력(氣力)이 박약 무력한 운이니, 모든 계획을 능히 이룰 수 없어 큰 성공을 바라기 어렵다. 비록 일시는 성공하나 중도에 실패한다. 심신이 허약하고 부부 상별, 자녀 상실, 병액, 불구, 고독, 역경, 변사, 형액 등의 흉운을 초래하여 때로는 객지에서 천신만고하거나 단명하는 등 흉운의 수이다. 여성은 과부가 되거나 또는 형식적인 부부생활을 하게 된다.

13수 : 총명격(聰明格), 지달운(智達運)

두뇌가 명철하고 지혜가 출중하여 처세에 탁월한 점이 있어 능히 대업을 성취하고, 천하의 대세를 간파하여 응사유공(應事有功)하니 입신양명의 고귀한 발전과 영예가 있고 행복하니, 대길수이다. 특히 지도자적 선견지명(先見之明)은 3군(軍)의 참모도 감당하는 길상수이다. 이 수는 문학, 철학에도 발전이 있다.

14수 : 이산격(離散格), 파괴운(破壞運)

깊은 지혜로 매사를 용이하게 성취하고 상당한 지위와 가계(家計)를 수립하나 대개는 일시적인 성공이요, 특히 가정적 파탄을 일으켜 부부 자녀와의 생사이별 혹은 타향에서 천신만고하며, 고독, 번뇌, 실패, 곤고, 병약 등의 흉운을 당하는 운의 수이다. 만난(萬難)의 사선을 돌파한 연후 인내성을 키우면 어느 정도 평안하다.

15수 : 통솔격(統率格), 복수운(福壽運)

대극자는 부귀지존(富貴至尊)에 부귀쌍전이요, 지덕(智德)을 겸비하니, 혹 초분은 곤란함이 있을지라도 결국 자립 대성하며, 상하의 신망과 부귀, 수복이 무궁한 대길운으로서, 특히 중인을 통솔하며 그 위덕은 중망(衆望)이 일신(一身)에 집중하여 윗사람〔長上〕으로 추앙(推仰)받게 되는 영상격(領相格)이다.

16수 : 덕망격(德望格), 유재운(裕財運)

강유겸전(剛柔兼全)한 운성으로 인망과 재록(財祿)이 풍성한 격이라, 대국자는 대업을 성취하여 부귀공명하는 천부(天賦)의 행복을 누리는 수이다.

특히 여성은 현모양처격으로서, 5복을 초래하는 대길상의 수이다.

17수 : 용진격(勇進格), 창달운(暢達運)

대국자는 큰 뜻과 큰 계획을 품고 모든 난관을 극복 매진하여 초지 관철함으로써 대사(大事)를 완수하며, 인내적인 노력으로 결국 자립 대성하여 양명천하하며 중인의 존경을 받는다.

그러나 일면 완강한 고집 때문에 사교성의 결여를 초래하여 불의의 화란(禍亂)을 초래할 우려가 있으니 인화에 힘써 수양하면 대길하다.

18수 : 발전격(發展格), 융창운(隆昌運)

비록 일시적인 난관이 있을지라도, 강한 의지로써 능히 대업을 수행하여 부귀영달하며, 뭇 사람의 존경을 받아 사회적으로 상당한 지위에 군림하여 양명사해하는 대길수이다.

이 수는 특히 사업을 하면 확실히 발전하는 운의 수이다. 그러나 완강하면 가정적 불화 내지는 사회적 융화에 결함을 가져오는 수이므로 온유함에 힘써야 한다.

19수 : 성패격(成敗格), 병악운(病惡運)

뛰어난 지모(智謀)로써 대업을 성취할지라도 일시적인 성공에 불과하며 중도에 실패하니 가탄(可嘆)이라, 부부의 인연이 박약하고 육친(六親)이 무덕하며, 심지어는 형화(刑禍), 조난, 처자의 생사이별, 과부 등의 흉운을 초래하며, 특히 신병, 불구, 폐질, 단명 등의 흉조가 많은 운의 수이다.

20수 : 공허격(空虛格), 허망운(虛妄運)

대업을 성취하여 일시적인 성공이 있을지라도 모든 일이 쇠퇴하고 운기가 공허하다. 심신이 허약하고 육친이 무덕하며 혹은 부부 자녀 간에 생사이별 또는 고질제액을 초래하며, 형액, 변사 등 단명에 이르는 흉운의 수이다. 혹 이 수가 중복 또는 10수와 중복되고 선천명과 합국하면 드물게 큰 인물, 대부호, 장수자를 배출하는 수가 있다.

단, 여성은 과부 또는 첩 등의 신세가 된다.

21수 : 자립격(自立格), 두령운(頭領運)

대국자는 대업을 완수하여 부귀공명, 명진사해하는 대길운으로서, 탁월한 지모(智謀)와 덕량(德量)은 만인의 신망을 한몸에 집중하여 중인을 영도하는 지도적 지위에 오르게 된다. 그 경로에는 약간의 난관도 있으나 자립대성하여 결국은 두령이 된다. 여성은 과부가 된다.

22수 : 중절격(中折格), 단명운(短命運)

좋은 계획을 수립하여 일시적인 성공을 기하나 매사에 중도좌절하는 운으로서 실패, 곤고, 형액, 조난, 역경에 처하며, 혹은 가정을 망실, 처자상별, 육친 무덕, 심지어는 자신이 병난, 단명하는 흉운의 수이다. 여성은 과부가 많은 수이다.

23수 : 혁신격(革新格), 왕성운(旺盛運)

명철한 두뇌와 탁월한 덕량으로 비천한 가운데서도 일약 출세하여 영도적 지위와 권세를 획득하니, 그 권위가 왕성하며, 공명영달하여 중인이 앙시(仰視)하는 권위왕성한 운의 수이다.

　단, 이 수가 중복되면 너무 강하여 중절하거나 또는 조난의 위험도 있다. 여성은 상부지운(喪夫之運)으로서 불길하다.

24수 : 출세격(出世格), 축재운(蓄財運)

　처음은 빈약하나, 대국자는 지모(智謀)와 재략(才略)의 출중과 불굴의 분투노력으로 점진적인 성공을 하여 대업을 완수하고 공명이 천하에 떨치는 대길수로서, 특히 무일물(無一物)로부터 점차 축재하여 부귀영달하는 재성(財星) 대길운이다. 선천국과 합국하면 명예와 재물을 겸득하는 대길수이다. 대국자는 이 수가 정격(貞格)에 있고, 다른 격과 합국하면 일국(一國)의 권세를 장악한다.

25수 : 안강격(安康格), 재록운(財祿運)

　대국자는 능란한 수완으로 자수성가하여 대업을 달성하고, 제사(諸事)가 형통한다. 명예와 재물을 겸득하는 행복의 대길수로서 재록이 풍대한 재성운의 수이다.

26수 : 만달격(晩達格), 영웅운(英雄運)

　이 수는 일종의 영웅괴걸적(英雄怪傑的) 운으로서 대국자는 의협적(義俠的) 기개(氣槪)로 신명을 아끼지 않고, 대사에 임하여 광정(匡正)하며 위대한 발전과 파죽지세(破竹之勢)의 공과(功果)를 획득하여 일국을 호령하는 영웅적인 영도의 위치에 군림하나, 불운이 시작되면 말로에 조난, 형액, 변사, 피화(被禍) 등을 면하기 어려우며 특히 가정운의 불운으로 처자와 생사이별하는 흉을 당한다.

27수 : 대인격(大人格), 중절운(中折運)

　영명투철(英明透徹)한 큰 인물로서 대업을 거행함에 웅지(雄志)로써 달성하여 명망과 권세를 일세(一世)에 떨치며 부귀와 영화를 획득하

나, 대개는 중도좌절로 실패, 곤고, 조난, 형액, 불구, 단명, 부부의
생사이별 등 성쇠홍망의 파탄이 중첩하는 운의 수이다.

28수 : 풍파격(風波格), 파란운(波瀾運)

  파란곡절이 심한 조난운으로서 일시적인 성공영달도 수포로 되고,
가정적 파탄이 심하여, 부부 자녀간의 상별, 형액, 변사, 불구 등의
흉운을 초래한다. 이 수는 육친이 무덕하며, 여성은 과부운이다.

29수 : 성공격(成功格), 향복운(享福運)

  왕성한 활동력과 투지로써 대사대업을 달성하여 부귀, 장수, 안락
등 길복의 향운을 향수하는 길수요, 사회적으로 상당한 지위를 획득
하며, 명망이 있는 수이다.

30수 : 불측격(不測格), 불안운(不安運)

  일시적인 대성은 기할 수 있으나 불운이 시작되면 그 난을 예측키
어렵다. 매사가 분명치 못하고 좌왕우왕하다가 수난을 면키 어려우
며, 타향객지에서 고독과 수심을 면키 어려운 수이다. 일확천금을 꿈
꾸나 허사요, 한 가지 일에 전념하면 소성을 기할 수 있다. 이 수는
돌연 의외의 방향으로 발전하는 등 길흉이 상반하는 수이다.

31수 : 세찰격(世察格), 흥가운(興家運)

  세상일의 흥망지기를 동찰하며, 견실한 의지로써 자주독립하며, 적
수공권(赤手空拳)으로도 대업을 부흥시켜 명성과 부귀영화를 향수하는
복수쌍전(福壽雙全)의 대길수이다.

  이 수는 은근한 지도적 위치를 확립하며, 학문·예술의 대발전이
있다. 여성은 재덕(才德)을 겸비한 대길운이다.

32수 : 순풍격(順風格), 왕성운(旺盛運)

  순풍에 돛단배 격으로 때를 만나면 의외에 생재(生財)하여, 생활의

기초를 확립하며 제사가 형통하여 수복강령하는 대길운으로서, 윗사람의 후원을 얻어 순조롭게 성공한다. 이 수는 삼천양지(三天兩地)에 극귀(極貴)한 반면, 흉운이 숨어 있는 수로서, 정격(貞格)에 있을 때는 선천명과 조화(調化)치 않으면 형액, 급변, 조난의 우려가 있다. 여성은 과부운이므로 불길하다.

33수 : 등룡격(登龍格), 융성운(隆盛運)

욱일승천지세(旭日昇天之勢)로 성운융창(盛運隆昌)하는 길상운으로서, 대국자는 과단력이 출중하고 특이하게 두각을 나타내며, 대지대업(大志大業)을 달성하여 권세가 충천하니 만인의 추앙을 받으며 명성이 천하를 진동한다.

단, 이 수는 극왕운으로 이면에는 극쇠를 내포한 수이니 선천운과 조화를 해야 한다.

단, 여성은 세 번 남편을 갈게 될 과부운이다.

34수 : 변란격(變亂格), 파멸운(破滅運)

파멸의 운으로서 불의의 재화가 속출하여 만사가 저해되며, 불측의 화란을 초래한다. 일시적인 성공도 실패하고, 부부·자녀 상별, 심지어는 형액, 업화(業禍), 패가망신 등의 흉운이 속출되는 운의 수이다.

35수 : 태평격(泰平格), 안강운(安康運)

자기 분수에 합당한 천부(天賦)에 근면하며 충직, 성실하게 선심일관하여 유익한 사업에 안과종사(安過從事)하고, 행복, 부귀, 장수하는 길상수이다. 특히 문예, 학술, 기술 방면으로 발전 성공하는 대길수, 여성은 현모양처격이다.

36수 : 영웅격(英雄格), 파란운(波瀾運)

의협(義俠)적인 영웅운으로서 파란곡절이 심하여 다난하고 불안하며, 혹 만인이 부러워하는 권세에 이르나, 자만하면 대변동과 극쇠를 내포한 희비쌍곡(喜悲雙曲)이 흐르는 무상(無常)의 운수이다. 급병, 조난, 피살, 과부 등의 역란에 빠지는 파멸의 운수이다.

37수 : 정치격(政治格), 출세운(出世運)

강호(剛豪)한 과단성으로 능히 천하의 어려운 일을 선도(善導), 처리하고, 대업을 성취하여 명성이 사해에 진동하는 영웅운으로서 천부(天賦)의 행복과 부귀영예를 향수하는 대길수이다.

38수 : 문예격(文藝格), 학사운(學士運)

총명과인한 천재적 재능과 명철한 두뇌는 문학, 예술, 창작, 발명 등의 방면으로 대단한 발달을 초래함에 선진적 인물로서 입신양명하고 부귀공명하는 대길수이다.

39수 : 장성격(將星格), 지휘운(指揮運)

대국자는 인격(人格)과 위품(威品)이 상당한 인물로서 만사를 능히 다스리며, 일단 승시(乘時)하면, 파죽지세(破竹之勢)로 대성하여 권위가 왕성하는 수로서 덕망이 사방에 파급하여 부귀영예가 따르며, 일령지하(一令之下)에 만중을 통솔하는 장성(將星)의 격이다. 그러나 극귀한 반면 비참한 흉운이 내포된 수이므로 선천운과의 조화가 절대로 필요하다. 여성은 과부운이니 불길하다.

40수 : 변화격(變化格), 공허운(空虛運)

일시적인 대성은 기할 수 있으나, 운기가 공허하고, 변화무상하다. 제사가 도로무공(徒勞無功)하니 가석(可惜)하다. 조업(祖業)은 지키기 어렵고, 투기적 허욕으로 패가망신하는 운의 수이다. 선덕(善德)과 보시(布施)에 수도(修道)하면 길운이 온다.

41수 : 고명격(高名格), 제중운(濟衆運)

영명준수한 인품으로 대귀 현출(顯出)하여 제중(濟衆)의 대망(大望)

을 품고 실천하는 귀중무비한 운의 수로서, 세사(世事)에 대한 선각지 명찰(先覺之名察)은 능히 만인의 스승으로 제도중생(濟度衆生)하여 고명(高名)을 천추에 전하는 지도적 중심운의 수이다.

42수 : 신고격(辛苦格), 수난운(受難運)

지예 다능(智藝多能)한 재지(才智)로 일의전심(一意專心)하면 성공을 기할 수 있을지라도, 전공정통(專攻精通)에 불급과 편견, 완강한 암매저기력(暗昧底氣力)은 발전을 저해하여 자기 스스로 화란을 받는 가시밭길의 수로서, 가족상별, 정막비애, 병난, 불구, 조난 등의 흉운을 초래하는 운의 수이다.

43수 : 성쇠격(盛衰格), 산재운(散財運)

일시적인 성공으로 행복한 듯하나, 내면은 곤고하고 정신착란으로 실의(失意)하여 불의의 재난, 산재(散財)의 파란을 당하게 되며, 여성은 방탕생활에 흐르기 쉽다.

44수 : 침마격(侵魔格), 파멸운(破滅運)

요귀(夭鬼)가 작해(作害)하여 망상이 생기고 일시적인 성공도 하루아침에 파멸하리라. 제사가 쇠패하니, 병난, 불구, 발광. 피살, 돌발급변, 가정이산, 단명 등의 흉운 불측의 수이다. 간혹 위인(偉人), 열사(烈士), 대발명가 등을 배출하는 수가 있으나 이는 극히 드물다.

45수 : 대각격(大覺格), 현달운(顯達運)

상통천문(上通天文) 하달지리(下達地理)하는 천재적 재모(才謀)와 덕량은 능히 대지(大志)로써 대업을 성취하고 제사형통하며 온 세상에 명성이 진동하며, 영예가 비할 데 없다.

46수 : 미운격(未運格), 비수운(悲愁運)

영웅재사(英雄才士)가 때를 얻지 못하여 강하(江河)에서 소일하니,

진흙 가운데 옥(玉)격이라. 만사가 불여의하니 깊은 밤 공방에서 수심으로 탄식하는 운의 수이다. 곤고, 정신력 결핍, 병약, 단명 등의 흉운을 초래한다.

47수 : 출세격(出世格), 득시운(得時運)

준걸한 영웅이 때를 얻어 재명(才名)과 권세를 사해에 떨치는 길운으로서 제사가 순조발전하여, 재산이 풍부하고 자손여경하는 대길수이다. 전진, 은퇴에 유익무손(有益無損) 이요, 대업(大業)을 무난히 성취하고, 천부의 대행(大幸)을 초래하는 길상의 수이다.

48수 : 제중격(濟衆格), 영달운(榮達運)

사통팔달(四通八達)의 지각자(智覺者)로서, 천하지사를 통찰하여 만인을 선도하는 제도중생의 위망(威望)은 사해를 진동케 하며 기국(器局)이 원대하여 세속(世俗)을 떠나 성계(聖界)에 유유자적(悠悠自適)하여 명철탈속(明哲脫俗)하는 공리영달의 길상수이다.

49수 : 변화격(變化格), 성패운(盛敗運)

일성일패(一盛一敗)적으로 대성하면 실패하고, 실패하면 다시 성공하여 길흉의 변화가 상반하는 운성으로 길한즉 대길하고, 흉한즉 대흉으로 전락되는 운의 수이다.

50수 : 상반격(相半格), 길흉운(吉凶運)

운성이 혼미(昏昧)하고 의지가 박약하며, 자주성의 결여로 일시 성공하여 부귀영화를 기할 수 있으나, 공허실의(空虛失意)하여 패가망신, 병난, 곤액 등을 야기하는 운의 수이다.

51수 : 길흉격(吉凶格), 성패운(盛敗運)

초곤중(初困中)에 극진노력하여 점차 대업을 성취하고 안과하나, 도중에 자연적으로 파재의 소흉이 야기되는 운의 수이다.

52수 : 승룡격(昇龍格), 시승운(時乘運)

시승육룡(時乘六龍)이 비승(飛昇)하여 운행우시(雲行雨施)하는 격으로 무형 속에서 유형을 창조해 내니 그 세력은 가히 대지대업(大志大業)을 달성하고 영예를 후손에게 전하는 대길수이다. 대학자 대정경가(大政經家)를 배출하는 길상의 수이다.

53수 : 내허격(內虛格), 반길운(半吉運)

외부내빈(外富內貧) 격으로 외적으로는 길상행복하나 내적으로는 재액이 허다하다. 그 운기가 불측이라, 행복했다 하면 흉운이 내침(來侵)하여 패가망신하는 운의 수이다.

54수 : 무공격(無功格), 패가운(敗家運)

분투성과 완강한 운성은 일시적인 성공을 기할 수 있으나 도로무공이요, 운로가 불행하여 근심과 고난이 끊일 사이 없으니, 패가망신 혹은 형액, 불구, 변사 등의 흉운이 초래되는 흉운의 수이다.

55수 : 미달격(未達格), 불안운(不安運)

매우 융성한 운인 듯하나 용동수중(龍動水中) 격으로서, 불비미달한 운수로 내심 우고(憂苦)하며, 재화(災禍)가 있어 매사 불안정하며, 이별의 비애 등 수난의 운수이다. 인내력을 기르면 성공할 수 있다.

56수 : 한탄격(恨歎格), 패망운(敗亡運)

재주가 능할지라도 귀인을 얻지 못하여 모든 일이 불성(不成)이며 출세가 불능이요, 노력해도 매사가 무공하니 흉운을 탄식하는 수이다.

57수 : 봉시격(逢時格), 강성운(剛盛運)

춘광도래(春光到來)에 앵조춘제(鶯鳥春啼) 격이라. 수시응물(隨時應物)에 도처춘풍(到處春風)이니 천부의 시운(時運)과 세력을 얻어 권위가 왕성하고, 제사형통하여 성공영달하는 대길수이다.

58수 : 선곤격(先困格), 후복운(後福運)

 성패, 파란이 심하여 길흉이 겹치는 운으로서 꾸준한 인내와 노력으로 결국 성공영달하는 운이며, 일차 큰 실패와 큰 난관에 봉착한 연후에 집을 일으켜 복록이 발하는 운의 수이다.

59수 : 재화격(災禍格), 불성운(不成運)

 의지가 박약하고 인내력이 부족하므로 모든 일이 불성(不成)이요, 재화가 속출해서 역경에 빠지며 가산을 탕진하는 비운의 수이다.

60수 : 동요격(動搖格), 재난운(災難運)

 매사가 무계획적이며 중심 없는 격으로서 하는 일이 불성하고, 바다에 뜬 쪽배 격이므로 화란을 헤아리기 어려운 수로서, 실패, 곤고, 형액, 피화, 병약, 단명 등의 흉재를 초래하는 운의 수이다.

61수 : 이지격(理智格), 재리운(財利運)

 지혜가 묘하여 명예와 재물을 겸득하는 부귀번영수로서 천부의 대행(大幸)을 누리는 길상수이다. 그러나 일면 불손하여 내외불화, 가족 반목 등으로 외적으로는 행복하나, 내적으로 불안한 면도 있다.

62수 : 화락격(花落格), 쇠퇴운(衰退運)

 운기가 쇠퇴하여 만사가 불성이요, 사회적 권위도 신용도 타락하여 패가망신하고 병약, 곤고 등이 있는 흉운의 수이다.

63수 : 순성격(順成格), 발전운(發展運)

 경영하는 일이 순조로이 발전하여 용이하게 목적을 달성하고, 명예와 행복을 누리는 행운의 길상수이다.

64수 : 봉상격(逢霜格), 쇠멸운(衰滅運)

 가을 풀이 서리를 만난 격으로서 운기가 쇠퇴하여, 좋은 계획을 세

위도 모두 실패하고, 패가망신, 재난이 끊일 새 없고, 병난, 단명 등 흉운의 수이다. 그러나 형격(亨格)이 길운이면 일변하여 길운이 된다.

65수 : 휘양격(輝陽格), 흥가운(興家運)

해가 충천한 격으로 제사가 형통하여 금과 옥이 집에 가득하고 사회적으로 상당한 지위에서 만인을 지휘하며, 가문이 번창하는 수복강녕한 대길상의 수이다.

66수 : 암야격(暗夜格), 실등운(失燈運)

어두운 밤에 행인이 등불을 잃은 격이니 진퇴양난에 전도가 암담하다. 재화가 속출하고, 가정불안, 패가망신, 병약, 곤고 등이 따른다.

67수 : 천복격(天福格), 영달운(榮達運)

강유를 겸비하여 모든 난관을 돌파하며 선처하여 세사(世事)에 통효(通曉)하니 경영하는 일이 순조롭게 발전한다. 천부의 행운으로 가도 흥왕, 부귀행복을 누리는 길상의 행운수이다.

68수 : 명지격(明智格), 발명운(發明運)

명리적 두뇌로 사물에 대한 궁리가 세밀하여 창의적인 발명의 특질로 창작발명에 대성을 기하여 전진발전하며, 가정의 기초를 확립하여 행복을 누리는 길상의 운수이다.

69수 : 종말격(終末格), 정지운(停止運)

사물의 종말이요, 인생행로에 희비(喜悲)의 종막을 고하는 뜻으로 모든 일이 정지하며 조난, 질병, 불구, 단명 등의 흉수이다.

70수 : 공허격(空虛格), 암야운(暗夜運)

어두운 밤에 마귀가 발동하여 매사가 흉하니 멸망징조라. 근심걱정이 끊이지 않으며, 모든 일이 쇠퇴하여 비애에 빠지는 곤경운이라, 형액, 불구, 횡액, 단명 등의 흉운의 수이다.

71수 : 현룡격(見龍格), 발전운(發展運)

길상이 내재하여 장차 부귀 영예를 얻는 행운으로서, 착실히 발전하는 길운이니 진취의 기상을 대진(大振)하면, 그 덕망과 능력의 발현으로 명진사해의 대성공에 이르는 대길운의 수이다.

72수 : 상반격(相半格), 후곤운(後困運)

외행내흉격(外幸內凶格)으로서, 길흉이 상반이요 선부후곤이라, 전반은 행복하나 후반은 흉운으로 빠져드는 운의 수이다.

73수 : 평길격(平吉格), 안과운(安過運)

실천력과 인내력이 부족하여 대업은 이루나 자연의 복지를 향수하고 있는 고로 생애가 무난하고, 평길(平吉) 안과하는 운의 수이다.

74수 : 우매격(愚昧格), 불우운(不遇運)

무지무능한 우매격으로서 모든 일에 행함이 없고 한 가지도 이룰 수 없으니 무위도식(無爲徒食) 격이라, 폐물인간으로서, 불의의 재액과 곤고, 역경에 봉착하여 탄식하는 운의 수이다.

75수 : 적시격(適時格), 평화운(平和運)

적시 적소에 응사(應事)하여 명리(名利)와 부귀영화를 누리는 길상수로서, 제반 모사를 확립 후에 진취함이 가책(可策)이라, 만약, 때를 어기어 강진하면 욕속부달(欲速不達)로서 재액, 실패 등이 따르기도 하는 운의 수이다.

76수 : 선곤격(先困格), 후성운(後盛運)

전반에는 모든 일이 중도좌절하는 불길한 운이 있으나, 점차로 생활의 기초를 확립하여 후반은 평복을 누리는 운의 수이다.

77수 : 전후격(前後格), 길흉운(吉凶運)

전반운은 성공발전하여 일가(一家)가 안정되고, 사회적 기초도 확립되나, 후반운은 흉운을 초래하며, 만약 불연이면, 전흉 후길하다.

78수 : 선길격(先吉格), 평복운(平福運)

전반은 성공발전하여 안과하나, 중도 이후는 얼마쯤 점쇠하는 수이다. 그러나 비교적 평복을 누리는 운의 수이다.

79수 : 종극격(終極格), 종말운(終末運)

달이 차면 기우는 것은 만고의 진리이니, 만사 만물의 종국의 수로서, 운기가 쇠퇴하여 임종의 시기를 기다리는 운의 수이다.

80수 : 종결격(終結格), 종지운(終止運)

천지 모든 도수의 종결이라, 음흉, 무기미(無氣味)한 기류가 감돌고 있는 운기 쇠진수로서, 병마, 진수(盡壽) 등 흉운의 수이다.

81수 : 환원격(還元格), 갱희운(更喜運)

최극수(最極數)에서 다시 1로 환원하는 수로서, 9 9 81의 최극수요, 천지개벽 후 원소(元素)의 1로 환원하는 일도광명(一道光明)의 수이니 만물이 시생(始生)하는 수의(數意)로 자연의 영동운기력(靈動運機力)이 왕성하여 대행(大幸)이 초래되는 길상의 운수이다.

이상에서 논한 81수는 수리영동력에 있어서 그 암시력의 강약이 부위에 따라 구분된다. 즉 형격(亨格)은 10의 힘이 발휘되고, 이격(利格)은 7,8의 힘, 원격(元格), 정격(貞格)은 5,6의 힘이 발휘된다.

그리고 이 각수의 영동력 설명은 하나의 격에서 단독적으로 발휘되는 경우이므로, 타격(他格)과의 배합, 강약 관계를 참작해야 한다.

그런데 성명 각격의 수가 선천 사주와 조화를 이루어야만 좋은 이름이 된다.

작명의 묘리는 사주 수기(受氣)와 성명과의 조화(調和), 즉 시간, 공간의 종횡관계 작용의 조화에 있는 것이다.

6. 성명의 수리 배치

성자(姓字)와 명자(名字)의 획수에 의한 원(元), 형(亨), 이(利), 정(貞) 격에 양호한 수리조직법을 다음과 같이 표시한다. 단, 성명자의 획수는 정획(正畫)으로 하고, 필획(筆畫 : 쓰는 획)은 인정치 않는다. 다음은 수리 조직의 예이다.

丁　一　仁　　亨格3　元格5
姓　名上字　名下字　2(丁)　1(一)　4(仁)　貞格7
利格6

다음은 각 성자(姓字)와 이름의 양호한 수리 배치법이다.

2획 성자(姓字) 丁卜乃入刀又

상길격 (上吉格)	2　1　4 2　4　1	2　1　5 2　5　1	2　1　14 2　14　1	2　1　15 2　15　1	2　1　22 2　22　1
	2　3　3	2　3　13 2　13　3	2　4　9 2　9　4	2　4　11 2　11　4	2　4　19 2　19　4
	2　5　6 2　6　5	2　5　11 2　11　5	2　5　16 2　16　5	2　5　24 2　24　5	2　6　9 2　9　6
	2　6　15 2　15　6	2　6　23 2　23　6	2　9　14 2　14　9	2　9　22 2　22　9	2　11　22 2　22　11
	2　11　22 2　22　11	2　13　16 2　16　13	2　13　22 2　22　13	2　14　19 2　19　14	2　14　23 2　23　14
	2　15　16 2　16　15	2　15　22 2　22　15	2　15　24 2　24　15	2　16　19 2　19　16	2　16　21 2　21　16
	2　16　23 2　23　16				
중길격	2　1　13 2　13　18	2　13　18 2　14　15	2　14　15 2　16　17	2　15　8 2　15　18	

3획 성자

千干弓于凡山也大

상길격 (上吉格)	3 2 3 3 3 2	3 2 13 3 13 2	3 3 10 3 10 3	3 3 12 3 12 3	3 3 18 3 18 3
	3 3 26 3 26 3	3 4 4	3 4 14 3 14 4	3 5 8 3 8 5	3 5 10 3 10 5
	3 8 10 3 10 8	3 8 13 3 13 8	3 8 21 3 21 8	3 10 22 3 22 10	3 12 20 3 20 12
	3 13 18 3 18 13	3 13 22 3 22 13	3 14 18 3 18 14	3 14 21 3 21 14	3 15 20 3 20 15
	3 18 20 3 20 18				
중길격	3 5 16 3 14 15	3 8 24 3 14 24	3 10 11 3 15 17	3 12 23 3 15 23	3 22 23

4획 성자

尹元文方太公孔王毛卞片仇午天化井牛日仁水巴亢牙才

상길격 (上吉格)	4 1 2 4 2 1	4 1 12 4 12 1	4 1 20 4 20 1	4 2 9 4 9 2	4 2 12 4 12 2
	4 2 19 4 19 2	4 3 4 4 4 3	4 3 14 4 14 3	4 4 13 4 13 4	4 4 7 4 7 4
	4 4 9 4 9 4	4 4 13 4 13 4	4 4 17 4 17 4	4 4 21 4 21 4	4 7 14 4 14 7
	4 7 22 4 22 7	4 9 12 4 12 9	4 9 20 4 20 9	4 11 14 4 14 11	4 11 20 4 20 11
	4 11 22 4 22 11	4 12 13 4 13 12	4 12 17 4 17 12	4 12 19 4 19 12	4 12 21 4 21 12
	4 13 20 4 20 13	4 14 17 4 17 14	4 14 19 4 19 14	4 14 21 4 21 14	4 17 20 4 20 17
	4 20 21 4 21 20				
중길격	4 7 22	4 11 22	4 13 22	4 9 22	

5획 성자

白玄申田甘史玉丘皮石召平弘占永功巨台疋包北令(2字姓：木○,　乙支
포함)

상길격 (上吉格)	5　1　2 5　2　1	5　1　10 5　10　1	5　1　12 5　12　1	5　2　6 5　6　2	5　2　11 5　11　2
	5　2　16 5　16　2	5　3　3 5　3　3	5　3　8 5　8　3	5　3　10 5　10　3	5　3　13 5　13　3
	5　6　10 5　10　6	5　6　12 5　12　6	5　6　18 5　18　6	5　8　8 5　8　8	5　8　10 5　10　8
	5　8　16 5　16　8	5　8　19 5　19　8	5　8　24 5　24　8	5　12　12 5　12　12	5　12　20 5　20　12
	5　13　19 5　19　13	5　13　20 5　20　13	5　16　16		
중길격	5　3　21	5　10　14	5　10　22	5　10　23	5　11　22

6획 성자

安朴全伊吉朱米伍印牟字先好宅羽在弛圭光有庄伽列仰

상길격 (上吉格)	6　1　10 6　10　1	6　1　17 6　17　1	6　2　5 6　5　2	6　2　9 6　9　2	6　2　15 6　15　2
	6　5　10 6　10　5	6　5　12 6　12　5	6　5　18 6　18　5	6　7　10 6　10　7	6　7　11 6　11　7
	6　7　18 6　18　7	6　7　25 6　25　7	6　9　9	6　9　18 6　18　9	6　10　15 6　15　10
	6　10　19 6　19　10	6　10　23 6　23　10	6　11　18 6　18　11	6　12　17 6　17　12	6　15　17 6　17　15
	6　17　18 6　18　17	6　18　21 6　21　18			
중길격	6　1　22 6　11　21	6　5　20 6　15　20	6　7　22 6　19　22	6　9　14 6　17　22	6　9　20 6　19　20
	6　9　22 6　18　21	6　5　13 6　18　21	6　11　20	6　11　22 6　12　21	

7획 성자

李吳辛成呂宋池余延車尿甫判杜河吾良別佐位孝谷克見廷汎江(2字姓：
羽○ 포함)

상길격 (上吉格)					
	7 4 22 7 22 4	7 6 10 7 10 6	7 8 8	7 8 10 7 10 8	7 8 16 7 16 8
	7 8 17 7 17 8	7 9 8 7 8 9	7 9 16 7 16 9	7 10 22 7 22 10	7 11 14 7 14 11
	7 14 17 7 17 14	7 14 18 7 18 14	7 18 6 7 6 18	7 8 18 7 18 8	7 22 10 7 10 22
	7 24 8 7 8 24	7 24 17 7 17 24	7 1 10 7 10 1	7 1 16 7 16 1	7 1 24 7 24 1
	7 4 14 7 14 4	7 10 14 7 14 10	7 14 24 7 24 14	7 11 6 7 6 11	7 22 9 7 9 22
	7 16 22 7 22 16				

8획 성자

金孟奇沈林房表宗卓奉周知明承季來門於空板昔和舍昕京昌昇忠長松叔
岳夜固庚直決斧官沙狄

상길격 (上吉格)					
	8 3 13 8 13 3	8 3 21 8 21 3	8 5 16 8 16 5	8 8 13 8 13 8	8 8 15 8 15 8
	8 3 10 8 10 3	8 5 3 8 3 5	8 7 8 8 8 7	8 9 7 8 7 9	8 5 10 8 10 5
	8 5 8 8 8 5	8 5 24 8 24 5	8 7 17 8 17 7	8 8 9 8 9 8	8 7 10 8 10 7
	8 7 16 8 16 7	8 7 24 8 24 7	8 8 17 8 17 8	8 15 16 8 16 15	8 9 16 8 16 9
	8 15 24 8 24 15	8 10 15 8 15 10	8 21 16 8 16 21	8 23 10 8 10 23	8 13 10 8 10 13
	8 16 13 8 13 16	8 16 17 8 17 16	8 16 23 8 23 16	8 9 15 8 15 9	

9획 성자 南兪禹柳姜咸河宣俊扁炭竿段相柴姚要貞秋祈玆韋肖哀芋信彥思香泉拓律突

상길격（上吉格）					
	9 2 4 9 4 2	9 2 14 9 14 2	9 2 22 9 22 2	9 4 12 9 12 4	9 7 8 9 8 7
	9 7 16 9 16 7	9 8 8	9 9 6 9 6 9	9 12 12	9 12 14 9 14 12
	9 12 20 9 20 12	9 14 2 9 2 14	9 8 16 9 16 8	9 6 2 9 2 6	9 9 20 9 20 9
	9 14 15 9 15 14	9 16 6	9 16 22 9 22 16	9 15 8 9 8 15	9 7 22 9 22 7

10획 성자 席孫洪高宮殷翁奏貢馬芮曹徐桂時唐恭席眞晏骨益凉起祐索耿袁素桓桑晋花夏芳倉員栢

상길격（上吉格）					
	10 1 5 10 5 1	10 1 14 10 14 1	10 1 22 10 22 1	10 3 3	10 3 22 10 22 3
	10 5 3 10 3 5	10 5 8 10 8 5	10 6 1 10 1 6	10 11 14 10 14 11	10 11 21 10 21 11
	10 15 8 10 8 15	10 15 23 10 23 15	10 8 3 10 3 8	10 5 6 10 6 5	10 6 15 10 15 6
	10 6 19 10 19 6	10 6 23 10 23 6	10 7 6 10 6 7	10 7 8 10 8 7	10 13 8 10 8 13
	10 14 15 10 15 14	10 21 14 10 14 21	10 1 7 10 7 1	10 8 13 10 13 8	10 7 14 10 14 7

11획 성자 崔許康張曹魚梁邦梅班那堅胡異苔啓彬珠海盖御扈章强浪麻票國翌乾尉英常范將專畢邢豚

상길격					
	11 4 14 11 14 4	11 5 2 11 2 5	11 14 24 11 24 14	11 20 21 11 21 20	11 2 4 11 4 2
	11 2 22 11 22 2	11 4 20 11 20 4	11 6 18 11 18 6	11 7 14 11 14 7	11 10 14 11 14 10
	11 6 12 11 12 6	11 14 13 11 13 14	11 14 24 11 24 14	11 7 6 11 6 7	11 6 20 11 20 6

12획 성자 黃閔童智敦景善邵弼甦馮荀場賀閑森彭曾順勝尋絡能絮象堯
(2字姓：小室, 大室, 似先, 東方 포함)

상길격 (上吉格)					
	12 1 4 12 4 1	12 1 20 12 20 1	12 3 3	12 4 13 12 13 4	12 4 21 12 21 4
	12 9 12 12 12 9	12 9 20 12 20 9	12 12 13 12 13 12	12 1 5 12 5 1	12 1 12 12 12 1
	12 3 20 12 20 3	12 4 9 12 9 4	12 4 19 12 19 4	12 5 12 12 12 5	12 6 17 12 17 6
	12 6 19 12 19 6	12 12 21 12 21 12	12 20 5 12 5 20	12 20 13 12 13 20	12 4 17 12 17 4
	12 5 6 12 6 5	12 6 11 12 11 6	12 11 14 12 14 11		

13획 성자 楊琴廉莊慈舜賈廋路楚頓附傳敬登雷軒郁裵阿新(2字姓：令孤, 司空 포함)

상길격					
	13 2 3 13 3 2	13 4 12 13 12 4	13 8 8	13 8 10 13 10 8	13 8 16 13 16 8
	13 8 18 13 18 8	13 12 12	13 19 16 13 16 19	13 2 16 13 16 2	13 4 4
	13 5 20 13 20 5	13 10 16 13 16 10	13 16 16	13 20 12 13 12 20	

14획 성자 趙裵鳳愼箕端賓種對槐溫實閨溪榮壽翟競華(2字姓：西門, 耶○, 石抹, 公孫 포함)

상길격					
	14 2 1 14 1 2	14 2 15 14 15 2	14 4 11 14 11 4	14 4 21 14 21 4	14 7 17 14 17 7
	14 3 15 14 15 3	14 7 18 14 18 7	14 10 11 14 11 10	14 10 21 14 21 10	14 1 10 14 10 1
	14 4 7 14 7 4	14 10 7 14 7 10	14 4 3 14 3 4		

15획 성자

郭劉葉魯漢價葛慶標墨董廣德(2字姓：仲室 포함)

상길격 (上吉格)					
	15 8 10 15 10 8	15 8 16 15 16 8	15 9 8 15 8 9	15 14 2 15 2 14	15 17 20 15 20 17
	15 18 6 15 6 18	15 1 16 15 16 1	15 3 14 15 14 3	15 10 6 15 6 10	15 16 16
	15 16 17 15 17 16	15 17 6 15 6 17	15 3 20 15 20 3	15 10 14 15 14 10	15 14 18 15 18 14
	15 16 10 15 10 16	15 9 14 15 14 9	15 10 22 15 22 10		

16획 성자

盧陳潘都鞠陸諸錢龍霍(2字姓：皇甫 포함)

상길격 (上吉格)					
	16 2 13 16 13 2	16 7 8 16 8 7	16 7 9 16 9 7	16 8 17 16 17 8	16 9 8 16 8 9
	16 9 14 16 14 9	16 9 16 16 16 9	16 15 8 16 8 15	16 15 16 16 16 15	16 15 17 16 17 15
	16 16 5 16 5 16	16 16 13 16 13 16	16 1 7 16 7 1	16 1 15 16 15 1	16 2 5 16 5 2
	16 8 5 16 5 8	16 8 13 16 13 8	16 9 22 16 22 9	16 13 19 16 19 13	

17획 성자

韓蔡鍾蔣彌鄒鮮嘗燭陽鄕聰澤嚇獨濃

상길격 (上吉格)					
	17 4 20 17 20 4	17 6 18 17 16 8	17 8 16 17 16 8	17 15 20 17 20 15	17 6 1 17 1 6
	17 6 12 17 12 6	17 1 14 17 14 1	17 4 4	17 4 12 17 12 4	17 6 15 17 15 6
	17 7 8 17 8 7	17 7 14 17 14 7	17 8 8	17 14 4 17 4 14	17 15 16 17 16 15
	17 1 20 17 20 1	17 12 12			

18획 성자 魏簡禮歸濯濯遲闖雜雙鞦

상 길 격					
	18 5 6 18 6 5	18 6 11 18 11 6	18 6 15 18 15 6	18 7 6 18 6 7	18 14 15 18 15 14
	18 17 6 18 6 17	18 3 14 18 14 3	18 11 12 18 12 11	18 14 7 18 7 14	18 5 13 18 13 5

19획 성자 羅鄭薛龐離(2字姓：古爾, 南宮, 再會 포함)

상 길 격					
	19 2 4 19 4 2	19 2 14 19 14 2	19 4 12 19 12 4	19 6 12 19 12 6	19 12· 14 19 14 12
	19 16 2 19 2 16	19 18 20 19 20 18	19 4 14 19 14 4	19 13 16 19 16 13	19 6 10 19 10 6
	19 22 16 19 16 22				

20획 성자 嚴還曦騫(2字姓：司馬, 鮮于, 憂候 포함)

상 길 격					
	20 1 4 20 4 1	20 1 12 20 12 1	20 4 11 20 11 4	20 4 13 20 13 4	20 4 21 20 21 4
	20 5 12 20 12 5	20 11 21 20 21 11	20 3 12 20 12 3	20 12 9 20 9 12	20 12 13 20 13 12
	20 15 3 20 3 15	20 17 15 20 15 17	20 1 17 20 17 1		

21획 성자 釋隨顧(2字姓：負鼎 포함)

상 길 격					
	21 4 4	21 4 12	21 4 14	21 4 20	21 11 20
	21 12 14	21 3 8	21 3 14	21 8 10	21 8 16
	21 10 16	21 10 14	21 16 8	21 17 20	

22획 성자　權邊蘇蘆襲隱

상길격 (上吉格)	22 1 2	22 1 10	22 2 13	21 3 13	22 9 7
	22 9 7	22 10 13	22 15 10	22 13 13	22 16 9
	22 16 19	22 1 15	22 1 16	22 2 11	22 3 10
	22 7 10	22 7 16	22 7 19	22 13 10	22 15 11
	22 16 7				

　이상과 같이 수리조직에 있어서 이(利)와 원(元)에 다소 흉격이 있더라도 가히 쓸 수 있으니 이는 중길격이 되는 것이며 특히 조심해야 할 것은 여자의 성명에서 21, 23, 32, 33, 39 수 등은 피해야 한다.

　또한 23, 33, 39 수 등은 남녀 불문하고 중복을 가급적 피하고, 사주가 순음으로 조직된 것은 순양조직을 쓸 수 있고, 사주가 순양으로 조직된 것은 순음의 조직수를 쓸 수 있다.

　2자 성에는 앞엣것 외에도 24획〔扶餘〕, 25획〔明臨, 獨孤〕, 27획〔黑齒, 祖彌, 齊楚〕, 30획〔赫連〕, 31획〔諸葛〕, 40획〔墻籬〕 등 모두 31가지 성이 있다.

7. 음령오행(音靈五行)의 원리와 표출법(表出法)

음령오행(音靈五行)의 원리

　음령오행은 본 성명학에서 가장 중요시하는 부문이다.

　음령오행이란 성명자의 발음(소리)을 뜻하는 것이니, 이 발음〔音響〕에서 오행을 표출하는 것이다.

　이 음령은 신비한 음향(音響 : 소리)으로서 영(靈)의 묘음(妙音)이다. 인간과 더불어 삼라만상이 모두 소리와 함께 생겨나 사라지고 다시 생기는 것이다.

천지간에는 항상 무슨 소린가가 끊임없이 나고 있다. 크게는 천체(天體)의 도는 소리가 있을 것이요, 작게는 벌레 소리에서 숨쉬는 소리에 이르기까지 수많은 소리가 있을 것이다. 소리가 없다는 것은 죽음을 의미하는 것이니 소리는 곧 존재한다는 증거인 것이다.

큰 소리와 큰 빛은 인간의 오관(五官)으로 감지할 수 없다 한다. 즉 태양을 중심으로 하여 8개의 행성(行星)이 회전하는 음향은 실지로는 굉장히 시끄러울 것이다. 그러나 우리 인간의 청각(聽覺)으로는 느낄 수 없는 것이다.

물리학(物理學)에 의하면 음향의 진동수가 극히 적을 때나 클 때는 음향을 오관의 감각으로 느낄 수 없으며 그 진동수가 1초에 16회 이상이 되면 음향의 1개 조자(調子)가 된다고 하며, 그 수가 가해질수록, 즉 4만 회 이상으로 진동하게 되면 너무 음향이 높아진 까닭에 역시 사람의 청각으로는 느끼지 못한다고 한다. 그리하여 4만 회 이상으로 진동되면, 열(熱)로 화하며, 그것이 더욱 고도화되어 진동수가 1초에 몇억으로 되면 광열(光熱)로 화하고, 그 이상 고도화되면 색(色)으로 화한다고 한다. 그러므로 광열에도 음파(音波)가 함유되어 있다는 말이 된다.

언즉필신(言則必神 : 말이 곧 신)이라는 속담도 있지만, 소리는 생각할수록 기묘한 영(靈)의 존재이다. 좋은 음악을 들으면 희열감(喜悅感)을 느끼게 되고 나쁜 소리에는 혐오감을 느끼게 되는데, 이는 음향이 인간 오관에 주는 직접적인 영향이라 하겠다.

뇌신경에 영향이 파급된다는 것은 곧 심신(心身)에 파급된다는 것이다. 즉, 자기총체 인격을 대표하는 성명에 내포된 음향파조(音響波調)의 성질과 수리영동력은 표리(表裏)가 되어 인간의 심신에 작용함으로써 인간운명 진로에 대한 조화, 부조화로 발현(發現)되어 명운에 크게 영향을 미치게 되는 것이다.

음령오행의 표출법

성명 글자의 발음(음령)을 소리나는 그대로 다음과 같이 오행으로 표출하게 된다. 그런데 글자의 발음에 첫 발음을 주오행(主五行)으로 하고, 받침 발음을 종오행(從五行)으로 표출하는 것이 본 성명학의 특징이다.

음령 오행 표출표

主音의五種別	주음(主音)	음성	비고	오행
	가, 카 行	아음(牙音)	카는 가보다 강함	木
	나, 다, 라, 타行	설음(舌音)	타는 다보다 강함	火
	아, 하 行	후음(喉音)	하는 아보다 강함	土
	사, 자, 차行	치음(齒音)	차는 자보다 강함	金
	마, 바, 파行	순음(唇音)	파는 마보다 강함	水

종음의五性別	종음(從音)	음성(音性)	오행
	ㄱ,	아음(牙音)	木
	ㄴ, ㄹ,	설음(舌音)	火
	ㅇ, ㅎ,	후음(喉音)	土
	ㅅ,	치음(齒音)	金
	ㅁ, ㅂ,	순음(唇音)	水

위와 같이 음령(音靈 : 음향, 발음)을 5종 음성으로 분류하게 되는데, 그 발성(發聲)의 음질에 의하여 정해지는 것으로서, 예를 들면 '아'의 음(音)은 목 속에서 우러나오는 후음(喉音 : 목구멍음)으로 일체의 음성을 태생(胎生)하는 근본으로서, 마치 만물을 발생 자육(滋育)하는 토양(흙)과도 같은 성질을 갖고 있다.

음향오행의 성질을 살펴보면 다음과 같다.

가, 카 행(木) : 아운(牙韻) 발음으로, 어금니 쪽의 혀뿌리와 목부분의 열리고 닫히는 운동에 의하여 발성되며 견실, 사고(思考), 이상(理想), 자존(自尊) 등의 성질을 지닌다.

나, 다, 라, 타 행(火) : 설운(舌韻) 발음으로, 혀〔舌〕의 운동이 주동이 되어 발성되며, 쾌활, 민첩, 활기, 왕성 등의 성질을 지닌다.

아, 하 행(土) : 후운(喉韻) 발음으로 목구멍 부분을 통하여 발성되며, 음성의 모체가 된다. 온후독실, 자중노력(自重努力), 강유겸비(剛柔兼備), 통솔력 등의 성질을 지닌다.

사, 자, 차 행(金) : 치운(齒韻) 발음으로 앞니 사이를 통해 예리한 음이 발성되며, 과단성, 용감, 인내력 등의 성질을 지닌다.

마, 바, 파 행(水) : 순운(脣韻) 발음으로, 입술의 개폐운동으로 발성되는 음성으로, 지모수발(智謀秀拔)하고 임기응변에 뛰어나며 담박·냉정한 성질이 있다.

성명자로 살펴본 발음(음령) 오행의 예(例)

오른쪽에서 보는 바와 같이 발음에 첫음이 주(主)요, 받침 발음이 종(從)이 된다. 만일 종음이 없을 때는 주음 오행이 종음을 겸하고 글자의 변오행(예 : 氵변은 水, 木변은 木)을 겸용한다. 오른쪽 가운데의 그림은 그 예를 든 것이다.

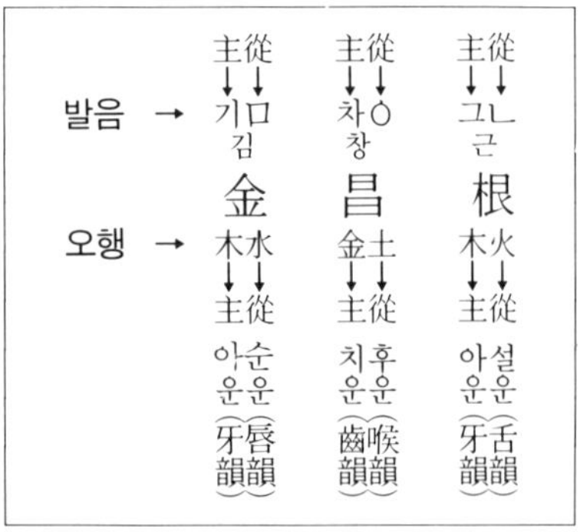

		主從 ↓↓ 기ㅁ 김	主從 ↓↓ 차ㅇ 창	主從 ↓↓ 그ㄴ 근
발음 →		金	昌	根
오행 →		木水 ↓↓ 主從 아순 운운 (牙脣 韻韻)	金土 ↓↓ 主從 치후 운운 (齒喉 韻韻)	木火 ↓↓ 主從 아설 운운 (牙舌 韻韻)

음령오행을 간지로 표출하는 법

위에서 설명한 대로 음령오행이 표출된 것을 간지 오행으로 바꾸는 것인데 여기서는 음(陰)의 간지와 양(陽)의 간지로 표출하는바, 글자의 획수가 음수(陰數 : 짝수)이면 음의 간지로, 획수가 양수(陽數 : 홀수)이면 양의 간지로 표출하게 된다.

예를 들면 맨 밑에 있는 그림과 같다.

이 그림과 같이 오행을 처음에는 모두 지(支)로 표출하고

김	기	수
金	起	洙
木 水 主 從	木 木 主 從	金 金(水 氵) 主 從(從)

음	양—음	양	음
	|	|	|
획	수—8	12	10
성	명—金	慶	洙
오	행—木水,	木土,	金金(氵, 水)
支 오 행—卯亥,		寅辰,	酉酉(亥)
干支오행—乙亥,		甲辰,	辛酉(亥)

주(主)오행을 간(干)으로 하고, 종(從)오행을 지(支)로 삼는다.

　그런데 토(土)오행에 있어서는 글자 획수가 1, 3, 5, 11, 13, 15 등의 획수면 진토(辰土)로 삼고 7, 9, 17, 19 등의 획수는 술토(戌土)로 삼으며, 2, 4, 6 등의 획수는 미토(未土)로 삼고, 8, 10, 12, 14획수 등은 축토(丑土)로 삼는다.

　즉, 1에서 5까지의 양토(土)는 진토요, 7에서 9까지의 양토는 술토가 되고, 2에서 6까지의 음토는 미토가 되고, 8에서 12까지의 음토는 축토로 삼는다. 그리고 10수 이상의 수는 10수 단위를 떼고, 10수 이상의 단수만을 취하여 위의 양음토로 적용한다. 예로서 14는 4를 쓰고, 16은 6을 쓰며, 22, 18 등은 2와 8만을 쓴다.

　이 음령오행의 상생상극 관계는 전술한 바 있는 오행 상생상극법을 그대로 적용한다.

음령오행의 생(生)과 극(剋)의 작용력

　위와 같이 표출된 오행의 상생상극 작용력은 다음과 같다.

① 목(木)의 위력(威力)

　목에 목　동화(同化)되어 그 힘이 점점 신장(伸張)된다.

　목에 화　목의 힘이 다소 소모되나 상당한 위력이 있다.

　목에 토　반박되어 되레 그 힘이 증대한다.

　목에 금　억압당하여 그 힘이 발휘되지 못한다.

　목에 수　특성이 증대되어 위력이 더욱 왕성해진다.

② 화(火)의 위력

　화에 목　화의 특성이 더욱 증대되어 그 힘이 강해진다.

　화에 토　동화되어 그 힘이 점점 증대된다.

　화에 토　조화되어 그 힘을 발휘하나, 약간 감소된다.

　화에 금　일시적으로 크게 반박하나, 그 후 소모된다.

　화에 수　특성이 제압당하여 무력해진다.

③ 토(土)의 위력

　토에 목　목토의 특성이 억압당하여 힘을 발휘하지 못한다.

　토에 화　그 특성이 강화되어 대단히 증진, 신장된다.

토에 토 동화되어 순조롭게 그 힘을 발휘한다.

토에 금 다소 감소, 소모되나 상당한 힘이 있다.

토에 수 서로 반박해서 되레 그 힘이 소모되어 무력해진다.

④ 금(金)의 위력

금에 목 일시적으로 그 위력이 강화되나 후에 감소된다.

금에 화 그 특성이 억압되어 무력해진다.

금에 토 그 특성이 증대되어 위력을 충분히 발휘한다.

금에 금 동질이 반박하여 그 힘이 수축된다.

금에 수 약간 그 힘이 소모되나 순조롭다.

⑤ 수(水)의 위력

수에 목 그 특성이 다소 감소되나 순조롭게 발휘한다.

수에 화 대단히 강한 반박력이 생겨 그 힘이 소모된다.

수에 토 그 특성이 제압당하여 무력해진다.

수에 금 특성이 더욱 증대되어 그 힘이 강해진다.

수에 수 동화되어 그 힘이 신장되거나 변화한다.

주음과 종음과의 연결관계

성명 세 자의 주음(上音)과 종음(從音)과의 관계에 있어서 주음과 종음의 연결 여하에 따라 그 감정의 힘이 증대되는 경우도 있고, 혹은 상호 반박해서 제극소멸되는 때도 있고, 또는 제극하며 더욱 왕성해지는 경우도 있다.

예를 들면, '김성훈'이라면 기, 서, 후는 주음이 되고, ㅁ, ㅇ, ㄴ은 종음이 된다. 그런데 주음과 주음이 서로 상극할지라도 종음이 위아래로 연결하여 상생해 주면 무방하다. 따라서 주음이 상생하거나 또는 종음이 상호연결 상생하면 길하나, 주종음 전부가 상극하여, 상하 모두 끊어지면 불길하다.

그러므로 가급적이면 선량한 음령으로 그 관계를 조화시키면, 호명(呼名)시에 그 음파가 순조롭고 자연스러우며 또는 박력, 웅장, 온화, 청명 등의 유도력이 발휘되며 조화되지 않으면 흉운으로 유도된다.

그런데 한 가지 언급해 둘 것은 성자의 종음과, 이름〔名〕 상자(上字)의 주음과에 수(水), 화(火)를 가급적 피하는 것이 좋으며 만일 불가피한 경우에는 상극된 자를 다른 오행에서 흡수해 주면 무방하다.

이 음령오행은 인체의 건강, 질병과 가정의 육친관계, 즉 부모 형제, 처자 남편 등에 영향력을 강하게 미치는 매우 중요한 부분이다.

다음과 같이 음령오행의 길흉적 연결 관계를 표시한다. 그런데 가급적이면 이름자의 아랫자리에서부터 위로 향하면서 주종오행이 상생해 주는 것이 가장 길하고 다음에는 성자(姓字)에서부터 아래로 주종오행이 상생해 주는 것을 길격으로 한다.

가장 길한 오행 연결의 예

① 姓 名 字

水木金土土火

• 주오행이 수(水), 금(金), 토(土)로서 이름의 아랫자가 위로 '금'을 생하고 '금'이 '수'를 생하고 있어 가장 길하다. 또한 이름 아랫자의 종오행 '화'가 '토'를 생하고 '토'가 '토'로 동화된다. 다만 '금'이 성(姓)밑의 '목'을 극하나 이 '목'은 '수'가가 생해 주므로 무관하다. 따라서 주오행이 '토생금, 금생수'로서 대길격이다.

② 姓 名 字

木水水土金土

• 이름 밑에서 '토생금' '금생수' '수생목'하여 길격이다.

③ 姓 名 字

木水金土土火

• 밑에서 '화생토' '토생금' '금생수' '수생목' 으로 길하다.

④ 姓 名 字

金土水水木火

• 위에서 밑으로 '금생수' '수생목' '목생화'로 길하다.

⑤ 姓 名 字

土土金土水水

- 위에서 밑으로 '토생금' '금생수'로 길하다.

⑥ 姓　名　字

　金　土土火木

- 밑에서 '목생화', '화생토' '토생금'으로 대길하다.

⑦ 姓　名　字

　火　木土水水

- 밑에서 '수생목', '목생화'로 대길하다.

⑧ 姓　名　字

　水土金土土火

- 밑에서 위로 '화생토', '토생금' '금생수'로 대길하다.

중(中)길격 오행연결의 예

① 姓　名　字

　木水火木木火

- 성자(姓字)의 종(從)과 이름자의 주(主)가 '수극화'하나 그 뒤에 목목화로 '수'를 생함이 강하므로 길하다.

② 姓　名　字

　木水金土火木

- 비록 주오행에 모두 상극되나 뒤에서 앞으로 주종 오행이 상생되므로 길하다.

③ 姓　名　字

　金土火土金土

- 비록 '화'가 '금'을 극하나 '토금' 상생이 많으므로 길하다.

④ 姓　名　字

　土土金土火土

- 비록 화가 금을 극하나, 주종이 모두 상생되므로 길하다.

⑤ 姓　名　字

　水土木土火土

- 주오행이 모두 상생되니 '목극토'해도 무방하고 길하다.

⑥ 姓 名 字

　火水金土土火

• 화가 '수'를 극하나 '화생토' '토생금'하므로 길하다.

흉격 오행 연결의 예

주종 모두가 끊어진 것은 될 수 있는 대로 피하는 것이 좋다.

① 姓 名 字

　木土木木金火

• 이는 주종이 모두 극하여 끊어졌으므로 불길하다.

② 姓 名 字

　金 火 水土

• 주종 모두가 상극하고 끊어졌으므로 불길하다.

③ 姓 名 字

　火 水土水火

• 주종 모두 상극으로 끊어져서 불길하다. 이상과 같이 주종이 모두 극하고 끊어진 것은 매우 흉격의 조직이다.

8. 음령오행의 육친과 육수법(六獸法)

본 성명학에서는 육친(六親)과 육수(六獸) 관계를 중요시하는바, 육친이란 것은 전술한 바 있듯이, 부모 형제, 처자와 재물, 남편, 벼슬 등을 말하는 것이니, 음령오행의 간지(干支)에 대조하여 붙이는 것으로서 이에는 외궁(外宮)과 내궁(內宮)이 있게 된다. 외궁은 생년의 간지를 기준하여 연지(支)를 나(我)로 하고 각 오행에 상생, 상극, 비화 등을 보아 육신법으로 표출하며, 내궁은 사주의 생일간(干)을 기준하여 일간(日干)을 나(我)로 하고 육신법으로 붙인다. 즉 사주법에서 일간을 기준으로 하여 육신법으로 각 간지에 육친을 표출하는 방식과 같은 것이다.

다음과 같이 외궁, 내궁의 육친법을 제시한다.

외궁 표출법(생년지로 표출하는 것)

정유년생(丁酉年生)의 경우를 예로 들어 보면 다음과 같다.

음 양	음	양	음
획 수	8	13	16
성 명	金	聖	勳
음령오행	木水	金土	土火
支 오 행	卯亥	申辰	未巳
干支오행	乙亥	庚辰	己巳
육 신	편식재신	겁인재수	편편인관
육 친	財孫	兄父	父官

위에서 본 바와 같이 음령오행에서 간지가 표출되고 표출된 간지오행을 생년지(支)와 대조하여 상생, 상극으로 육신이 나오고, 육신법으로 다시 육친이 표출된 것인데, 외궁은 우선 지(支)오행으로만 대조한다. 따라서 '금'은 8획으로서 음이 되니 간지오행으로는 '지(支)'로 묘해(卯亥)가 되고, 이를 연지(年支)로 상생, 상극 관계를 보면 묘목(卯木)을 유금(酉金)이 극하였으므로 육신법으로는 편재가 되어 재성으로서 처 또는 재물이 되고, 해수(亥水)는 유금(酉金)이 생해 주는 것으로 식신이 되는데, 이를 육친법으로는 자손[孫]으로 표시되며, 성(姓)자 下의 '금'은 양금(陽金)으로 지(支)로 신금(申金)이 되고 생년 유금(酉金)과는 육신으로 겁재가 되니 이를 육친법으로는 형(兄)으로 표시되고, 양 진토(辰土)는 육신법으로 유금(酉金)을 생해 주니 인수가 되는바, 이를 육친법으로는 부모로 간주하여 부(父)로 표시한다. 다음에 이름 뒷자의 훈(勳)자는 16획으로서 음이 되니 미토(未土)는 유금(酉金)을 생해 주므로 육신법으로는 正이 되고 이를 육친법으로는 역시 부모란 의미로서 부(父)자로 표시되며 사화(巳火)는 유금(酉金)을 극하니 육신법에 편관이 되며 이는 육친법으로 관(官)으로 표시한다.

이상과 같이 음령오행의 지(支)를 생년지와 대조하여 육신법에 의한 육친을 표출하는 것이다.

이같이 한 육친을 보고 부모, 형제, 처, 재물, 자손, 벼슬 등의 길흉 관계를 알기 위한 표출 방식을 행하는 것이다.

다음은 이와 같은 원리로써 내궁을 표출하는 방식을 알아보기로 한다. 그런데 필자가 왕년에 저술했던《성명판단법》에서는 이 부분을 생략했으나 이번에 본서에서는 이를 밝혀 두는 바이다.

내궁(內宮) 표출법〔日干甲木〕

음	양	음
8	13	16
金	聖	勳
木水	金土	土火
卯亥	申辰	未巳
乙亥	庚辰	己巳
兄父	官財	財孫

			음	양	음
음	양	—	음	양	음
획	수	—	8	13	16
			金	聖	勳
			김	성	훈
음령오행		—	木水	金土	土火
支 오 행		—	卯亥	申辰	未巳
干支오행		—	乙亥	庚辰	己巳
외 궁		—	財孫	兄父	父官
내 궁		—	兄父	官財	財孫

● 일간 갑목(甲木)을 기준으로 하여 각 지(支)의 오행과 대조하여 육친을 표출한다.

이상의 내외궁을 종합해 보면 위의 오른쪽 그림과 같다.

● 간지오행은 주오행을 '간'으로 표출하고 '지'는 그대로 응용한다. 따라서 김(金)씨의 간지는 을해(乙亥)가 된다.

갑진년(甲辰年)생, 일간 경일(庚日)의 예

● 이 성명에서 이(李)자는 자수(子水)로 **겸용**하고 금(錦)자도, 금(金)변을 **겸용**한다. 단, 이런 것은 사주에 보강할 때 응용하는 방편이다.

위에서 논한 육친법에서 남자에게는 손(孫)과 관(官)을 자식으로 본다. 손은 음양에 따라 아들인가

			양	음	음
음	양	—	양	음	음
획	수	—	7	8	16
성	명	—	李	承	錦
음령 오행		—	火	金土	木水
支 오 행		—	午	酉丑	卯亥
干支 오행		—	丙午(子)	辛丑	乙亥
외궁(辰土)		—	父父(財)	孫兄	官財
내궁(庚金)		—	官官(孫)	兄父	財孫

딸인가를 보고, 관(官)은 아들 또는 벼슬로 본다. 그리고 여자에게서는 '관'을 남편으로 보고 때에 따라서는 벼슬로도 보며 '손'은 모두 자식으로 본다. 그 밖에 재(財)는 재물, 형(兄)은 형제로 보는데, 이는 남녀가 모두 같다. 즉 사주법과 같이 적용한다.

육수(六獸) 표출법

육수란 청[靑龍], 주[朱雀], 구[勾陳], 사[螣蛇], 백[白虎], 현[玄武]를 말하는 것으로 앞에 나온 설명을 참조하기 바란다.

이 육수를 붙이는 법은 외궁에서는 연간을 중심으로 하여 외궁육친에 붙이고, 내궁은 일간을 기준으로 하여 내궁의 육친에 붙이며 이름자의 밑(下)에서 위(上)로 주종에 순서대로 붙여 올라간다. 그것을 표시하는 방법은 다음과 같다.

• 정유년(丁酉年)생이니 병정(丙丁)은 주작(朱雀)이므로 외궁은 이름의 끝자에서부터 정(丁)의 주(朱)로 시작하여 차례로 붙여 올라가고, 내궁은 갑을청룡(甲乙靑龍)이므로 일간 갑목(甲木)의 청룡에서 시작하여 이름의 끝자에서부터 차례로 올라가며 붙인다. 즉 '갑을'은 청룡[靑], '병정'은 주작[朱], 무(戊)는 구진[勾], 기[己]는 등사[巳], 경(庚)과 신(辛)은 백호[白], 임계(壬癸)는 현무[玄]임을 기억하기 바란다.

음	양 — 음	양	음
수	리 — 8	13	16
성	명 — 金	聖	勳
음령오행 — 木水	金土	土火
支 오 행 — 卯亥	申辰	未巳
외궁육친 — 財孫	兄父	父官
외궁육수 — 靑玄	白巳	勾朱
내궁육친 — 兄父	官財	財孫
내궁육수 — 玄白	巳勾	朱靑

성명의 사주표출법 : 음령오행 역상(易象)

위에서 논한 바와 같이 음령오행에서 간지오행과 육친(六親), 육수(六獸)를 표출하고, 이를 사주와 같은 방법으로 이름의 사주를 표출하여 생년월일시(生年月日時)의 사주 선천명과 합국시키는 법을 응용한다. 그 표출법은 다음과 같다.

성명 사주 표출의 예

• 이 성명에서 표출된 간지오행으로써 성명의 사주를 표출하는바, 성(姓)의 간지를 사주와 같은 방법으로 연주(年柱)를 삼고 다음에 생년의 간지를 사주의 월주(月柱)식으로 월주를 삼으며, 성명의 가운뎃자의 간지를 사주의 일주식으로 삼고, 다음에 이름 끝자의 간지를 사주의 시주(時柱)식으로 삼는다. 즉 위에서 표시한 성명으로 다음과 같이 예시해 본다. 이 성명의 주인공의 성이 '김'이고 생년간지가 정유생이니 이를 염두에 두고 네 기둥을 세우게 된다.

음	양—	음	양	음
획	수—	8	13	16
성	명—	金	聖	勳
음령오행—		木水	金土	土火
支 오 행—		卯亥	申辰	未巳
干支오행—		乙亥	庚辰	己巳
外宮육친—		財孫	兄父	父官
外宮육수—		靑玄	白巳	勾朱
內宮육친—		兄父	官財	財孫
內宮육수—		玄白	巳勾	朱靑

① 성(姓)의 간지—을해(乙亥) : 사주법의 연주(年柱)에 해당된다.

② 생년간지—정유(丁酉) : 사주법의 월주(月柱)에 해당된다.

③ 이름 가운뎃자의 간지—경진(庚辰) : 사주법의 일주(日柱)에 해당된다.

④ 이름 끝자 간지—기사(己巳) : 사주법의 시주(時柱)에 해당됨.

이상과 같이 성(姓)의 간지를 연주로 세우는 원리는 사람의 성은 조상 대대로 이어지는 근본이므로 사주법에서 연주는 부모 조상궁에 해당되기 때문이다.

또 생년간지를 이름 사주의 월주로 정하는 것은 자기가 태어난 해가 자기 부모 형제적 가정에 해당되므로 사주법에서의 월주는 자기가 탄생한 가정환경에 해당되기 때문이다.

그리고 성명의 가운뎃자 간지를 일주(日柱)로 삼는 원리는 자기가 탄생한 후에 자기를 대표하는 이름이 주어짐으로써 비로소 자기표시가 되기 때문이며, 이름의 끝자 간지를 시주(時柱)로 정하는 것은 성(姓)자 위치는 부(父)에 해당되고, 이름 끝자의 위치는 모(母)의 자리에 해당되어 부모의 사이에서 자기가 탄생하였으므로 '모'의 위치격을 시주로 삼은 원리가 되는 것이다.

따라서 성(姓)자는 부모 조상의 위치로써 '부'의 위치로 연주가 되고, 이름의 끝자는 모(母)의 위치로써 부모 사이에서 자기가 탄생하였으므로 이름의 가운뎃자를 일주로 삼는 것이다.

이제 이렇게 하여 세워진 이름의 사주(네 기둥)를 선천명 사주와 대조해 보면서 합국시키면 된다. 이름 사주와 선천명 사주와 조화가 잘 이루어지도록 합국시키는 것이 중요한데, 성명의 사주로써 선천명 사주에 필요한 사주 용신(用神)과 육친관계 등 모든 사항을 보강하고, 흉신의 견제 등을 조정할 수 있는 것이다.

따라서 좋은 이름을 지으려면 우선 선천명의 사주법을 터득하여 사주의 원리를 어느 정도 알아야 한다. 그래야만 사주의 보강할 점과 견제할 점을 찾아서 그 운을 유도할 이름을 지을 수 있게 된다.

다시 말해서, 사주에서 무엇이 필요한가 하는 용신법과 재물, 부부, 자손, 건강, 명예 등의 부족한 점을 보강 조정하며, 사주에 흉신이 있으면 이를 견제하는 방법을 응용함으로써 그 운을 호전시키고 양도하는 유도력을 이름으로 심어야 하는 것이다.

따라서 성명을 지음에 있어서 선천명 사주와 관계를 고려하지 않은 성명은 껍데기에 불과하기 때문에, 사주운을 유도 조정할 수 없으며, 오히려 사주운을 그르칠 우려마저 있는 것이다.

그런 잘못을 저지르지 않기 위해서는 작명에 있어서 필요한 작명의 기초 상식 외에도 사주에 대한 상식을 충분히 터득해야만 좋은 이름을 지을 수 있게 되는 것이다. 성명학적 작명법이 쉬운 것 같으면서도 어려운 것은 바로 이와 같은 이유 때문이다.

음령오행 역상에 신살 붙이는 법

성명의 음령오행으로 표출된 역상(易象)에서 사주에 신살을 붙이는 법과 같이 성명의 육신 육친 등과 성명 사주에 신살을 붙이게 된다. 사주에서 붙이는 방식대로 신살을 붙이는데, 처음에 성명 가운뎃자의 간지(干支) 오행의 주오행(성명 사주 日干)을 표준으로 하여 성명자

의 각 **간**지(干支)에 적용하고 선천명 사주의 일간을 기준하여 성명자
의 각 지(支) 오행에 연관하여 붙여 본다.

다음에 성명의 사주 일간을 기준하여 성명 사주 각 간지에 적용하
고, 선천명 사주에서 연관하여 붙여 본다.

				이름 사주(四柱)
金	聖	勳		年 月 日 時
木水	金土	土火		柱 柱 柱 柱
卯亥	申辰	未巳		― ― ― ―
	祿	人	}이름의 支와 干支	乙 丁 庚 己
乙亥	庚辰	己巳		亥 酉 辰 巳

위의 예를 보면 이름의 간지에서 미(未)에 붙은 인(人)자는 천을귀
인(天乙貴人)을 표시한 것이니 이 천을귀인은 경(庚)에서 미가 귀인이
되고, 사주의 갑(甲) 일간에서 역시 미가 귀인이 된다. 또 신(申)에 녹
(祿)자는 건록을 표시한 것으로써 이름 간지의 ‘경’과 이름 사주의 일
주(日柱) ‘경’은 이름의 지신(支申)에 녹이 된다. 이 성명의 주인공 사
주에 귀인과 녹이 결여되어 있으므로 사주 ‘갑’ 일간에서 ‘미’가 귀인
으로 보강되고, 또 이름자 ‘경’에서 신(申)이 ‘녹’이 되어 사주에 ‘녹’
을 보강하여 사주의 관(官)에 ‘녹’을 보강한 것이다.

이와 같이 사주에서 부족한 것을 이름으로 보강해야 하는 것이니
사주에서 볼 때에 이름에 귀인과 ‘녹’이 붙고, 이름에서 볼 때 사주에
귀인과 ‘녹’이 되는 상호 연관 관계를 보강하는 것이다.

그리고 사주에서 용신을 찾아 내 이름으로 용신을 도와 주거나, 보
강해 주어야 참된 유도력이 되는 것이다.

9. 음양과 음령오행 배열의 길흉관계

음양 배열의 길흉

음양은 태극에서 나온 것으로서 우주만물의 운행법칙으로 되어 있
다. 즉 음양의 조화(調和)로 만물이 화생하는 것이니, 음은 여성의 도

〔女性之道〕요, 양은 남성의 도〔男性之道〕이다. 이 두 기(氣)가 교감(交感)하여 만물이 생하는 것이며, 삼라만상은 모두가 음양이라는 상대성 원리에 의해 구성되고 생성변화하는 것이다. 즉 남성이 있으면, 여성이 있고, 위가 있으면 아래가 있으며 큰 것이 있으면 작은 것이 있는 등, 우주 만물은 모두 이러한 상대성 원리로 이루어져 있다고 볼 수 있다.

이 음양의 조화, 부조화는 건설 내지는 파괴의 운성을 발휘하는 것으로서 신명(身命) 운로에 크게 영향을 미치는 것이다.

양의 성질 양은 홀수로서 동적(動的)이며 강하고 적극적이다. 또한 남성적 역활을 하고 있다.

성명이 전부 양수로 조직되어 있으면 활동성은 강하나 지나치게 강하여 저돌적인 운성으로 인하여 파괴운을 지니게 된다.

음의 성질 음은 짝수로써 정적(靜的)이며 연약하고 소극적이다. 여성적 역할을 하며 내향적(內向的)이요, 음굴적으로서 성명이 모두 음으로만 조직되어 있으면 우유부단하며 진전성이 약한 운성을 지닌다.

그런데 사주격 여하에 따라 성명을 모두 양이라든가 음으로 쓸 수 있다. 즉 사주가 모두 음으로 조직되어 있다거나, 혹은 양이 절대로 필요할 때는 모두 양을 쓸 수 있고, 사주가 모두 양으로 조직되어 있거나 음을 절대로 필요할 때는 모두 음으로 된 성명을 쓸 수 있다. 그러나 이 외에는 일반적으로 사용하지 않는 것이 원칙이다. 음양의 길흉관계는 다음과 같다.

상(上)길격 : 양양음, 음음양

중(中)길격 : 양음양, 음양음

하(下)길격 : 양양양, 음음음

단 사주의 전국을 보아 사주가 '음'이면 '양양양'을 쓰고, 사주가 '양'이면 '음음음'을 쓸 수 있다.

오행 배열의 길흉

① 상길격 : 水金土, 土金水, 金土火, 火土金, 火木水, 水木火, 木水

金, 金水木

• 이상은 주오행의 경우이며 종오행도 이와 같이 연결 상생됨이 길하다.

② 중길격 : 水金金, 金金水, 木水水, 水水木, 土火火, 火火土, 金土土, 土土金, 火木木, 木木火

• 이상과 같이 밑〔下〕에서 위〔上〕로 상생함이 대길하고, 다음은 위〔上〕에서 밑〔下〕으로 상생함이 길하다.

③ 흉격 : 木木木, 金金金, 水水水, 土土土, 火火火

• 위와 같이 오행 일색으로 구성된 것은 별로 좋지 않다.

10. 이름자의 선택

　성명자(姓名字)의 뜻〔意〕은 성명의 정신을 나타낸다. 정신이 동하면 마음의 기운〔心氣〕이 곧 응하게 되니, 성명의 정신은 그 인물의 기질과 기국의 심잔을 암시하며, 처세의 방향과 생활형태의 무형적인 면을 지배한다. 따라서 성명의 자의(字意)를 선택할 때는 가급적 진선미(眞善美)와 웅대(雄大), 고상(高尙)한 뜻을 내포한 글자를 선택함은 물론, 선천명 기국에 상응한 뜻과 그 뜻의 경중 등을 고려치 않으면 안 된다.

　그러므로 성명자 선택의 선(善)과 불선(不善), 즉 길흉의 대표적 문자는 다음과 같다.

이름에 함부로 사용하지 않는 글자

　문자 중에는 선천명과 조화를 이루지 않으면 불길한 것이 있으니 이름자로 사용하지 않는 것이 좋다. 그 문자를 여기에 실었으며, 그 이유는 다음과 같다.

　乭(돌), 福(복), 龍(용), 壽(수), 愛(애), 雲(운), 梅(매), 花(화), 吉(길), 童(동), 春(춘), 星(성), 子(자), 玉(옥), 順(순), 風(풍), 豐(풍), 極(극), 天(천), 分(분), 粉(분), 四(사), 九(구), 海(해), 滿(만), 馬

(마), 了(료), 末(말), 寅(인), 虎(호)

돌(乭) 돌이니 천한 인상을 주며, 단명하기 쉽다.

룡(龍) 선천명에 진(辰)이 있어서 길성(吉星)이 되는 사주격과 또는 태몽에 용이 오르는 형상을 본 이외에는 불길하며, 특히 술해생(戌亥生)은 사용하지 않아야 한다.

복(福) 천명에 복성(福星)이 왕기치 않으면 복을 깨뜨리는 것이며, 복의 상대는 빈천하니 빈천한 데서 복을 찾는 것과 같다.

수(壽) 단명과 천함을 암시한다.

애(愛) 비애(悲愛)의 전제이니 불행의 암시를 주며, 사랑의 배척으로 부부지간의 이별수가 된다.

운(雲) 동기간에 우애가 없으며 재물의 집산(集散)이 많다. 이 글자는 아호(雅號), 상호(商號) 등에는 길하다.

매(梅) 과부, 또는 화류계 여성이 많다.

화(花) 화류계 여성이거나 부부운이 불길하다.

길(吉) 천한 격이요, 인품이 고결하지 못하다.

동(童) 인품이 천하다.

춘(春) 일시적으로 대성할 수 있으나 허영심이 많아 실패한다.

성(星) 단명한 자가 많다.

자(子) 오미생(午未生)의 이름에 함부로 사용해서는 안 된다. 단 사주(四柱)에 아들[子]이 필요할 때는 예외임.

옥(玉) 총명하고 인품이 수려한 자가 많으며 일시적으로 대성할 수 있으나 대개는 단명하거나, 암에 걸리기 쉽다.

순(順) 눈물격으로서 부부지간에 이별수가 많다.

풍(風, 豐) 재산이 일시에 사라진다.

극(極), **천**(天) 부모 덕이 없고 빈천해지기 쉽다.

분(分, 粉) 과부가 많다.

사(四) 단명, 조난 등의 흉운을 당하기 쉽다.

해(海) 인생행로에 파란이 많다.

만(滿) 달이 차면 기운다는 뜻으로 선부후빈격이다.

구(九)　수의 종말을 고하는 수로서, 대재(大材)가 무용격이요, 조난을
　　　　당하기 쉽다.
마(馬)　빈천격이다.
료(了), **말**(末)　사물의 종말격이다.
인(寅), **호**(虎)　선천명에 인(寅)이 필요한 것 외에는 사용하면 성격이
　　　　　　불손하며, 특히 신유생(申酉生)에는 함부로 사용하면
　　　　　　불길하다.

성명에 길한 글자

　두(斗), 정(正), 병(秉), 수(秀), 철(哲), 환(煥), 승(承), 수(洙), 훈
(勳), 상(相) 등은 비교적 길한 글자들이다.

성명의 어휘(語彙) 조정

　성명에 쓰이는 어휘 또한 중요한 것이니 그 어감(語感)의 선(善)과
불선(不善), 미(美)와 불미(不美)에 따라 그 정신과 운로에 끼치는 영
향은 적지 않다. 글자의 뜻이 좋다 하더라도, 어감(語感)이 나쁘면 좋
은 이름이라고 할 수 없다.

　예를 들면, '이노마(李老馬)'는 '이놈아'로 들리는데 그 뜻은 '늙은
말'이요, 듣기에도 욕(辱) 같다.

　하루는 손님이 필자를 찾아왔기에 성명을 물은즉 '제 성명은 이노
마(李老馬)올시다'하기에 하도 우스워서 그렇게 지은 연유를 물었다.
그 대답이 걸작이다. 그 사람의 말에 의하면, 자기는 3대(代) 독자인
데, 자기가 출생하기 전에 어머니가 자기 위로 형을 셋이나 낳았으나
낳는 족족 죽기만 하여 자기더러 장수하라고(속담에 사람이 천하고 욕을
많이 먹으면 장수한다는 관습에 의하여) 부모가 그렇게 이름을 지어 주었
다는 것이다.

　그런데 이 덕분에 남보다 더 안 맞을 매를 맞았다 한다. 그 이유는
자기가 일정 시대에 무슨 일로 일본 경찰서에 연행되어 갔는데 경관
이 '이놈아! 네 이름이 뭣이냐?'고 묻기에 '이노마올시다'하고 대

답한즉, 그 경관이 노발대발하여 '이놈아! 경관을 조롱하느냐?'하고 다짜고짜로 뺨을 치더라는 것이다. 다시 분명히 '이노마'라고 이름을 댄즉 또 때리더라는 것이다. 지금 같으면 신분증을 제시하면 이런 변을 당하지 않았을지도 모르나, 그 시대에는 증명도 없는 시대라 억울하게 이 이름 때문에 그런 변을 당했다는 것이다.

하도 억울하여, '이노마'라는 이름에는 장수(長壽) 대신 맷복이 들어 있는 것 같아 자탄도 해보고 이름을 지어 준 부모를 원망도 했다 한다. 그러나 나이 60이 넘고 보니 이제야 이름 덕분에 장수한 것 같아 이름을 지어 준 부모에게 감사드리고 싶다며 껄껄 웃어 대기에 필자도 한바탕 웃었다.

이와 같이 어감이 좋지 않은 것은 되도록 피해야 할 것이다.

그런데 유아시에 별명으로 '돼지'니, '곰'이니, '개똥'이니 하는 식의 별명도 권장할 것이 못 된다. 이런 것은 장수하라는 관습에서 오는 것인데 이로 말미암아 그 아이의 영동 작용으로 성격, 태도 내지는 신체에까지 좋지 못한 영향을 주는 수가 많다. 그 한 예로서, 필자가 언젠가 어떤 친구를 만났는데 그 사람의 태도, 생김새, 성격, 분위기 등이 흡사 거북 같은 인상을 주기에 그 사람의 성명과 별명을 물었다. 그랬더니 그 사람은 부모가 장수하라는 뜻으로 '거북'이라는 이름을 지어 주었기 때문에 15, 6세가 되도록 모든 사람에게 '거북'이라는 이름으로 불려 왔다고 한다.

또 한 예로는 이웃 아이의 별명이 '곰'인데 이 아이는 13, 4세가 되도록, 부모나 이웃 사람들에게 '곰'이라고 불렀다. 그래서인지 이 아이는 성격과 행동이 곰과 같이 미련하고 흉악하며 공부를 싫어한다. 또 장난도 곰처럼 심해서 장난을 치다가 팔이 부러져 팔병신이 되고 말았다.

이런 것들을 볼 때에 성명, 즉 호명(呼名)은 그 사람의 영에 작용하여 정신과 육체 내지는 생활면에까지 그 영향을 크게 미친다는 것을 알 수 있다.

성명의 어감이 이상한 것의 예를 몇 가지 들어 보면 다음과 같다.

주길수(朱吉洙)　'죽일수'처럼 들려 흉하다.

이길수(李吉洙)　'이길수', 즉 이긴다는 뜻으로 들려 길하다.

고만두(高萬斗)　글자의 뜻은 좋으나, 어감이 그만두라는 것 같아서 흉
하다.

고생문(高生文)　그야말로 고생문이 훤한 격이다.

어동태(魚東泰)　물고기 같은 느낌이 들어 흉하다.

김치국(金致國)　김칫국과 같은 어감이다.

조진배(曹鎭培)　부서진 배(船)의 어감이다.

장건달(張健達)　항상 수중에 무일푼인 건달처럼 들린다.

문자수의(文字數意)와 획수의 차이

성명자(姓名子)의 획수는 그 형상에 표현된 획, 즉 필획(쓰는 획)이 아니고 그 문자에 함축되어 있는 수의(數意)로써 산출하는 것이다.

성명학자들 중에는 필획을 주장하는 사람들도 있으나 본서에서는 어디까지나 원획수를 산출함을 원칙으로 하였다. 참고로 그 이유를 대충 설명하고 넘어가자.

한자(漢字)는 중국에서 완성된 것으로써, 일찍이 4,500년 전 황제시대(黃帝時代)에 지사(指事), 상형(象形), 회의(會意), 형성(形聲), 전주(轉注), 가차(假借)의 육의(六義) 법칙에 준하여 취사(取捨), 정정(整正), 통일된 것이다.

한때 중국 문화가 상당히 발달하여 수학이 발달됨에 따라 천문학 등 여러 학문의 연구도 활발히 진행되었다. 이때 수학을 기초로 하여 복희씨(伏羲氏)가 역학(易學)을 세운 것이 약 6천 년 전의 일인데, 역학이 얼마나 오묘하고 심원하며 위대한 학문인가 하는 것은 누구나 잘 아는 사실이다. 이 역학의 이법(理法)이 한자의 조성에 다분히 응용되었다는 사실 또한 부인할 수 없는 것이다.

육의(六義)의 법칙은 실로 움직일 수 없을 만큼 논리정연하며, 그 구성은 불변의 천지 법칙에 준거하여 1점, 1획의 오류도 없고 현대 과학의 지식으로도 따를 수 없는 완전함을 구비하고 있다. 그러나 서법

(書法)에 있어서는 시대에 따라 변천되었으니, 대전(大篆), 소전(小篆), 예서(隷書), 장초(章草), 행서(行書), 해서(楷書)로 서법(書法), 서체(書體)가 점차로 변화하여 전래되었다. 그러나 문자 그 자체의 본질은 창조 이래로 절대 불변이었으며, 따라서 그 의의(義意)와 정신은 추호장초함이 없는 것이다.

한문자는 표음문자(表音文字)와는 달리 그 뜻〔意義〕, 즉 정신이 함유된 표의문자(表意文字)이므로 문자의 형획(形畫)에 사로잡혀서는 안 된다. 즉 일례로서 일(一)에서 십(十)까지의 숫자에 대하여 생각해 보면 명료하게 그 이치를 알 수 있다. 즉 칠(七), 팔(八), 구(九), 십(十)의 문자는 모두 그 형획이 2획이나, 그 문자의 뜻은 '七'은 '七'수의 영력을 발휘하며 '七'의 고유진동파장수(固有振動波長數)를 보유하고 있다. 고로 八은 8획, 九는 9획, 十은 10획으로 계산하는 것이다. 단, 백(百), 천(千), 만(萬), 억(億) 등의 문자는 기본숫자와는 달리 많음〔多〕을 표시하는 문자인 고로 '百'은 6획, '千'은 3획, '萬'은 15획 등으로 계산하게 된다.

또 예를 들면 ' 氵'은 형획으로는 3획이나 본래가 수(水)의 의미로 그 수의(數意)는 응당 4획이 정당하다. 고로 숙(淑), 수(洙) 등의 자획 계산에 있어서 '淑'은 12획, '洙'는 10획으로 계산하는 것이 원칙이다. 따라서 '艹'는 6획, '扌'은 4획〔手部〕이다. ' 阝(左)'는 8획, ' 阝(右)'는 7획이다. '주(珠)', '순(珣)' 등은 왕(王)부이지만 왕(王)부는 본래 (玉)의 의의를 함축하고 있기 때문에 5획으로 계산하여, 11획으로 봄이 정당하다.

이 획법은 강희자전(康熙字典)이나 기타 저명한 자전을 찾아보면 알 수 있다.

수리역상(數理易象)의 표출법

수리역상은 선천합국법의 한 부문을 차지하는 것으로써 선천명에 필요한 육친관계 등을 조정하는 동시에 유년(流年)의 길흉을 감정할 수 있는 부문이기도 하다. 이는 육효(六爻)법으로 응용된다.

이를 표출하는 법은 원격(元格)수를 8로 나누고 난 나머지를 내괘(內卦)로 하고, 정격(貞格)을 8로 나누어 나머지를 외괘(外卦)로 하며, 원격과 정격을 합한 수를 6으로 나누어 나머지를 동효(動爻)로 한다. 만일 원격, 정격을 8로 나누어 나머지가 없으면 8수를 그대로 쓰며, 동효도 역시 6으로 나누어 나머지가 없으면 6을 그대로 쓴다.

그 예는 다음과 같다.

$$\text{元格 } 25 \div 8 = 1 \cdots \text{내괘(內卦)}$$

8 10 15

金 栢 滿

$$\text{貞格 } 33 \div 8 = 1 \cdots \text{외괘(外卦)}$$

元格25 + 貞格33 = 58 ÷ 6 = 4 ⋯ 동효(動爻)

건천괘(乾天卦)의 소축괘(小蓄卦)

용약재연격(龍躍在淵格)

(용이 연못에서 뛰는 격)

重乾之小蓄卦

文戌 — 世

兄申 ┃

文午官午 ㄨ 동효

父辰 — 應

財寅 ┃

孫子 ┃

姓 획 수	元 格 수	貞 格 수
1	21	22
1	45	46
9	5	14
9	29	38
9	53	62
17	13	30

괘상 : 진목궁 정지수괘(震木宮井之需卦)

격의(格意) : 좌정관천격(坐井觀天格)

父子 ⚏

才戌 — 世

官申 ⚏

官酉 ┃

父亥 — 應

父子才丑 ㄣ

제4장   작명법과 각 길흉관계

앞의 제 3 장까지는 성명학을 위한 기초적 분야를 설명한 것이다. 여기에서는 지금까지 논한 각 분야의 기초상식을 종합적으로 정리하여 작명법의 요령에 대해서 설명하기로 한다.

1. 작명법 총정리

작명을 하기 위해서는 우선 생년월일시(生年月日時)로써 사주를 세우고 그 사주에서 무엇이 필요한가 하는 용신법(用神法)과, 육친관계에서 부모, 형제, 부부, 자손, 벼슬, 재물, 건강 등을 살펴 결핍된 것과 부족한 부문을 수리와 음령오행의 간지(干支) 육수, 자의(字意), 수리역상 등으로써 보강하며, 모든 신살(神殺) 등을 주입해야 한다.

선천명, 사주법에 대해서는 이 책에서 논할 사주론과, 필자가 왕년에 저술한 사주보감(四柱寶鑑), 그리고 앞으로 필자가 저술하게 될 사주의 비법 등을 참고하기 바란다. 다음은 작명법의 순서이다.

① 용신의 조정 : 사주를 보아 그 격국과 용신을 찾는바, 격국은 그 기틀이 어떤 유형(類形)인가를 말하는 것인데, 그 유형에는 재격, 식상격, 관살격 등등의 여러 종류가 있다.

용신은 사주에서 무엇이 필요한가를 말하는 것이요, 사주가 신약이면 신왕시켜 주고 신왕이 태왕하면 기운을 설기시켜 주며, 사주가 건조하거나 한냉할 때 습윤시켜 주고 따뜻하게 해주어야 한다. 이처럼 사주의 유형에 따라 사주의 기를 조정하는 것이 용신이다.

이러한 용신을 주입시키는 방법은 이름의 음령오행으로 표출되는 간지(干支)와, 글자의 뜻의 오행(글자의 변오행)으로 주입하여 조종하며 음양으로도 활용한다.

② 재물과 벼슬형의 경우 : 사주가 재물형인가 벼슬형인가 등을 보아

재물형에는 음령오행의 간지에서 재성(財星)과 수리적으로 재를 촉진하는 수리를 응용하고, 육수와 자의(字意)로써 조정한다. 그리고 사주가 벼슬형이면 간지오행에서 나오는 관성(官星)과 육수, 수리, 자의 등으로 조정해 주며 만일 사주에 재나 관이 미약할 때도 위와 같은 방법으로 주입한다.

③ 육친관계 주입법 : 사주에 처, 남편, 자손, 부모, 형제 등의 육친에 결함이 있으면, 음령오행의 간지오행에서 나오는 육친성(六親星)과 수리, 육수, 역리대상(易理大象) 등으로 조정 보강하되, 재가 약하면 재성을 강하게 보강하고 남편궁은 관성을 보강하며, 자손은 식신 상관인 자손(孫)을, 남자는 관성(官星)을 보강하며, 형제는 형(兄), 부모는 부(父)로 보강해야 한다.

④ 수명, 건강 등은 사주에서 건강을 해치는 육신과 일간(日干)의 강약을 보아 성명의 가운뎃자의 간오행을 보강하며 성명의 육친으로 사주의 결함을 보강해 주는 것이다.

⑤ 운로의 성쇠관계 : 사주의 운로가 미약할 때는 수리배치와 음양의 조정, 자의 등으로 조정한다.

2. 성명조직의 예(例)

남자의 사주 — 김씨인 경우

年	月	日	時
辛	丙	丁	壬
未	申	亥	寅

이 사주는 일간(日干)의 정화(丁火)가 신월(申月)에 쇠약하고 사주에 금수(金水)가 4개 있으므로 신약인데 시지(時支)에 인목(寅木)이 일간을 돕고, '수'를 '목'으로 화하게 하므로 '인목'이 용신이다. 그리고 7월에 신재(申財)는 양호하므로 재격이다. 또한 시간(時干)의 임(壬)과 일지(日支)의 '해중(壬)수'는 아들궁이므로 자손도 양호하다. 또 '신금(申金)'이 처성(妻星)이고, 처의 자리인 일지에 '해(亥)'가 '정(丁)'

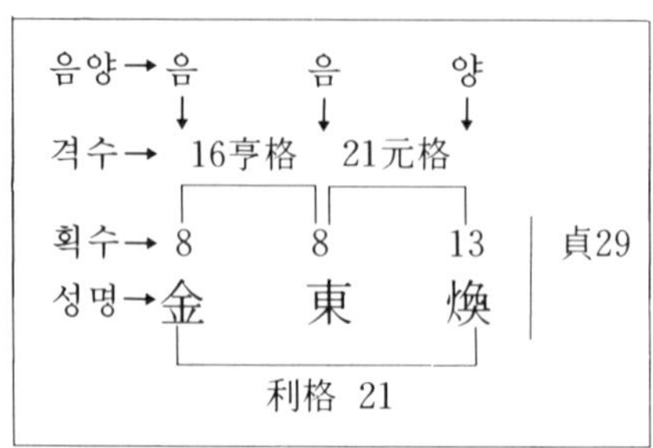

음령오행역상(이름사주)

四柱 — 天乙貴人
時柱 — 戊午 ＝ 祿
日柱 — 丁丑
月柱 — 辛未
年柱 — 乙亥 ＝ 天乙貴人

음령오행 －	木水	火土(木)	土火(火)
음령오행支 －	卯亥	巳丑	戌午
음령오행干支 －	乙亥	丁丑	戌午
外宮육친 －	宮財	父兄	兄父
外宮육수 －	巳勾	朱青	玄白
內宮육친 －	父官	兄孫	孫兄
		木財	
內宮육수 －	玄白	巳勾	朱青

수리역상(數理易象)

元格21÷8＝5……內卦

貞格29÷8＝5……外卦

元21＋貞29＝50÷6＝2……動爻

작괘상(作卦象) : 손목궁지점괘(巽木宮之漸卦)

兄卯 世 青巳
孫巳 玄勾
財未 白朱
官酉 應 巳青
孫午父亥 勾玄
才丑 朱白
日年
干干
기기
준준

에서 귀인이 되므로 처궁도 결함이 없다. 다만 일간이 약하므로 일간을 도와 주는 용신(用神)을 보강하면 행운을 받게 된다.

따라서 이름을 다음(앞페이지)과 같이 조직해 본다.

앞의 성명조직을 보면, 사주의 일간 정화(丁火)가 약하여 신약으로서 인목(寅木)이 용신이요, 다음에 '화'도 필요하다. 그러므로 이름의 가운뎃자인 동(東)자는 '화'와 '목'을 겸한 자로서 '정화'를 도와 주고, 이름의 끝자인 환(煥)자의 지(支)오행으로 오화(午火)가 '정'을 돕는 동시에 '정'에서 녹(綠)이 되어 더욱 '정화'를 든든히 한다. 또 간지오행에서 '정화'를 도와 주고, 육친의 재물과 처[財], 벼슬과 아들[官], 형제[兄], 자손[孫] 궁에 상하로 오행이 연결 상생해 주며 내외궁의 육수가 양호하게 주입되어 있다.

또한 오행역상(이름 사주)에서 '정화'의 녹(祿)이 환(煥)의 종오행 오화(午火)에 녹이 되고 해(亥)가 천을귀인(天乙貴人)이 되며, 사주의 정(丁) 일간에서 보아도 마찬가지로 귀인과 '녹'이 붙는다.

그리고 역리괘상에서 보면 손목궁(巽木宮)의 '목'으로서 정화(丁火)를 생조하고 있으며 육효괘상의 세효(世爻)에 역시 '목'이 '정화'를 돕고 있으며 괘내에 전개된 육친과 육수도 재, 관, 부, 손, 형 등의 부위에 적절히 붙어 길격이 된다.

다음에는 수리조직에 있어서 원, 형, 이, 정격 등의 4대 운로를 보면 다음과 같다.

① 원격 21수는 자립격(自立格), 두령운(頭領運)으로서 비교적 기초운이 확고하여, 청소년 시절부터 동료들의 윗자리를 차지한다.

② 형격 16수는 덕망격(德望格), 유재운(裕財運)으로서 가장 중요한 형격인 중심운에 인망이 유덕하고 재물이 풍족한 운성이 있다.

③ 이격 21수는 사회적 진출에 있어서도 뭇 사람의 윗자리에 처하여 많은 사람을 지휘할 수 있는 위치의 조직이다.

④ 정격 29수는 성공격이요, 향복운(享福運)으로서, 인생의 총결인 말년에 행복을 누리는 운성이다.

이같이 원, 형, 이, 정격의 수리배치는 유강을 겸한 선량한 조직으로 되어 있다.

다음에 자의정신(字意精神) 선택에 있어서 '동환(東煥)'의 두 글자의 이미지를 보면 동방(東方)에서 길이 빛난다는 뜻이 되며, 사주 일간의 '정화(丁火)'를 '동(東)'자의 '목'과 '화'가 생조(生助)해 줄 뿐만 아니라 '환(煥)'자의 종오행에 오화(午火)는 정(丁) 일간의 녹(祿)으로서 복록이 발왕함을 뜻한다.

위와 같이 작명의 묘법은 사주에 입각하여 그 유도력을 성명의 수리조직, 음령오행의 간지 배열, 자의 정신, 육친 육수의 주입, 역리대상과 그 괘의 내용에서 전개되는 육친 육수 관계 등의 조화로 선천명에 합국시킴으로써 그 오묘한 진리가 발휘되어 선천명의 유도력이 제대로 발휘되는 것이다. 이것이 성명 조직의 묘리인 것이다.

여자의 사주― 이(李)씨인 경우

年	月	日	時
丁	壬	乙	己
卯	子	丑	丑

이 사주를 보면 일간 을목(乙木)이 11월의 추운 계절에 태어나 한기(寒氣)가 심하다. 비록 연간에 정화(丁火)가 있으나 월간 임(壬)과 합하여 변질되었고 연지 묘(卯)와 월지 자(子)는 자형(子刑)살이 되어 있다. 따라서 이 사주는 조후법(調候法)으로 병화(丙火)의 태양 화(火)기가 절실히 필요하다.

또한 이 사주는 육친법으로서 부부궁을 보면, 남편인 관성(官星)이 미약하고 더욱이 과부의 공방살(空房殺 : 남편과 떨어져 있는 살)이 끼여 있는 큰 결점이 있다. 따라서 이 사주는 조후와 남편인 관성을 철저히 조화시켜 주어야 부부운과 본인 자신의 운성이 펴지며 건강도 길해진다. 위장과 자궁도 냉하여 건강을 해치기 쉬우므로 다음(앞페이지)과 같이 성명을 조직한다.

앞의 성명 조직은 '소(昭)'로서 조후를 강조하니 '소'자는 일(日 : 태양)변으로서 태양의 밝음을 뜻하고 병화(丙火)를 뜻하며, 일간(日干)

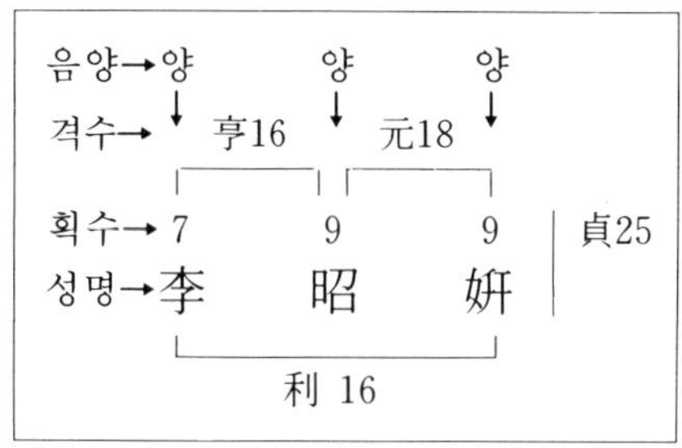

음령오행역상(이름 사주)

年柱—丙午　月柱—丁卯　日柱—庚申　時柱—戊午
↓
祿

음령오행―火火	金金(火)	土火	
支오행―午午	申申(午)	戊午	
干支오행―丙午	庚申(午)	戊午	
	孫孫	官官	孫財孫
	靑玄	白巳	勾朱
	孫孫	官官	財孫
	玄白	巳勾	朱靑

수리역상(數理易象)

$$元18÷8＝2……內卦$$
$$貞25÷8＝1……外卦$$
$$元18＋貞25＝43÷6$$
$$＝1……動爻$$

자의(字意)：밝을소(昭：태양火로, 광명의 뜻)와 여자예쁠연(姸：女美德)

역괘상(易卦象)　：간토궁이지송괘(艮土宮履之訟卦〔土〕)

兄戌 ｜ 玄靑
孫申 世 白玄
父午 ｜ 巳白
兄丑 ‖ 勾巳
官卯 應 朱勾
官寅父巳 ×靑朱
｜ ｜
日年
干干
기기
준준

을목(乙木)의 한기(寒氣)를 도와 주고, 또한 '소'자의 음령오행 지(支)도 신(申)인데 이 '신'은 '을간'에 천을(天乙) 귀인과 관성(官星)이 되어 귀인 남자가 되며 '신'의 간지로 볼 때 경신(庚申)이 되니 '경'은 '을'의 관성인 남편이 되어 '을'이 '경'에 합하고, '경'에 '신'은 '녹'이 되니 남편의 녹이 되어 좋은 남편이 되고, 연(妍)자는 음령오행으로 간지가 무오(戊午)가 되니 '무오'는 조토(燥土)로서 화(火)열의 토(土)가 되므로 조후가 될 뿐만 아니라, '을'에서 재물이 되니 재물운을 열어 주며, 오화(午火)는 사주 지(支)의 한기를 덥혀 줄 뿐만 아니라 '을'의 자손이 되어 사주에 약한 자손궁을 보강한 것이다.

또한 오행적으로 볼 때 이(李)는 7획으로 양, 소(昭)는 9획으로 양, 연(妍)도 역시 양으로서 모두 '양'으로 조직되어 이는 사주의 음기(한기)를 역시 강하게 보강하여 조후를 조정한 것이다.

그리고 수리역상에 있어서도 간토(艮土)궁이니, 이 사주는 '토'가 온토(溫土)로서 재물이 되므로 역시 조후를 도와 주며, 또 괘상의 육친관계를 보면 세(世 : 본인)에 재와 손(孫)이 있음으로써 역시 재물과 자손이 길하도록 되어 있다.

따라서 이 이름은 선천명국에 합국의 조화를 이루고 있는 것이다.

또한 수리 조직에 있어서 형격 중심운과 이격이 모두 16수인데 이는 여자에게는 현모양처(賢母良妻)격으로 남편운이 불길한 여자에게는 아주 좋은 격이다. 그리고 정격 25수는 말년에 재물이 풍족하고 안강한 운성을 발휘하니 실로 적절한 수리 조직이라 할 수 있다.

남자의 사주 박씨인 경우

年	月	日	時
戊	甲	乙	己
子	寅	亥	卯

이 사주는 귀록격(歸祿格)으로서 '을'의 녹(祿)이 시지(時支) 묘(卯)에 있으므로 귀록격이라 하는바 을목(乙木)이 갑인(甲寅) 월목(月木)에 뿌리박고, 일지(日支)의 해(亥)와 시지(時支) 묘(卯)록과 합하여 신왕하

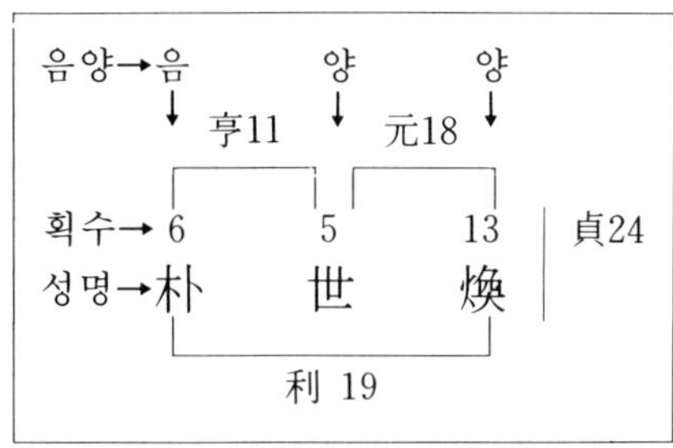

음령오행역상(이름 사주)

年柱	月柱	日柱	時柱
―癸卯	―戊子	―庚申―日干祿	―戊午

음령오행 — 水木　金金　土火
오행支 — 亥卯　申申　戌午
오행干支 — 癸卯　庚申　戌午
外宮육친 — 兄孫　父父　官財
外宮육수 — 朱靑　玄白　巳勾
內宮육친 — 父兄　官官　財孫
內宮육수 — 玄白　巳勾　朱靑

수리역상

元18÷8＝2……內卦

貞24÷8＝8……外卦

元18＋貞24＝42÷6＝6……動爻

작괘상 : 곤토궁임지손괘(坤土宮臨之損卦)

官寅孫酉✕朱玄
　　財亥│應靑白
　　兄丑‖玄巳
　　兄丑‖白句
祿官卯│世巳朱
　文巳│世勾靑
　　　│｜
　　　年日
　　　干干
　　　기기
　　　준준

다. 따라서 이 사주의 주인공은 한 나라의 대권(大權)을 장악할 사주이다. 이 사주는 식신, 상관, 재왕운에 대발(大發)하는 것인데, 사주의 대운이 역시 식신, 상관, 재운으로 행하고 있으니 가히 대권을 쥘 만하다.

따라서 이런 사주를 가진 사람은 성명을 높은 차원으로 합국시키지 않으면 역행할 수 있으니 신중을 기해야 할 것이다.

위에서 예로 든 성명은 형격 중심운인 11수는 갱신격(更新格)이요, 재흥운(再興運)으로서 명철한 두뇌로 학문이 탁월하고, 사회적, 군부적으로 상당한 권위에 오르며, 정격 24는 출세격, 축재운으로서 대기국자는 일국의 권세를 장악하는 운을 지니게 된다.

이름자를 보면 '세(世)'자의 지신(支申)은 사주 일간의 천을귀인관(天乙貴人官)이 되며 '환(煥)'자는 '을'에서 대재(大財)와 자손(부하)이 된다. 또한 '세'자는 간지로 경신(庚申)이 되는데 '경'에서 '신'이 록(祿)이 되며 사주 월주(月柱) 갑인(甲寅)과 상충되어 3형(三形)살과 역마가 되니 이런 경우의 사주는 이 3형살과 역마 길성이 있어야 패권을 장악한다.

다음에 수리역상에 있어서 괘상이 곤토(坤土)궁이 을(乙)일간에서 재성(財星)이 되고, 역괘의 세효(世爻)에 묘(卯)는 '을'일간에 역시 녹(祿)이 된다. 이것이 사주의 귀록을 더욱 보강해 주는 것이다.

그리고 이름자인 세환(世煥)은, 인간사회에서 명진사해하여 그 명성이 빛난다는 뜻이다.

3. 선천합국의 길흉 관계

앞에서 설명한 바와 같이 작명(作名)을 하려면 선천명의 사주와 합국함에 있어서 사주와의 연관 관계가 상당히 복잡하므로 많은 연구를 필요로 한다. 그 조화의 묘리를 터득치 못하면 완전한 성명학자라 할 수 없다.

어디까지나 선천명과 잘 조화시켜야만 그 운명의 양도를 도울 수 있는 것이다. 따라서 성명자(姓名字)를 선택할 때에는 다음 사항에 유의하도록 한다.

첫째, 사주의 신강, 신약과 격국을 가려서 용신과 길흉 신살을 파악할 것.

둘째, 사주 기국의 심잔, 대·중·소의 격국과 청탁, 대운 등을 분석 파악할 것.

셋째, 그 사주에 길과 흉의 대운이 어느 시기에 오는가 분석할 것.

넷째, 사주기세는 무엇이 부족한지, 무엇이 태과한지를 파악할 것.

다섯째, 관운과 재운 중 어느 것이 강한가를 파악할 것.

여섯째, 육친 관계가 어떠한가를 검토할 것.

일곱째, 건강, 질병, 수명 등은 어떠한가를 파악할 것.

이상의 조건을 세밀히 파악한 연후에 작명(作名)에 임해야 하는 것이다.

첫째로 사주의 신약, 신강과 격국에 따르는 용신과 길신의 육신을 보강하며 사주의 흉신을 억제해야 한다. 그리고 사주의 육신이 부족하여 흉격인 경우에는 육신을 보충하고 대운과 조화시켜 청탁을 조정해야 한다. 이 방법은 성명의 음령오행과 음양, 자의(字意), 한문글자의 변오행[氵, 木, 金, 土, 火, 辶] 등과, 수리역상의 괘상 원궁에 오행의 육친 등으로 주입하며 음령오행을 주로 하되, 이름의 가운뎃자의 주오행은 사주의 일간이 기신(己身)격인 중심이 되는 것과 같이 이 오행도 일간이 되는 것이다. 따라서 이름 가운뎃자의 주오행(主五行) 을 사주의 일간과 조화시켜야 하며, 다른 오행과도 상호 조절하여야 함은 물론이다. 만일 음령오행으로 조정할 수 없을 경우에는 글자의 변오행과 수리역상에서 나타난 오행으로 육친 관계, 건강 관계 등으로 조정한다.

위의 방법을 구체적으로 설명하면, 사주의 일간이 병화(丙火)로서 신약이면, 용신은 인수(印綬)인 목(木)이다. 이 '목'오행을 음령오행으로 주입해야 하며, '목' 아래의 오행은 '수'로 '목'을 도와 주는 것을 택한다. 만일 '목'을 씀으로써 다른 오행에 상극, 마찰, 또는 백호

(白虎), 현무(玄武), 원진살 등의 흉성이 붙어서 해당 부분이 흉격이 되어 주입이 불가능할 때는 글자의 변오행, 즉 목(木)변을 써서 주입하고 또한 수리역상의 원국오행, 즉 손목궁(巽木宮) 또는 진목궁(震木宮) 등의 오행으로 주입한다.

그런데 이런 경우에 수리역상의 괘내(卦內)에서 나타나는 모든 육친의 작용과 사주와의 연관관계도 고려해야 함은 물론이다.

다음에 또 한 가지 예로서 사주가 가령 조후의 법칙에 의한 한랭(寒冷)한 사주라면 사주법칙에 있어서 '목', '화' 등의 동(東), 남(南)의 온화한 기가 필요한데, 이런 경우의 사주일 때는, 역시 오행과 글자의 뜻과 글자의 화(火), 목(木), 토(土), 일(日) 변으로 강력히 조정하며 음양으로는 '양양양' 등의 오행법을 써도 좋다. 또한 글자의 뜻으로는 동(東), 갑(甲), 인(寅), 을(乙), 임(林), 춘(春), 하(夏), 남(南), 정(丁), 병(丙), 일(日) 등의 식으로 주입하며, 또 역상(易象)으로는 이화궁(離火宮) 혹은 진목(震木), 손목궁(巽木宮) 등으로 조화시켜야 한다. 다음에 수리조직 방법에 있어서 사주의 기국의 심잔(深淺), 대·중·소 등 사주의 격에 따라 그에 상응한 수리의 강약, 수의 영동력의 뜻을 참작하여야 하며, 대운의 어느 시기에 어떠한 운성이 올 것인가를 보아서 조절해야 함은 물론이다.

가령 예를 들어서 사주의 기국이 소범(小凡)한데, 23, 33, 39 등의 강한 수리로만 조직하면 약한 말에 무거운 짐을 실은 격이 되어 그 운성을 감당하기 어려우며, 또는 사주에 진(辰), 용(龍)이 있어서 길성(吉星)인 경우에는 '진'이 위치한 부분, 즉 연주(年柱), 월주(月柱), 일주(日柱), 시주(時柱) 등에 해당하는 원(元), 형(亨), 이(利), 정(貞)을 참작하여 33수를 사용하는 것은 길하나, '진'이 흉성이라든지 '진'과 무관할 때에 33수를 사용하는 것은 좋지 않다. 이 33수가 등룡격(登龍格)이기 때문이다. 다음에 사주에서 관운이 약하냐, 재운이 강하냐, 또는 사주의 어느 부분에 재운이 있느냐, 관운이 있느냐, 또는 대운의 어느 시기에 이런 운들이 올 것이냐를 고찰해서 그에 적절한 수리조직을 해야 한다.

　즉 예를 들어서 전반운에 관운이 강하면 형격, 원격 또는 이격 등에 23, 15, 3, 5, 11, 31, 37, 39 등의 수를 배치하는 것이 길하며 후반운이 강하면 이격, 정격 또는 형격과 정격에 이 수 등을 배치하는 것이 좋다. 만일 재운이 전반운에 강하면 앞에서 언급한 것과 같은 격에 24, 25, 21, 18, 17, 15, 32 등의 수로 조직하고 후반운에 강하면 이격, 정격 또는 형격 등에 이런 수를 배치하는 것이 좋다.

　그리고 명예와 재산의 병행운에도 위와 같은 수로 조직하며, 학문, 예술 등의 운성에는 38, 13, 25, 41 등의 수리로 조직하는 것이 좋다.

　이 수리조직과 음양 배열, 또는 기타 운성이 발휘되는 기간의 표준을 사주의 각주와 그에 해당되는 원, 형, 이, 정격을 참고로 하여 도표로 작성하면 다음과 같다.

기간에 따른 선천명과 성명운 조견표

기　　간	노년시대	장년시대	청년시대	유년시대
선　천　명	생시(生時)	생일(生日)	생월(生月)	생년(生年)
성　명　운	貞　　格	利　　格	亨　　格	元　　格

성명(姓名) 5행과 사주와의 관계

姓名	姓		名上字		名下字	
五行	主	從	主	從	主	從
六親	父系	兄系	己身	자손	母系	子系
四柱	年干	月支	日干	日支	時干	時支

　다음에 이름자〔名字〕의 한자(漢字) 선택에 있어서는 사주에 진(辰), 자(子), 오(午), 인(寅) 등의 지(支)가 있어서 길신인 경우에 또는 이것들이 있어야 대길하나 이와 반대되는 경우에는 사용해서는 불길하다. 특히 예로서 오생(午生), 미생(未生)에는 '자(子)'자를 함부로 사용하면 도리어 성명과 사주격에 살격(殺格)이 되므로 불길하다. 이같은 예로서, 사주에 필요치 않은 경우, 즉 술(戌), 해(亥) 태생에 '진(辰)'자는 원진살과 충살이 되어 흉하게 되고 또는 신(申), 유(酉) 태생에 '인(寅)' '호(虎)'자를 쓰면 역시 원진과 충살이

되며·오(午), 미(未) 태생에 '자(子)'자 등을 쓰면 원진살과 충살이 되어 흉해진다.

또한 사주에 갑(甲)이 필요할 때는 성명에 '갑(甲)', '동(東)'자 등을 쓰면 길하나, 이와 반대로 '갑'이 있어서 불길한 사주라면 사용해서는 안 된다.

기타 병(丙), 정(丁), 을(乙) 등의 한문자도 이와 마찬가지다. 다음에 성명의 전체적인 뜻은 사주 기국에 상응한 진(眞), 선(善), 미(美), 웅대(雄大), 고상(高尙), 그리고 사주 운성의 관(官), 재(財) 등을 상징하는 뜻의 이름을 선택해야 한다. 그런데 가급적이면 그 뜻이 성(姓)과 연결, 상응되도록 하는 것이 이상적이다.

위와 같이 이름자의 선택 역시 선천명과 연관, 조화되도록 해야 하며, 발전, 행복 등의 뜻을 내포한 것으로 조직하는 것이 이상적이다.

다음은 음령오행의 정국(定局)인데, 이것은 성명의 사주를 말하는 것이다.

사주가 심히 약하거나 흉할 때는 이 이름 사주인 정국으로 보강하여 변조시키는 것이다. 그런데 이 5행 정국의 조직법은 전술한 바대로, 성(姓)의 주종오행(主從五行) 간지를 연주(年柱)로 하고, 생년(生年)의 연주(年柱)를 월주(月柱)로 하며, 이름에서 가운뎃자의 주종오행을 일주(日柱)로 하고 이름 끝자의 주종오행 간지를 시주(時柱)로 삼는다. 이 법은 주오행을 간(干)으로 하고 종오행을 지(支)로 삼는다.

만일 종오행이 없을 때는 주오행과 같은 것을 택하고 또 한자(漢字)의 변오행, 즉 '수(洙)'자라면 물수〔氵〕변의 수(水 : 亥)로, 또는 나무목(木)변이면 양목(陽木)은 인(寅)으로, 음목은 묘(卯)로 표출한다.

오행정국법에서 생월주(生月柱)를 대운격으로 삼고, 매년의 태세(太歲) 간지(干支)를 유년운(流年運)으로 삼는다.

이 정국의 푸는 법은 사주와 동일한 방식인데, 다만 생월주(生月柱)를 평생 대운(大運)으로 삼고, 매년의 태세를 유년운으로 푸는 것이 사주와 다를 뿐이다. 이 정국법은 본 성명학에서 신규묘법(新規妙法)으로 가장 중요한 부분이다.

4. 수리 각격의 길흉 비법

여기에서는 수리조직법으로 길흉 관계를 판단할 수 있는 단식판단법을 설명하기로 한다.

형격(亨格)에 길(吉)한 수리 배치

남자 : 3, 5, 6, 7, 8, 11, 13, 15, 16, 17, 18, 21, 23, 24, 25, 29, 31, 32, 33, 35, 37, 38, 39, 41 등.

여자 : 3, 5, 6, 7, 8, 11, 13, 15, 16(가장 길함). 17, 18, 24, 25, 31, 35, 37, 38, 41.

단, 여성은 21, 23, 32, 33, 39 등의 수는 부부운이 불길하다. 특히 형격, 정격에 배치되면 과부가 되는 수가 많다.

- 형격에 3, 11, 15 등의 수가 있고 정격이 길하며 원격, 이격에 극흉수가 없으면, 대국자(大局者)는 정치가, 군인 등으로서 권세, 또는 장성(將星)으로서 권위가 왕성하며 명진천하하는 수요, 소국자(小局者)라도 기국에 상응한 호운을 받는다.
- 형격에 13, 16, 25 등의 수가 있고, 정격이 길하며 다른 격이 조화되면 문학, 예술, 발명가, 철학가, 정치가 등으로 일세(一世)에 명성을 떨친다.
- 형격에 17, 18, 10, 20, 23, 27, 28 등의 수가 있으면 정치가, 또는 문학가로서 일세에 명성이 진동하는 큰 인물이 되나, 정격이 흉한즉 조난, 형액, 급병난, 피살 등의 비운을 초래하며 정격과 타격(他格)이 양호하면 이 흉은 간신히 면한다 해도 파란이 심하다. 특히 이 수가 있으면 굉장히 노력, 매진해야 한다.
- 형격에 15, 17, 18, 21, 24 등의 수가 있으면 실업가로서 성공한다.
- 형격에 31, 37, 38 등의 수가 있으면 문학가, 발명가, 관직자 등의 호운이 따른다.
- 형격에 29, 32, 35 등의 수가 있으면 재물운이 좋다.

형격에 흉한 수리 배치

• 형격에 14, 20, 22, 26, 27, 28 등의 수가 있고 이격에 차수 등 또는 기타 흉수가 개재하면 부부 자녀 등과 생사이별하는 수가 많다.

• 형격에 14, 이격에 26수가 있으면 부부 가정운에 파란이 많고 2, 3차 재혼한다.

• 형격에 19, 원격에 19, 20, 22, 27, 28, 30 등이 있으면 불구자, 특히 다리병신, 소아마비, 꼽추, 수술, 기타 신체에 흉상이 있고, 만약에 그렇지 않으면 중한 병환을 당한다. 또 단명하는 수가 많고, 주로 유아 또는 청년시대에 위와 같은 흉운을 당하는 수가 많다.

• 형격에 20, 22, 원격에 19가 있으면 불구 또는 신체상해, 단명 등의 흉운을 당한다. 특히 3, 4, 6, 13, 19세 또는 28, 29세에 많이 당한다.

• 형격에 22, 이격에 22수가 같이 있으면 30세 미만에 요절하는 수가 많다.

• 형격에 19, 이격에 19, 20, 22 등이 같이 있으면 청년시대에 불구가 되거나 단명한다.

• 형격에 19, 원격에 21, 정격에 27이 같이 있으면 불구가 되거나 단명한다.

• 형격에 흉수가 있고, 원격에 21, 정격에 23수가 있으면 단명한다.

• 여성으로서 형격에 23, 21, 33, 20, 22, 34, 32, 27, 28, 26 등이 있는데다 다른 격이 불리하면 과부가 된다.

• 형격에 흉수가 있고 정격에 21수가 있는 여성은 말로에 과부로 늙거나, 또는 남편에게 첩이 있어서 별거하게 된다.

• 형격에 19, 정격에 22가 같이 있으면 요사(夭死)한다.

• 형격에 34, 36 등이 있으면, 말로에 조난 또는 급변사한다.

• 여성으로서 형격에 21, 23, 26, 27, 28, 30, 32, 33, 39 수가 있고, 오(午), 신(申), 인(寅), 진(辰)생이면 청상과부(세 번 시집 감)가 되거나, 남편이 첩을 두거나 혹은 자신이 첩생활을 한다.

• 여성으로서 형격에 10, 이격에 30, 원격에 26, 정격에 33수가 같이 있으면 무자(無子)하며, 과부로 종신한다.

- 형격에 12, 원격에 19, 이격에 23, 정격에 27이 있으면, 청소년기에 불길하고, 장년에 한 번 성공하나 말로가 불길하며, 평생 파란이 많고, 형액을 당한다.
- 형격이 길하고 정격이 흉하면 일세(一世)에 명진사해하는 큰 인물일지라도 일시적인 성공이요, 말로는 대흉하다.
- 형격이 흉하고 정격이 길하면 일세에 명성을 떨치는 큰 인물일지라도 파란이 심하다. 만일 전반생이 흉하면 후반생이 길하고, 전반생이 길하면 후반생은 불길하다.

4대 운격 수리 종합 길흉수

원(元) 18, 형(亨) 11, 이(利) 19, 정(貞) 24 : 30세 이전에 출세하여 점차로 발전하며, 중년부터는 일약 대성하여 명진사해하는 대길수로서 일국을 영도하는 위치에 군림한다.

원 23, 형 3, 이 24, 정 25 : 약관 30세 전부터 순조롭게 성공하여 출장입상(出將入相)하는 대길의 운수이다.

원 19, 형 15, 이 18, 정 26 : 초분에 수난이 많고 중분 이후부터 말분에 명진사해하는 영웅격이나, 말로는 영웅이 조난수이므로 일세에 천하를 호령하더라도 말로에 조난을 당하는 운수이다.

원 9, 형 7, 이 8, 정 17 : 초분은 수난이 심하나 의지가 강고하여 모든 난관을 돌파하고 극히 노력 매진해서 큰 뜻으로 큰 계획을 관철하여 대성하는 용진성(勇進性)은 가히 명진천하의 영웅적 인물격이나 과강한 운성으로 말로에 비애를 면키 어려운 운의 수이다.

원 29, 형 17, 이 26, 정 36 : 연못에 작은 고기가 때를 만나 일시적인 권위로써 일세를 풍미하나, 말로는 36수의 영동력은 영웅파란운이어서 돌발적인 조난으로 비애(悲哀)를 면치 못할 운수이다.

원 31, 형 23, 이 18, 정 36, : 소년기부터 학문이 수발(秀拔)이요, 점차로 두각을 나타내어, 명철한 두뇌는 가히 천하를 지배할 수 있는 대인물로 일세에 명진사해하나, 정격 36이 영웅조난운이라 말로는 조난, 급병난을 당할 비운의 수이다.

원23, 형23, 이14, 정30 : 소년기부터 천재적 재질과 재능이 탁월하여 권좌에 이를 수 있으나, 23의 중복과 이, 정 양격의 14와 30의 흉수로 중도좌절, 수난, 단명의 비애를 면키 어려운 운수이다.

원14, 형23, 이19, 정28 : 형격이 범에 날개가 달린 격으로 권위가 왕성한 대길수라 가히 명진사해하는 인물일지라도 원, 이, 정 3격의 흉수로 수난을 초래하여 뜻을 이루지 못하고 말분에 비애를 면키 어려운 운의 수이다.

원28, 형20, 이16, 정32 : 중분 이후에는 일시적으로 대성하여 명진사해하나 외실내허(外實內虛)요, 음성적 운격으로서 권위적 지위에 이르나 장구하지 못할 운의 수이다.

원9, 형20, 이11, 정20 : 시운을 타서 득제하여 권위를 장악할지라도 일시적인 권세요, 전락하게 되면 그 화가 불측이라 조난, 형화를 면키 어려운 운의 수이다.

5. 육친에 육수의 길흉

부선망(父先亡)**과 조실부모격**(早失父母格)

성명의 육친에 육수가 붙는 곳의 길흉을 다음과 같이 살펴보기로 한다.

- 부위(父位)에 백호(白虎), 구진(勾陳), 현무(玄武) 등의 육수가 있고, 타오행(他五行)과 상극되면 아버지가 일찍 사망한다.
- 부위(父位)에 백(白), 구(勾), 현(玄) 등이 있고 음부(陰父)에 양재(陽財)가 극하든가 또는 재(財)가 부(父)를 직접 극하면 아버지가 일찍 사망한다.
- 성자(姓字) 주오행(主五行), 또는 이름 끝자 주오행에 부(父)가 있고 백, 구, 현 등이 있으면 조실부모하거나 아버지가 빨리 사망, 대개 3, 4, 7, 9, 12, 17, 18세에 사별(死別)한다.

그 예를 들어 보면 다음과 같다.

① 임오년(壬午年) 7월생의 예

金　昌　文

음령오행—木水　金土　水火
　육친—父官　財孫　官兄
　육수—白巳　勾朱　靑玄

이 성명의 성주(姓主) 오행에 부(父)가 있고 백호가 붙으며 금재(金財)가 극하고 월령(月令：生月)에 극을 받았다. 12세 때 부친과 사별하였다.

② 기미년(己未年) 10월생의 예

金　福　童

음령오행—木水　水木　火土
　육친—官財　財官　父兄
　육수—勾朱　靑玄　白巳

이 이름은 이름 끝자의 주오행 부(父)에 백호가 있고, 월령이 극했으며, 수리가 극흉하다. 고로 3세에 조실부모하였다.

③ 계축년(癸丑年) 7월생의 예

朴　泰　成

음령오행—水木　火　金土
　육친—財官　父　孫兄
　육수—白巳　勾朱　靑玄

이 성명은 재가 부(父)를 극하고 구(勾)에 부(父)가 있으므로 19세에 부친과 사별한 부선망격이다.

부모 장수하고 덕 있는 격

• 이름의 가운뎃자에 부(父)가 있다든가 또는 종(從)에 '부'가 있어서

타(他)의 심한 극을 받지 않을 때는 부모가 장수한다. 그러나 부선
망격은 앞의 예와 동일하다.
- 사(巳), 주(朱) 등에 '부'가 있어서 다른 오행의 극을 받지 않거나
청부(靑父), 사재(巳財), 또는 사부(巳父), 청재(靑財)에 다른 데서
극을 받지 않을 때는 부모가 장수하며 덕이 있다.

- **경신년(庚申年) 5월생의 예**

金　廷　柱

음령오행―木水　金土　金(木)
　육친―財孫　兄父　兄(財)
　육수―巳勾　朱靑　玄白

이 이름은 이름 끝자에 청부(靑父)가 왕하며, 타(他)의 극을 받지 않
았다. 그리고 재(財) 역시 사재(巳財)로 왕하다. 고로 부모 장수하고
유덕한 격인데 부친이 76세까지 장수했다.

모선망(母先亡)격

청부(靑父)에 재(財)가 약할 때는 모선망이다. 또 '부'가 있고 '재'
가 없을 때에 '부'가 왕하면 모선망이다. 단 청부(靑父), 백재(白財)는
제외된다.
　그리고 '재'가 생년지(支)와 원진일 때는 모선망격이다.
　다음의 성명은 부모 장수하였으나 청부(靑父)가 월령(月令)에 왕하
고 사재(巳財)이나 생년지의 진(申)과 묘목재(卯木財)는 원진이 되므로
모선망이다.
　아래와 같이 부모궁을 볼 때에는 '재'를 모친으로 보는 것이다. 단,
처자궁을 볼 때는 다르다.
　부모궁이 은복(隱伏 : 나타나 있지 않은 것)일 때는 그 은복 부모와 생
월령과 모든 살(殺) 그리고 왕쇠를 대조한다.

● 경신년(庚申年) 5월생의 예

金　廷　柱

음령오행－木水　金土　金(木)
　　　　　　(卯)
　육친－財孫　兄父　兄(財)
　육수－巳勾　朱靑　玄白

부모 길흉시의 연령기준법

부모와 몇 살 때에 이별할 것인가를 알고자 할 때 그 시기(年令)의 기준은 다음과 같다.

● 성주(姓主)를 10세를 기준삼아 17세 이하에서 탄생까지 본다.
● 성종(姓從)을 20세를 기준삼아 18세 이상 26세까지 본다.
● 이름이 가운뎃자의 주(主)를 30세를 기준삼아 그 전후를 본다.(27세 이상 35세까지)
● 이름 가운뎃자의 종(從)을 40세를 기준삼아 그 전후를 본다.
●　이름 끝자의 주종(主從)은 성(姓)자의 주종(主從)과 동일하다.

형제궁 길흉법

형제궁은 오행역상에 표출된 육친의 형을 형제 동기로 본다.

● 형(兄)에 백(白), 구(勾), 현(玄) 등이 있으면 형제간에 생사이별하거나 형제가 없다.
● 역상(易象)에 형(兄)이 은복되면 무형제이거나 형제 수가 적고 무덕하다.
● 형(兄)에 백(白), 구(勾), 현(玄) 등이 있고 관이 상극하면 형제가 없거나 소수이며 무덕하다.
● 형에 망신이 있어도 형제가 없거나, 있다 해도 적으며 무덕하다.
● 형에 청(靑)이 있거나 또는 형이 많이 나타나 있으면 형제가 많고 유덕하다.

• 형에 사(巳), 주(朱) 등이 있으면 형제가 많다.
• 성주(姓主) 또는 이름 끝자 주(主)에 형이 있으면 형제가 두세 명쯤 있게 된다.
• 이름 끝자의 주종(主從), 또는 성종(姓從)과 이름 끝자 종(從)에 형이 있으면 3형제 이상이 있다.
• 성종(姓從)에 형이 있고 청형(靑兄)이면 5,6형제이며 유덕하다.

① 무술년(戊戌年) 9월생의 예

金	龍	岩
木水	火土	土水
官財	父兄	兄財
朱靑	亥白	巳勾

이 성명은 형에 백(白)이 있고 관(官)이 극했다. 고로 형제 사별하고 일신(一身)이 고독하다.
• 청형(靑兄)이 있고 '부'가 나타나거나 또는 은부(隱父)가 생하여 주면 형제가 많고 유덕하다.
• 은복 형을 '부'가 생하면 이복형제(異腹兄弟)가 있고 무덕하다.
• 은복 형에 망신살이 붙으면 남형제가 없다.

② 무자생(戊子生)의 예

金	經	國
木水	木土	木木
孫兄	孫官	孫孫
朱靑	玄白	巳勾

이 성명은 성종(姓從)에 청형(靑兄)이 있고, 은복'부'가 형을 생하고 있다. 고로 동기가 많은 격인데 9남매에 6형제이며 유덕하다.

③ **경신생**(庚申生)**의 예**

李　　鍾　　基

火(水)　金土　木(土)
官(孫)　兄父　財(父)
巳勾　　朱青　玄白

이 성명은 주형(朱兄)이 이름 끝자의 주(主)에 있고 청부(靑父)가 직생(直生)하고 있으므로 동기가 많은 격인데 사관(巳官)이 형을 직접 극하므로 약간 장애가 있다.　그러므로 3형제가 있다.

④ **정사생**(丁巳生)**의 예**

金　　七　　守

木水　金火　金金
父官　財兄　財財
靑玄　白巳　勾朱

이 성명은 현관(玄官)이 형을 극할 것 같으나 수관(水官)은 청부(靑父)를 생하고 다시 '청부'가 형을 생하며 이름 끝자 종(從)에 사형(巳兄)이 있으므로 3형제가 있다.

⑤ **병진생**(丙辰生)**의 예**

金　　周　　甲

木水　金金　木水
官財　孫孫　官財
靑玄　白巳　勾朱

이 성명은 형(兄)과 부(父)가 나타나 있지 않다.　따라서 동기가 없고 고독하다.

⑥ 경오생(庚午生) 여자의 예

趙　慶　淑

金金　木土　金木
財財　父孫　財父
巳勾　朱青　玄白

이 성명은 은복 형을 2부(父)가 생하고 있다. 따라서 4자매뿐인데, 모두 이복형제들이다.

처궁 길흉법

처궁의 길흉 및 덕망 유무를 보는 것이며, 재(財)를 처로 본다.

- 재가 많든가, 또는 재가 많고 수리가 흉하면 2,3차 재혼하거나 첩을 둔다.
- 재가 없고(은복재) 수리가 흉하면 재혼한다. 그리고 무덕하다.
- 재가 하나라도 구(勾), 현(玄), 백(白) 등이 있고 수리가 흉하면 재혼한다.
- 백호재에 망신살이 있으면 상처(喪妻)한다.
- 청재(青財)는 처덕이 있으나 재가 중복되면 첩을 둔다.
- 재가 많고 수리가 양호하면 첩을 둔다.
- 청(青), 주(朱), 사(巳) 등의 재에 화개, 반안(攀鞍) 등의 길신이 있으면 처덕이 있다.

① 정사생(丁巳生)의 예

金　七　守

木水　金火　金金
父官　財兄　財財

이 성명은 재가 많고 이격(利格) 수리가 흉하며 이름 끝자의 재(財)는 망신살이다. 고로 상처하고 재혼했다.

② 무술생(戊戌生)의 예

金　龍　岩

木水　火土　土水
官財　父兄　兄財
朱靑　玄白　巳勾

이 성명은 청재(靑財)가 있으나 양재(兩財)이다. 따라서 첩이 있다.

남편궁 길흉법

여자는 관(官)을 남편으로 본다.

- 관(官)이 많거나 '관'에 구(勾), 현(玄), 백(白) 등이 있으면 과부가 된다. 또한 2,3차 재혼하거나 첩이 되거나 재취한 남편과 결혼한다.
- 관(官)이 은복되거나 은관의 수리가 흉하면 과부 또는 첩이 된다.
- 백(白)의 관(官)에 망신살이 있으면 상부(喪夫)한다.
- 관(官)에 백(白), 현(玄), 구(勾) 등이 있고 수리의 형(亨), 이(利), 정(貞) 격 중에 23, 29, 32, 33, 20, 19, 26, 27, 28, 30, 34, 36, 14 등의 수가 있으면 과부가 된다. 또한 '관'이 없거나 '관'이 많아도 위와 동일하다. 특히 오(午), 신(申), 인(寅), 진(辰), 해(亥) 생은 과부 될 각오를 해야 한다. 그렇지 않으면 첩이 되거나 남편이 첩을 두게 된다. 대개 위와 같은 경우는 2,3차 재혼한다.
- 청관(靑官)이고 '관'이 하나만 있으면 남편덕이 있다.
- 사관(巳官), 주관(朱官)에 수리가 양호하고 타의 극을 받지 않으면 남편덕이 있다.

① 경오생(庚午生)의 예

趙　慶　淑

金金　木土　金木
財財　父孫　財父
巳勾　朱靑　玄白

이 성명에는 관(官)이 없고 이격이 흉수인 경오생(庚午生)이다. 따라서 3차례나 과부가 되었다.

② **갑자생**(甲子生)**의 예**

金　貞　子

木水　金土　金(水)
孫兄　父官　父(兄)
玄白　巳勾　朱靑

이 성명은 원, 정 2격의 수가 흉하고 구관(勾官)이다. 따라서 중분(中分) 39세에 상부(喪夫)했다.

③ **계해생**(癸亥生)**의 예**

金　榮　子

木水　土土　金(水)
孫兄　官官　父(兄)
白巳　勾朱　靑玄

이 성명은 형격 수리가 흉하고 2관(官)인 동시에 구관(勾官)이 개재해 있다. 따라서 3차례나 재혼했다.

자녀궁 길흉법(자녀수와 덕망 유무)

남자는 손(孫)과 관(官)을 자식으로 보고 여자는 '손'을 그리고 재(財)가 3개 이상 있을 때는 '재'도 자식으로 보나 이때는 딸이 많다.

- '손'에 백(白), 현(玄), 구(勾) 등이 있으면 자녀를 생사 이별한다. 특히 수리가 흉하면 심하다.
- '손'이 은복하고 수리가 흉할 때는 무자(無子)이다. 혹 아들은 없고 딸만 있을 때도 있다.
- '손'이 나타나지 않아도 남자에게 '관'이 많고 여자에게 '재'가 많

을 때는 자녀가 많다.

- 인(寅), 묘(卯), 해(亥), 자(子), 미(未), 유(酉) 생으로서 무손(無孫), 무관(無官)하고 수리가 흉하면 무자이기 쉽다. 또한 자손이 있을지라도, 백(白), 현(玄), 구(勾)가 있고, 수리가 흉하면 무자이거나 아들이 적다.

- 성주(姓主)와 이름 끝자 주(主)에 손이 있고 주(朱), 사(巳) 등이 있으면 2,3명의 아들을 두고 '백', '현', '구' 등이 붙으면 무자 또는 독자를 둔다.

- 이름 가운뎃자의 주종(主從), 성종(姓從), 이름 끝자의 종(從) 등에 손(孫)이 있고, 청(靑), 주(朱), 사(巳) 등이 있으면 아들을 셋 이상 둔다.

- 청손(靑孫)이면 자녀가 많고 귀자를 두며 덕이 있다.

- 성주(姓主)에 손(孫)이 있고 남녀 음손(陰孫)이면 첫아들을 낳고, 남녀 양손(陽孫)이면 첫딸을 둔다. 만일 남녀 '양손'인데 첫아들을 낳으면 키우기 어렵다.

- 이름 끝자에 손(孫)이 있고 남녀 '음손'이면, 딸을 많이 낳은 후에 득남하는 등, 아들을 늦게 보거나 적게 낳는다.

- 이름 가운뎃자의 주종에 '손'이 있고 이름 끝자에도 '손'이 있으면 자녀가 많다.

- 이름 가운뎃자의 주종에 '손'이 있고 '백', '현', '구' 등, 특히 '백'이 붙으면 자녀를 많이 생산하나 사별수가 많다.

- 성주(姓主)에 '손'이 있고 이름 가운뎃자에 '관'이 있거나, 또는 오행이 밑〔下〕에서 위〔上〕로 연결 상생하거나, '손'을 직접 간접으로 생(生)하는 자가 많으면 '백', '구', '현' 등이 붙어 있어도 무관하며 오히려 자손이 많다.

- 이름 끝자에 '손'과 '관'이 겸하여 있고 다른 곳에 '손'이 있으면 자녀가 많고 아들 4,5형제를 둔다.

- 신(申), 술(戌), 축(丑), 진(辰), 오(午) 생으로서 '손'이 있고 '관'이 많이 있으면 자녀가 많다.

① 임자생(壬子生)의 예

金　　尙　　麟

木水　金土　火火
孫兄　父官　財財
白巳　勾朱　靑玄

이 성명은 성주(姓主)에 백손(白孫)이 있으므로 무자(無子), 또는 독자일 것 같으나, 이름 가운뎃자 종(從)에 주관(朱官)이 있고 오행이 밑〔下〕에서 위〔上〕로 연결 상생하고 있다. 즉 '재'가 '관'을 생하고, '관'이 '부'를 생하며, '부'는 '형'을 생하고, '형'은 '손'을 생하는 등, '손'을 직접 간접으로 생해서 '손'이 왕하다. 고로 자녀가 많은 격인데 실제로 6남3녀를 두었다.

② 을축생(乙丑生)의 예

申　　錫　　浩

金火　金木　土(水)
孫父　孫官　兄(財)
玄白　巳勾　朱靑

이 성명은 이름 끝자에 사손(巳孫), 구관(勾官)이 있고 음양 두 금손(金孫)이 강하므로 현손(玄孫)이 있어도 무방하며 자녀가 많은 격이다. 현재 5남2녀인데 앞으로도 1,2자녀 증산이 가능하다.

③ 계해생(癸亥生) 여자의 예

金　　榮　　子

木水　土土　金(水)
孫兄　官官　父(兄)
白巳　勾朱　靑玄

이 성명은 성주(姓主)에 '손'이 있으나 '백호손'이요, '형'이 직접 생하나 '관'이 '형'을 극하고 있다. 고로 아들 하나를 낳았으나 어려서 사별하고 현재 무자이다. 이 이름은 수리가 흉하다.

④ 무술생(戊戌生)의 예

金　龍　岩

木水　火土　土水
官財　父兄　兄財
朱靑　玄白　巳勾

이 성명은 성주(姓主)에 주관(朱官)이 있으나 손(孫)이 없고 1개 관(官)은 '화토'에 기운이 설기(洩氣)되어 무력하다. 고로 1남1녀를 낳았으나 아들은 어려서 죽고, 1녀만 두었다.

⑤ 신축생(辛丑生) 여자의 예

朴　今　祚

水水　木水　金金
財官　官財　孫孫
巳勾　朱靑　玄白

이 성명은 이름 끝자에 손(孫)이 있으나 백(白), 현(玄)이 있고 원형이정(元亨利貞)격 수리가 모두 흉하며 손(孫)을 생해 주는 자가 없다. 고로 1남1녀를 생산했으나 남아는 어려서 죽고 1녀만 남았다.

⑥ 경신생(庚申生)의 예

金　鍾　基

木水　金土　木(土)
財孫　兄父　財父
巳勾　朱靑　玄白

이 성명은 성종(姓從)에 손(孫)이 있으나 구(勾)에 있고 손(孫)에 망신살이 붙어 있다. 1자(子)를 생산했으나 사별하고 무자(無子)이다.

손(孫)에 망신살 또는 해(害)살이 있으면극자(尅子)한다. 또한 원진살이 되어도 동일하다.

건강, 질병, 수명의 길흉

• 인체(人體)에 속하는 오행

금(金) 폐(肺), 대장(大腸), 사지(四肢)에 속한다.

목(木) 간장(肝臟), 담(膽), 신경계통(神經系通), 정신〔頭腦〕에 속한다.

수(水) 신장(腎臟), 방광(膀胱), 혈액(血液)에 속한다.

화(火) 심장(心臟), 소장(小腸), 안목(眼目)에 속한다.

토(土) 위장(胃臟), 비장(脾臟), 복부(腹部), 피부(皮膚)에 속한다.

• 건강관계

주오행이 밑〔下〕에서 위〔上〕로 상생하거나, 또는 위〔上〕에서 밑〔下〕으로 상생하면, 평생에 큰 질병에 걸리지 않고 장수한다. 단, 수리가 길하고, 선천명과 합국해야 한다.

특히 주종오행이 연결 상생하면 더욱 길하다. 다음에 나오는 예를 살펴보도록 하자.

① 주오행이 밑〔下〕에서 위〔上〕로 상생한 예

姓	名	字
水	金	土

② 주오행이 위〔上〕에서 밑〔下〕으로 상생한 예

姓	名	字
金	水	木

③ 주종오행이 밑〔下〕에서 위〔上〕로 연결 상생한 예

姓　名　字

木水　金土　土火

● 질병 관계

　주종오행간에 직접 간접으로 상극되면 극을 받는 오행에 속하는 인체의 부분에 질병이 걸리기 쉽다. 수리가 흉하면 그 작용력이 심하다. 질병의 해당 부분을 다음과 같이 제시한다.

'금'극'목'부(部)　목금목, 목금금 등은 간장, 담, 신경통, 정신병에 걸리기 쉽다.

'목'극'토'부　목토목, 토목토, 토목금 등은 위장, 비장, 복부, 피부병 간장병 등에 걸리기 쉽다.

'토'극'수'부　토수토, 토토수, 수토토 등은 신장, 방광, 혈액 계통의 질병에 걸리기 쉽다. 특히 신기가 약해진다.

'수'극'화'부　수화수, 수수화, 화수수, 화수화 등은 심장, 소장, 안질, 풍냉증에 걸리기 쉬우며 특히 신경통, 냉증, 혈압, 해소에 걸리기 쉽다.

'화'극'금'부　화금화, 화수금, 금화화, 화금금 등은 폐, 대장, 기관지 등의 질병에 걸리기 쉽고, 특히 수리가 19, 20, 30 등이 개재하면 골절, 사지(四肢) 중에 팔다리의 불구, 소아마비, 곱추 등, 불구자가 된다.

① 불구자가 되는 수리의 두 가지 예

　　　19　　20　　　　　　19　　19,30

姓　名　字　　　　姓　名　字

金　火　金　　　　火　金　火
火　金　金　　　　火　火　金

② 심장병, 냉증, 신경통, 해소에 걸리기 쉬운 수리의 예

19　　20, 30

姓　名　字

火　水　火

水　水　火

水　火　水

수명(사망 시기)

　성명으로써 그 사람의 수명 장단과 사망의 시기를 알 수 있으니 그것을 아는 방법은 다음과 같다.

- 성명자에 망신살이 있고 생년의 지(支)와 상합할 때에는 원진살 년의 원진이 그 연간(年干)을 생할 때, 또는 원진이 왕할 때에 그 원진이나 망신년에 사망한다.

- 성명의 원진과 생년지(支)가 상호 원진이 되어 상합시에 원진이 왕하는 원진년, 또는 상충하여 원진이 왕하는 원진년에 사망한다.

- 성명과 생년지(支), 그리고 망신과 합하여 원진과 상충, 또는 망신과 상충하는 상충년에 사망한다.

- 원진과 연지(年支)와 망신과 상호 상합하면 상충년, 그리고 상충하면 상합하는 해에 사망한다(혹은 그 달, 또는 일진(日辰)에도 사망한다).　실례를 들어 설명해 보기로 한다.

① **정사생**(丁巳生)**의** 예

金　七　守

木水　金火　金金

卯亥　申午　酉酉

父官　財兄　財財

靑玄　白巳　勾朱

　이 성명은 '七'字에 신(申), 금(金)이 사(巳)생에 망신살인데, 더욱이 백호(白虎)가 금(金)을 띠고 있는 강한 망신살이다. 이 망신살과 생년지(支)와 상합(巳와 申이 합함)하였고, 성주(姓主) 묘목(卯木)과, '七'자의 신금(申金)과는 원진인데, 이 '묘'의 원진은 수(水)가 생해 줌으로써 왕하고 있다. 따라서 묘년(卯年)은 생명이 불길한 해인데 계묘년(癸卯年)은 천간(天干)이 '묘'의 원진을 생하여 '묘'는 극히 왕하였다. 생년지와 상합한 망신의 '신금'은 계묘년의 원진과 상충(守의 酉金)하고 있다. 고로 원진년인 계묘년에 당년 47세로 사망하고 말았다.

　이와 같이 성명의 망신, 또는 원진과 생년지와 상합하여 원진이 왕한 해와 상충하면 그 원진년에 생명이 불길하다. 그런데 이 성명에 또 한 가지 야릇한 것은 이름의 가운뎃자는 '칠'자요, 이름이 '칠수'인 것이다. 그 뜻을 풀어 보면 '칠을 지킨다'는 뜻인데 일곱수로써 수명 칠수(七壽)를 지켰다는 영감(靈感)을 느끼게 한다(사망 연세가 47세). 그리고 이 성명에서 또 한 가지 알아야 할 것은 부계(父系)인 성자(姓字)의 성주(姓主) '묘'와 자기 이름에서 가운뎃자인 '칠'자의 신(申)과는 원진이다. 이 '신' 원진이 '인', '묘'를 충극하는데 '인'과 '신'은 상충이므로 '병인년'에는 부친과 기신(己身) 원진인 '신'이 '인'을 상충해서 동년에 부친과 사별하였다.

　이 성명의 질병 관계를 보면 2금(金) 사이에 '화'가 금'을 극하여 있으니 폐에 대한 질병을 나타내는데, 이 사람은 폐병으로 사망하였으니 오행의 상극원리로 되어 있는 인체의 질병 관계에 있어서도 잘 적중한다는 것을 알 수 있다.

② 병진생(丙辰生)의 예

　　金　　周　　甲

　　木水　金金　木水
　　卯亥　酉酉　寅子
　　靑玄　白巳　勾朱

148

이 성명은 성종(姓從)에 해(亥)와 생년지(支)의 진(辰)과는 원진이다. 이 '해'의 원진은 진생에 망신살이므로 흉하다. 병진(丙辰)의 원진 역시 생년간(干)의 힘을 받아 강하다. 갑진년은 '진'의 원진 연간을 생왕케 하고, 4월의 사(巳)는 '해'의 망신 원진을 충한다. 고로 갑진년의 4월에 사망하였다. 갑진년은 '진'과 '해'와 원진이다.

• 성명에 망신이 있고 생년지와 원진이 있어서 생년지와 망신이 합하면 원진을 충하는 충이 왕기를 띠는 해에 사망한다.

③ 계해생(癸亥生)의 예

아래의 성명은 진(辰)과 생년지(支) 자가 원진이요, 성종(姓從)과 옥(玉)의 '진'과도 원진이다. 고로 망신과 생년지와 상합하였다. 이 '해'의 원진과 상충되는 사년(巳年)은 생명이 불길한 해이다. 고로 충하는 정사년에 사망하였다.

金　玉　童

木水　土木　火土
卯亥　辰寅　巳丑
孫兄　官孫　財官
白巳　勾朱　靑玄

• 원진과 상충년에 해당되는 자는 사망한다. 또는 부(父)와 재(財)가 원진일 때 상충년에 아버지가 사망한다.

재운의 길흉

• 재를 손(孫)이 생하면 재운이 양호하다. 특히 청재(靑財)와 백재(白財)는 대재인데 이 재를 '손'이 생하고 다시 '손'을 형(兄)이 생하고, '형'을 부(父)가 생하며, '부'를 관(官)이 생하면 강한 재운으로서 거부가 된다. 이런 경우에 수리가 양호해야 함은 물론이다.

• 재를 생해 주는 태세(太歲 : 流年) 또는 재와 동질(同質)인 비견의 해에는 재운이 양호하다.

재운대길격의 예 ①

<pre>
    姓　　名　　字

    木水　金土　金土
    財孫　兄父　兄父
    靑玄　白巳　勾朱
</pre>

　이러한 격은 '청재'로서 밑[下]에서 부형손(父兄孫) 등이 연결 상
생하니 대재격이 된다.

재운대길격의 예 ②

　이 격도 청룡토(土)재에 재가 거듭하고, '손손'이 생해 주며, '형
형'이 거듭 '손'을 도와 주므로 대길재운격이다.

<pre>
    姓　　名　　字

    土土　火火　木木
    財財　孫孫　兄兄
    靑玄　白巳　勾朱
</pre>

재운대길격의 예 ③

<pre>
    姓　　名　　字

    水木　金土　土火
    財官　孫兄　兄父
    靑玄　白巳　勾朱
</pre>

　이 격은 청룡이 수(水)를 띤 재에 '손'이 생해 주고 '손'을 '형'이
생하며, 다시 '형'을 '부'가 생해 주니 대재격이다.

관운과 관운의 길흉

　관(官)을 관운, 관록 등의 벼슬로 본다.
· 청룡관(靑龍官), 백호관(白虎官) 등은 고관격이다.

- 주작관(朱雀官), 등사관(螣蛇官) 등은 중급관격이다.
- 구진관(勾陳官), 현무관(玄武官) 등은 하급관격이다.
- 청관(靑官)은 성인적(聖人的) 관으로서 다른 격이 양호하고, 선천과 합국한 대국자는 영상급(領相級 : 君王, 大統領)이다.
- 백호관은 강한 관운으로서 내무장관 또는 장성(將星)격이다.
- 사관(巳官)은 판사, 검사격이다.
- 주관(朱官)은 치안국장(治安局長)격이다.
- 구관(勾官)은 일반 행정관격이다.
- 현관(玄官)은 경찰 또는 무관(武官)격이다.
- 재운은 재를 생하는 유년(流年), 또는 암록이 붙는 해에 양호하며, 또한 손(孫)이 생하는 유년에 태세와, 생년지와 상합 또는 상생의 유년은 재운이 길하고 재를 극하는 태세는 불길하다.
  오행역상과 수리역상의 내역을 참조해야 한다.
- 관운은 관이 왕하며 건록이 붙거나 상생하는 유년, 또는 관이 왕하며 역마가 상충되는 유년에 관운이 길하다.
  또한 청(靑), 백(白) 등의 관(官)이 성명에 있는 관(官)을 생해 주거나, 상합되는 유년에는 관운이 길하나, 상극 상충 공망되는 유년은 불길하다.

6. 성격 및 직업 관계

성격(性格)은 생년지와 이름 가운뎃자의 주오행과의 연관작용으로 본다. 그리고 직업은 생년지와 재(財), 관(官), 손(孫), 녹(祿)과의 연관작용으로 본다.

자(子)생에 주오행이 금(金), 화(火)인 경우

성격 섬세하고 영리하며 활기 있고 용감하나 좀 냉정한 면도 있다.
직업 '녹'과 '관'이 왕하면 정치가, 관직, 기타 봉급생활에 적합하고 '재'와 '손'이 왕하면 실업가, 상업에 적합하다.

자(子)생에 주오행이 토(土), 목(木), 수(水)인 경우

성격 세심하고 인자하다. 사고적이며 지모(智謀) 수발하다.

직업 교육가, 철학가, 운명가, 상업, 농업에 적합하다.

축(丑)생에 주오행이 화(火), 금(金)인 경우

성격 강직하며 활동적이나, 약간 콧대가 세고 뚝뚝한 편이다. 그러나 과단성이 있다.

직업 기업가, 육축농장, 운수업 등에 적합하다.

축(丑)생에 주오행이 토(土), 목(木), 수(水)인 경우

성격 정직하고 의리가 있으며, 의지가 강한 성격이다.

직업 실업가, 교육가, 목축, 농업, 운수업 등에 적합하다.

인(寅)생에 주오행이 화(火), 금(金)인 경우

성격 쾌활하고 민완하며, 양성적 성격이다.

직업 녹(祿), 관(官) 등이 왕하면 봉급생활자에 적합하며, '재', '손' 이 왕하면 도급업, 광업, 증권업 등에 적합하다.

인(寅)생에 주오행이 토(土), 목(木), 수(水)인 경우

성격 활달하면서도 자존심이 강하고 약간 성급한 면이 있다.

직업 '녹'과 '관'이 왕하면 관직에 적합하고 '재'와 '손'이 왕하면 흥행업, 투기업에 적합하다.

묘(卯)생에 주오행이 화(火), 금(金)인 경우

성격 표면상으로는 온유하나 내면에 강한 점이 있고, 사치를 즐긴다.

직업 교육가, 의사, 외교관, 상업에 적합하다.

묘(卯)생에 주오행이 토(土), 목(木), 수(水)인 경우

성격 온후하고 독실하며, 조용하고 깨끗한 것을 좋아한다.

직업 '녹'과 '관'이 왕하면 교육가가 적합하며, '재'와 '손'이 왕하면 의사, 예술가, 종교가에 적합하다.

진(辰)생에 주오행이 화(火), 금(金)인 경우

성격 윤달하면서도 자존심이 강하고, 의지를 관철하는 성격이다.

직업 관', '녹'이 왕하면 관직, 정치가에 적합하고, '재'와 '손'이 왕하면, 도급업, 흥행업, 실업가, 운명가에 적합하다.

진(辰)생에 주오행이 토(土), 목(木), 수(水)인 경우

성격 윤달하고 사교적이면서도 이지적인 동시에 심지(心志)가 깊다.

직업 '관'과 '녹'이 왕하면 봉급생활자에 적합하고, '재'와 '손'이 왕하면, 기업가, 수산업, 의사 등에 적합하다(흥행업도 가함).

사(巳)생에 주오행이 화(火), 금(金)인 경우

성격 활달하면서 세심하고, 약간 냉정한 면도 있다.

직업 '관'과 '녹'이 왕하면, 정치가, 법관에 적합하고 '손', '재'가 왕하면 문학가, 은행가에 적합하다.

사(巳)생에 주오행이 토(土), 목(木), 수(水)인 경우

성격 세심하고 팔팔하며 독한 성격이다.

직업 '관'과 '녹'이 왕하면 관리에 적합하고 '손', '재'가 왕하면 문학가, 언론가 등에 적합하다.

오(午)생에 주오행이 화(火), 금(金)인 경우

성격 명랑하고 활동적이나 때때로 신경질을 잘 낸다.

직업 '관'과 '녹'이 왕하면 행정관, 교육가 등에 적합하며 '재'와 '손'이 왕하면 투기업, 운수업, 육축업, 상업 등에 적합하다.

오(午)생에 주오행이 토(土), 목(木), 수(水)인 경우

성격 명랑하고 활동적이며, 사치와 투기를 즐긴다.
직업 '관', '녹'이 왕하면 교육가, 정치가, 법관에 적합하고, '자'와 '손'이 왕하면 운수업, 홍행업, 육축농업, 상업에 적합하다. 또한 배우 등 예술 계통에 적합하다.

미(未)생에 주오행이 화(火), 금(金)인 경우

성격 표면은 온유하나 내면은 교만하며, 깨끗한 곳을 즐긴다.
직업 '관'과 '녹'이 왕하면 일반 공무원, 또는 기타 봉급생활자에 적합하며, '재'와 '손'이 왕하면 의사, 종교가, 기업가 등의 직업을 택하는 것이 좋다.

미(未)생에 주오행이 토(土), 목(木), 수(水)인 경우

성격 온유하며 심신이 단정하나, 감정이 약간 예민하다.
직업 '관'과 '녹'이 왕하면 교육가, 일반 행정관에 적합하며, '재'와 '손'이 왕하면 학자, 저술가, 미술가, 농업 등에 적합하다.

신(申)생에 주오행이 화(火), 금(金)인 경우

성격 친절하고 영리하며, 동작이 민활하고 재주가 있다.
직업 '관'과 '녹'이 왕하면 관리, 기타 봉급생활자에 적합하며, '재'와 '손'이 왕하면 기술, 상업, 운수업에 적합하다.

신(申)생에 주오행이 토(土), 목(木), 수(水)인 경우

성격 사교성과 재주가 있으며 친절하다.
직업 '관'과 '녹'이 왕하면 관리, 변호사, 일반 봉급생활자에 적합하고, '재'와 '손'이 왕하면 미술가, 배우, 홍행업, 의사, 기술자 등에 적합하다.

유(酉)생에 주오행이 화(火), 금(金)인 경우

성격 영리하고 재주가 있으며, 약간 성급한 면도 있다.

직업 '관'과 '녹'이 왕하면 관직, 군인, 변호사에 적합하고, '재'와 '손'이 왕하면 의사, 철학가, 문학가, 운명가, 기술직에 적합하다.

유(酉)생에 주오행이 토(土), 목(木), 수(水)인 경우

성격 영리하고 재주 있으며 두뇌가 명철하나, 약간 질투심이 있다.

직업 '관'과 '녹'이 있으면 법관, 군인 등에 적합하며, '재'와 '손'이 왕하면, 의사, 변호사, 학자, 저술가, 철학가, 운명가, 양조업, 기술자 등에 적합하다.

술(戌)생에 주오행이 화(火), 금(金)인 경우

성격 의리심이 있고, 정의감이 강하며, 남에게 순종을 잘 한다.

직업 '관'과 '녹'이 있으면 교육가, 외교관, 일반 봉급생활자에 적합하고, '재'와 '손'이 왕하면 상업, 기업, 기술자 등에 적합하다.

술(戌)생에 주오행이 토(土), 목(木), 수(水)인 경우

성격 친절하고 남에게 순종을 잘 하며, 의리심이 있다.

직업 '관'과 '녹'이 왕하면 일반 봉급생활자, 관리, 교육가 등에 적합하고, '재'와 '손'이 왕하면 청부업, 상업, 수산업 등에 적합하다.

해(亥)생에 주오행이 화(火), 금(金)인 경우

성격 친절하나 고집이 있고, 때로는 신경질을 잘 부린다.

직업 '관'과 '녹'이 왕하면 일반 봉급생활자에 적합하며, '재'와 '손'이 왕하면 흥행업, 상업, 수산업, 육축농업에 적합하다.

해(亥)생에 주오행이 토(土), 목(木), 수(水)인 경우

성격 친절하고 정직하나, 고집이 있다.

직업 '관'과 '녹'이 왕하면 법관, 변호사, 일반 봉급생활자에 적합하고, '재'와 '손'이 왕하면 은행가, 의사, 상업, 등에 적합하다.

제5장   실제 감정법의 단식과 복식 판단법

1. 실제 인물 감정의 예(例)

복식 판단에 의한 실제 인물 감정의 예

① 정사년(丁巳年) 7월 21일생

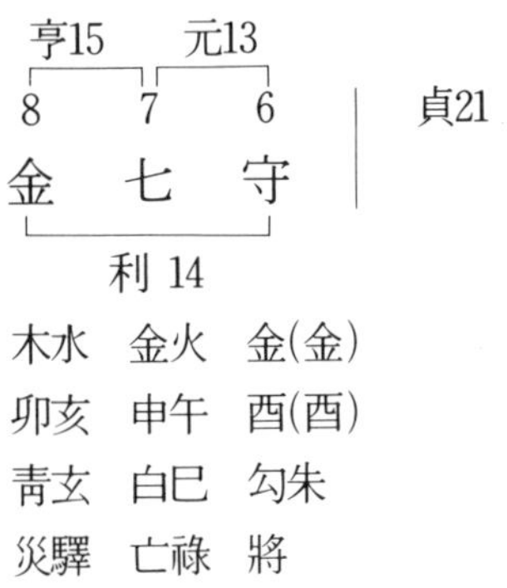

이 성명의 수리는 원격, 형격이 양호한 배치로 되어 있으나, 이격과 정격은 파멸의 운이다. 단명을 내포하였으며 원래 오행역상에 구재(勾財)와 백호(白虎)가 입금(入金)한 금재(金財)가 망신(亡身)을 겸하였으며 또 생월령 신금(申金)은 망신을 더 강하게 하고 그 '재'가 중첩한다. 고로 상처(喪妻), 재혼하였으며 또한 과감한 망신, '백(白)재'는 부묘목(父卯木)을 극하는 동시에 묘(卯)와 신(申), 즉 '부(父)'와 '재(財)'가 원진이며, '부'가 연령 10세에 위치하여 10세 때 부친과 사별하였다.

형제궁은 현관(玄官)이 형(兄)을 극할 것 같으나, 수관(水官)은 청부목(靑父木)을 생하고 다시 '청부'가 형(兄)을 생하며 이름 끝자의 종(從)에 있으므로 3형제가 있다.

질병과 수명은 칠(七)자에 신금(申金)이 망신인데 가상(加上)으로 '백호'가 '금'을 띠어 태강한 흉살이다. 이 망신과 생년지가 상합하고 '묘'와 '신'이 원진이요, 원진은 왕기를 띠고 있다. 고로 묘년은 가장 생명이 위험한 액년인데 계묘년은 천간이 '묘'원진을 생하여 극왕하였다. 가상으로 칠수(七守)의 뜻은 글자 그대로 '칠'자를 지킨다는 것으로 '칠'자에 원진임과 동시에 7수(七壽)라는 어음(語音)과 동일하여, 계묘년에 당년 47세로 사망하였다.

그런데 양금(陽金)과 음금(陰金)의 중첩과 '금'극 '목'하여, 폐(肺)와 간장에 장애가 있기 때문에 폐와 풍증으로 사망했다.

② 임자년(壬子年) 8월 13일 오시생(午時生)

```
      亨13    元16
    ┌────┬────┐
    7    6    10        貞23
   吳   光   根
    └─────────┘
        利 17
   土    木土   木火
   戌    卯未   卯巳
   官    孫官   孫財
   白巳   勾朱   靑玄
        天乙   天乙
```

이 성명을 풀어 보면 형격(亨格) 수리에 지달운(智達運)이라, 명철한 두뇌로써 역리학을 전공하여 무난하였으며, 원격이 덕망격으로서 부모유덕한 듯하나 오행역상에 은부(隱父)가 현(玄)이기 때문에 부모덕은 크지 못했고, 양친 중에 은부 현재(玄財)이므로 부선망(父先亡)격이라, 조실부모했다.

원래 성명의 수리 배치는 관직, 문학가, 철학가의 운격으로 되어 있으며, 관록운에는 역상에 '녹'이 없는 동시에 '백관'은 구손(勾孫)에 직접 극을 받고 생월인 유(酉)에 유출되어 그 힘이 약해졌으므로 관운은 미약하다.

　성품은 자(子)생에 이름 가운뎃자 주오행이 '목'이요, 목이 중첩하므로 인자하며 섬세한 성품이라 하겠다.

　형제궁은 오행역상의 형이 역시 은복(隱伏 : 숨은 것)이요, 역상에 생조자가 없으므로 2,3남매격이나 일신 고독하다, 자녀궁은 역상에 '관'과 '손'이 많으므로 다남다녀격으로서, 7,8남매일 것 같으나 구손(勾孫)이 개재하고 생월령(生月令)에 의하여 극을 받는 동시에 토관(土官)은 목손(木孫)에 직접 극을 받으므로 5,6남매격인데, 모두 튼튼하며, 남손보다 여식이 많다. '구손'이 개재하여 2,3자녀는 상실하였다.

　처궁은 현재(玄財)이나 1개'재'에 청손(靑孫)이 직접 생하므로 내실덕이 있으며 내조를 많이 받는다.

　재물운은 이름 끝자 종(從)에 '재'가 있고, 이격 수리에 매진격이므로 자수성가격이며, 40 이후에 청손(靑孫)이 직접 생재하므로 장년 이후부터 발재하여 중분말과 말분에는 재운이 양호하다.

　건강궁은 2 '목'이 직접 '토'를 극하여 위, 간장에 장애가 있었다.

③ 정축년(丁丑年) 10월 16일생 남자

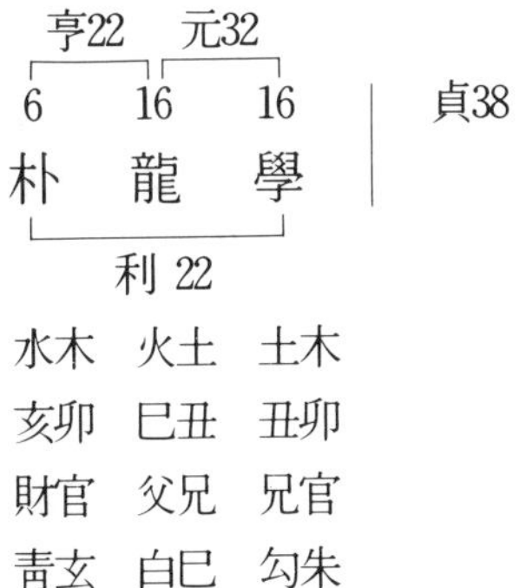

　이 성명은 언뜻 보면 단명할 수임을 알 수 있는데, 성명을 해부해 보면, 수리 형격 22수는 단명격이요, 특히 청년 28세부터 이 운이 강하게 발휘하는 시기이다.

　이격 역시 형격과 동일한 22수로서 동격이며 생년인 정축(丁丑)년은 오(午)년과 원진이요, 성명에 중첩된 '축'은 역시 오년과 원진이다.

성명에 2개나 들어 있는 '축'의 원진은 생월령에 왕하고 가상으로 병오년은 원진인 '축'이 극왕하였다. 따라서 병오년에 당년 30세로 불귀객이 되었다.

④ 신축년(辛丑年) 8월 20일생

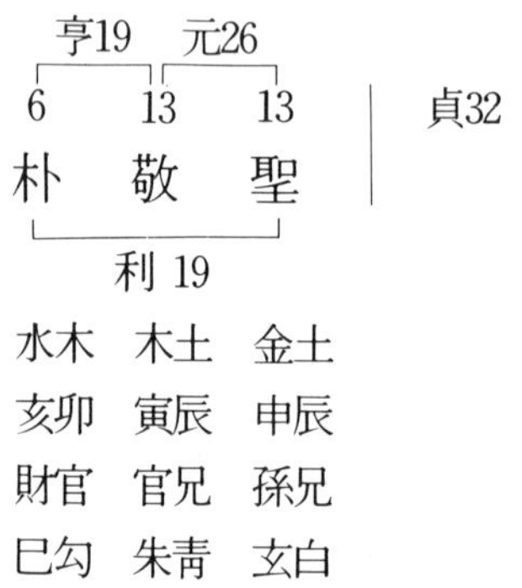

이 성명은 언뜻 보아 중병이거나, 불구, 또는 수술을 받을 위험성이 있음을 알 수 있다.

　형격과 이격에 19수가 중복되고 원격에 26수 등의 흉수가 거듭되어 흉이 가하고, 오행이 '금'극'목'하였다. 이 사람은 유아시에 다리가 부러져 수술을 받았다.

　이같이 수리의 19가 중복되고, 오행으로 심하게 극을 받으면, 그 해당되는 부서의 신상에 어떠한 장애가 오는 것을 면하기 어렵다는 것을 알 수 있다.

⑤ 기사년(己巳年) 8월 11일생

　이 성명은 언뜻 보아 신상에 불리한 것을 알 수 있다.

　풀어 보면 형격 19에 원격 28의 흉수요, 역상에 '금'극'목', '화'극'금'하고 '수'극'화' 등의 직극(直剋)을 받았다. 따라서 30 미만에 두 다리를 절단했다.

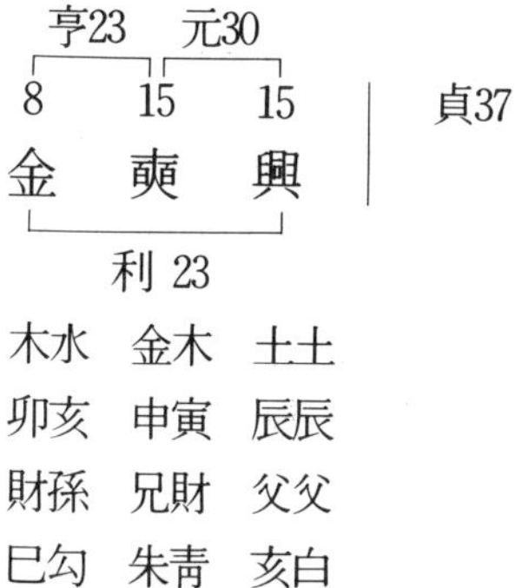

이 성명도 역시 원격 30수에 '금'극'목'이며 또 23수가 중복되었다. 따라서 이 사람은 어려서부터 다리를 절게 되었다.

⑦ 정해년(丁亥年) 3월 13일생

이 성명은 원격 30에 이격 20이요, '화'극'금'인 동시에 순양(純陽)이다. 이 성명을 분석해 보면, 생년의 지와 이름 끝자의 주(主)가 원진인데, 원격수는 유시(幼時)에 강하게 발휘되는 흉운이다. 다행히 4세의 유년태세는 경인년(庚寅年)인데 인(寅)과 생년지의 해(亥)와 합하였으나, 원진이 강하지 않으므로 사망은 하지 않았다. 그러나 원격의 흉수

<pre>
        亨24   元30
     7   17   13   貞37
    李   鍾   熙
            利 20
    火   金土   土(火)
    午   申戌   辰(午)
    財   父官   官(財)
    靑玄   白巳   勾朱
</pre>

와 이격, 그리고 '화'극'금'의 직극으로 인하여 4세 때 다리가 절단되고 모친상을 당하였던 것이다.

그리고 이 성명은 청재(靑財)에 백부(白父)이므로 '부선망' 같으나 백부는 2토에 의하여 상생을 받아 득왕하고 청룡(靑龍)의 입화재(入火財)는 역상에 생조자가 없을 뿐만 아니라 토관(土官)을 생조하므로 '재'는 약해지고 '관'이 강해졌다.

이는 모선망(母先亡)격이다.

2. 사회 저명인사의 성명 분석

전 국회의장 이기붕(李起鵬, 丙申年 12월 20일 辰時生)

① **사주**(四柱)

연주(年柱) 丙申 : 건록(建綠), 공망(空亡)

월주(月柱) 辛丑 : 묘(墓), 천을귀인(天乙貴人)

일주(日柱) 庚辰 : 괴강(魁罡), 천덕(天德)

시주(時柱) 庚辰 : 괴강, 천월덕(天月德)

대운(大運) 壬寅 4세, 癸卯 14세, 甲辰 34, 乙巳 34세, 丙午 44세, 丁未 54세, 戊申 64세.

② 성명의 수리와 오행역상

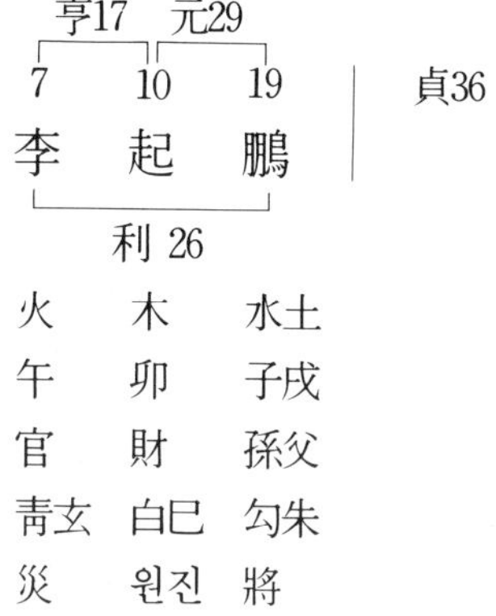

③ 성명의 수리 운로

元格 29 成功格, 享福運

亨格 17 勇進格, 暢達運

利格 26 晩達格, 英雄運

貞格 36 英雄格, 波亂運

④ 성명사주 : 성명 오행역상 정국(定局)

年柱 丙午(姓李오행)

月柱 丙申(生年干支)

日柱 乙卯(名上字起)

時柱 壬戌(名下字鵬)

大運 辛丑(生月柱)

⑤ 수리역상

元17÷8=1…內卦

貞36÷8=4…外卦

17+36=53÷6=5

5…動爻

괘명(卦名) : 雷天大狀

위에서 표출한 이기붕씨의 선천명[四柱]과 성명의 유도력을 종합적으로 분석해 보기로 한다.

첫째, 이기붕씨의 선천명인 사주를 추명학상(推命學上)으로 분석해 보면, 각주(各柱)가 경(庚), 신(辛), 신(申), 진(辰)으로 되어 있고, 연간 1점의 병화(丙火)가 있으나 '병'과 '신'이 합하여 수국(水局)으로 화하였다.

따라서 이 사주는 조후법(調後法)으로 분석할 것인즉 월령(月令) 축월(丑月)에 '금''토'로서만 이루어져 있고 '화' '목' 등이 없어서 극히 냉습(冷濕)한 한습지기(寒濕之氣)이므로 남방화기(南方火氣)가 필요한 용신(用神) '화'격의 사주이다.

따라서 화운(火運)을 만나면 대길한데 이 사주는 다행히 병오(丙午), 정미(丁未)의 왕'화' 대운을 만나 대귀 대부하는, 즉 꾀꼬리가 봄을 만난 격이 되었다.

동시에 이 사주는 주류무체(周流無滯)한 기국에 왕성한 건록과 천을(天乙), 천월덕(天月德)이 있고 일주(日柱), 시주(時柱)에는 길흉의 극단으로 흐르는 괴강(魁罡)이 양립(兩立)하였다. 따라서 대기국(大器局)의 정국(定局)으로서 '화'의 대운을 만나면 가히 일국의 대권세를 획득할 수 있는, 대귀 대부의 운세이다.

둘째로 성명학상으로 분석해 보면, 우선 운명기간 노선인 수리상으로 볼 때, 원격 29수는 성공격(成功格), 향복운(享福運)으로서 대사(大事), 대업(大業)을 달성하고 부귀와 지위를 획득하는 운이요, 형격인 17수는 용진격(勇進格), 창달운(暢達運)으로 대계(大計)를 세우고 제난(諸難)을 돌파하여 대성하는 운의 수이며, 이격 26수는 만달격(晩達格 : 늦게 달성함), 영웅운으로서 대사에 임하여 발휘하는 위대한 발전과, 파죽지세(破竹之勢)로 공과(功果)를 획득하며 일국을 호령하는 영웅적인 수령(首領)의 위치에 군림하나, 불운이 시작되면 조난, 형액, 변사, 피화의 말로를 난면하는 운의 수로 되어 있고, 정격 36수는 영웅격 파란운으로서 영웅의 파란곡절이 심하며, 혹은 만인에게 흠앙(欽仰)받는 권세에 이르나 자존을 과시하면 대변동과 극쇠를 내포한 희비쌍곡(喜悲雙曲)이 유전(流轉)하는 운으로서, 급병난, 조난, 피살 등의 역란에 봉착하는 파란운으로 되어 있다.

셋째로 오행역상으로 볼 때에 성주(姓主)의 오화(午火)는 청룡(靑龍)이 입관(入官)에 제왕(帝旺)을 가하고, 가상으로 이름 가운뎃자 주(主)의 백호재(白虎財)는 밑[下]에서 청관화(靑官火)를 위[下]로 생하며, 다시 이름 끝자 주(主)의 '손'은 백재(白財)를 위로 생하여 대왕하다. 이 대왕한 오화(午火) 청관(靑官)은 선천명 사주의 대운 병오(丙午), 정미(丁未)의 왕화(旺火)운을 만나 선천국과 합국하니 운세는 금상첨화(錦上添花)격으로 극왕하였다.

그리고 수리역상의 내역을 보면 청룡지세(靑龍持世) 금관(金官)에 응(應)의 무토재(戊土財)는 세(世)를 생하고 다시 동효 신(申)의 '녹'과 '관'은 관동관(官動官)에 사주의 연지(年支) 신금(申金) 녹과 합국하여 관록운이 가왕(加旺)하였다.

그리고 또한 성명 이기붕(李起鵬)의 자의(字意)를 본다면 이목하(李木下)에 때를 기다리는 붕새[鵬鳥]가 춘하(春夏) '목', '화'왕지절의 화창한 호시절을 만나 하늘로 날아오르니[起空飛天], 만리창공이 모두 내 천국[皆我天國]이요, 세상이 눈 아래에 비쳐 놀더라(眼下映遊), 즉 웅지전개(雄志展開)를 상징하는 자의로 볼 수 있다. 그러므로 이 이름은 선천명과 성명운이 합국하여 가히 일세에 권위왕성하며 명진천하할 만한 운세이다.

그러한 관계로 일국의 국회의장의 영관(榮冠)을 차지하였을 뿐만 아니라, 일국의 제2인자로서 내실적으로 실권을 장악하였으며 재력으로 대부요, 심지어는 부통령 위치까지 계관(桂冠)하는 등, 문자 그대로 대권세, 대부호의 대귀 대부를 겸전한 최대의 행운을 향수할 수 있었던 것이다.

그러나 인생의 운명이란 무상(無常)한 것이니 이 대아성(大牙城)이 하루 아침에 무너지는 것 또한 운명의 소재(訴在)라 아니 할 수 없은

즉, 이제 이씨 일가의 비극을 선천명운과 성명운으로써 다시 분석해 보기로 한다.

우선 선천명 정국에서 사주 대운은 이씨의 비극에 일어난 해에 무신(戊申) 대운과 당년 태세인 경자(庚子)년은 왕성한 운이 지나고 다시 한랭한 찬 기운의 운으로 되고 말았다.

다시 성명학상으로 보면 수리의 이격과 말분에 강하게 발휘되는 정격의 영웅파란운으로서, 조난, 피화, 피살로 되어 있고, 다시 오행역상으로서는 생년지신(生年支申)과 비극년의 경자년지(庚子年支)와 3합하고 사주(四柱) 대운 '무신'의 지(支)와도 3합할 뿐 아니라 이름 끝자의 지(支)와도 합하여 강한 한랭 '수'기로서, 성주(姓主)의 청관(靑官) 오화(午火)를 상충 상극하였고, 동시에 비극년, 비극월인 경진월(庚辰月)은 진(辰)역시 신자진(申子辰)이 완전 3합하며 해(亥)는 신(申)생에 망신인데 망신(亡神) 해(亥)와 이름 가운뎃자의 묘(卯)와 합하였다. 그리고 다시 '해'와 '진'은 원진인데 이 '진'의 원진은 생년지의 '신'과 그리고 사주 대운의 '무신'과 3합하여 강왕하다. 이름 가운뎃자의 '묘'와 생년지의 '신'과 대운 '무신'과의 원진이다.

이 신자진(申子辰) 3합한 원진은 강한 힘으로 오화(午火)를 극했다. 동시에 '묘'와 원진과 대결하므로 경진월(庚辰月) 역시 대흉월이 아닐 수 없다.

위와 같이 선천명의 대운의 '무신'흉운과 가세하여 성명수리의 이(利), 정(貞)격과 합세한 흉운의 수, 그리고 오행역상에서 작용하는 생년지 '신'과 대운 '신'과 비극년 경자(庚子)의 '자'와 합국 합세한 '자'의 살이 성주(姓主)의 청관오화(靑官午火)를 상충 상극하는 작용, 그리고 경자년지(庚子年支) '자'와 생년지 '신'과 경진월의 '진'과 합세한 대운'신', 그리고 생년지 '신'은 '진'과 '해'의 원진인 '해'와 이름의 '묘'와 합세한 '묘'를 대결하는 '묘'와 '신'의 작용 등은 종합 흉운작용을 발휘함으로써 결국 이씨의 비극의 운은 경자년 경자월에 초래되었음이 증명되었다.

이상과 같이 이기붕씨의 성명해부는 성명학술과 사주와의 연관관계, 그리고 운명학술의 제법칙에 있어서 대표적인 실증인 동시에 세상에 공지(公知)된 사회 저명인사의 운명이기에 관심 있는 독자들의 이해를 돕기 위해서뿐만 아니라 개중에는 운명론, 즉 사주와 성명학을 미신시(迷信視)하는 사람들이 있기 때문에 실례를 들어 설명한 것이다.

국가적 저명인사 성명 약술

다음에 제시하는 국가적 저명인사들의 성명을 살펴보면 수리(數理), 음양오행(陰陽五行)으로써 그 기간노선(基幹路線)을 어느 정도 알 수 있다.

① 이승만(李承晚) 전 대통령

```
        亨15    元19
      ┌──┐  ┌──┐
      7(양) 8(음) 11(양)    │   貞26
      李    承    晚        │
      └──────────┘
          利 18

      火     金土   水火
      午     酉丑   子午
      丙午   辛丑   壬午
```

元格 19 성패격(成敗格), 병약운(病弱運)
亨格 15 통솔격(統率格), 유재운(有財運)
利格 18 발전격(發展格), 융창운(隆昌運)
貞格 26 영웅격(英雄格), 파란운(波亂運)

자의(字意) 늦게(말분에) 국가 대사를 이어받는 뜻. 그러나 정격 영웅 파란운의 작용은 면키 어려우니 영웅의 종말이 가석한 일이리라.

② 김구(金九) 전 임시정부 주석

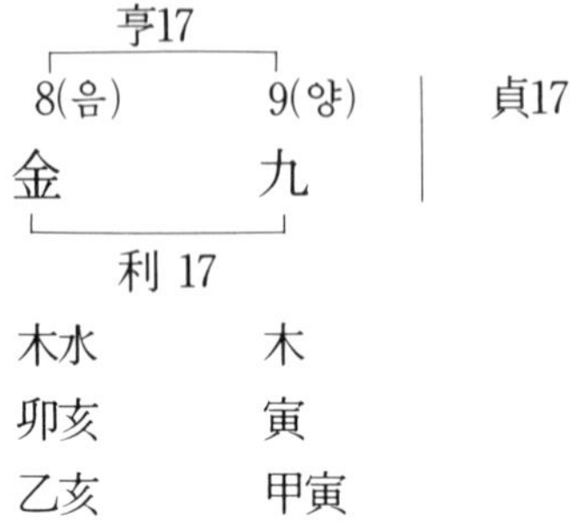

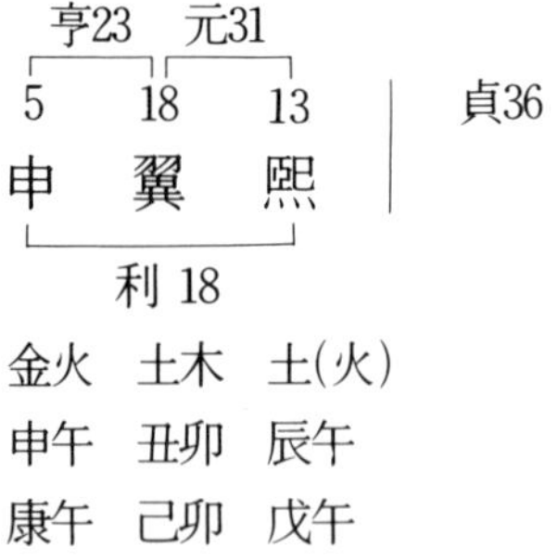

元格 9　종국격(終局格), 시휴운(時虧運)
亨格 17　용진격(勇進格), 창달운(暢達運)
利格 17　용진격, 창달운
貞格 17　용진격, 창달운
자의(字意)　최고 수로서 종말을 고하는 수의 뜻. 국가 민족을 위해 극진한 투지로 노력하였으나 조난당하였으니 민족적 비애요, 그 독립운동의 업적은 천추에 빛나리라.

③ 신익희(申翼熙) 전 국회의장

元格 31　세찰격(世察格), 홍가운(興家運)
亨格 23　혁신격(革新格), 왕성운(旺盛運)

利格 18 발전격(發展格), 융창운(隆昌運)
貞格36 영웅격(英雄格), 파란운(波亂運)

호랑이에 날개가 달린 듯한〔猛虎生翼〕 운성과 명철 고매한 인품과 학식은 타의 추종을 불허하며, 국가 민족을 위한 정치적 수완을 영웅 파란격으로 결실을 이루지 못한 안타까운 인물(애국지사)이다.

④ 조병옥(趙炳玉) **박사**

亨23   元14

14(음) 9(양) 5(양)   貞28

趙   炳   玉

利 19

金   水土   土木
酉   子戌   辰寅
乙酉   壬戌   丙寅

元格 14 이산격(離散格), 파괴운(破壞運)
亨格 23 혁신격(革新格), 왕성운(旺盛運)
利格 19 성패격(盛敗格), 병악운(病惡運)
貞格 28 풍파격(風波格), 파란운(波亂運)

명철한 두뇌와 정치적 역량은 가히 국가 대사를 경륜할 인품의 소유자(애국자)이나 원, 리, 정격의 수리 흉수로 대지(大志)를 이루지 못하고 말았으니 가탄가석한 일이며, 민족적으로 크나큰 손실이 아닐 수 없다.

⑤ 곽상훈(郭尙勳) **전 국회의장**

강직하고 청렴하며 깔끔한 성격에 불의(不義)를 용납하지 않는 인품의 소유자로 성명의 자의(字意)대로 국가 대사에 공을 세웠으며, 수리

운로가 길수이므로 국회의장까지 지냈다(애국자).

```
        亨23   元24
    15(양) 8(음) 16(음)        貞39
      郭    尙    勳
           利 31
    木木   金土   土火
    寅寅   酉丑   未巳
    甲寅   辛丑   己巳
```

元格 24 출세격(出世格), 축재운(蓄財運)
亨格 23 혁신격(革新格), 왕성운(旺盛運)
利格 31 세찰격(世察格), 흥가운(興家運)
貞格 39 장성격(將星格), 지휘운(指揮運)

⑥ 이시영(李始榮) 전 부통령

```
        亨15   元22
    7(양)  8(음) 14(음)        貞29
      李    始    榮
           利 21
    火     金     土土
    午     酉     未未
    丙午   辛酉   己未
```

元格 22 중절격(中折格), 단명운(短命運)
亨格 15 통솔격(統率格), 복수운(福壽運)
利格 21 자립격(自立格), 두령운(頭領運)
貞格 29 성공격(成功格), 향복운(享福運)

인자한 성품의 소유자로서, 자의(字意)대로 늦게 일시적이나마 부통령까지 지낼 수 있는 영예를 누렸으며, 더욱이 수리의 사대 노선은 가히 만인을 통솔할 수 있는 운격이라 하겠다(애국지사).

⑦ 김병로(金炳魯) 전 대법원장

亨17 元24
8(음) 9(양) 15(양)   貞32
金   炳   魯
利 23

木水 水土 火
卯亥 子戌 午
乙亥 壬戌 丙午

元格 24 출세격(出世格), 축재운(蓄財運)
亨格 17 용진격(勇進格), 창달운(暢達運)
利格 23 혁신격(革新格), 왕성운(旺盛運)
貞格 32 순풍격(順風格), 왕성운(旺盛運)

청렴 결백하고 고매한 인품은 불의를 불허하며, 정의적 의지로 대사를 관철하는 기개는 가히 일국의 대법원장의 대업을 무난히 수행할 만하였으며, 수리운로가 이를 잘 뒷받침해 주었다고 볼 수 있다.

⑧ 박정희(朴正熙) 전 대통령(丁巳생)

이 성명의 자의(字意)로 볼 때 정희는 정의(正義)의 어감이 있어서 정의에 바르게 빛난다의 뜻으로 되어 있어 성품이 강직하고 정의로우며 민족관이 강한 인품, 그리고 명철한 두뇌의 소유자로서 5·16 군사혁명을 일으켜 패권을 장악했다고 보겠다.

이 주인공의 선천명 사주 정국(定局)을 보면 인신사해(寅申巳亥)의 사맹격(西孟格)에 금수상관(金水傷官)격이요, 일주(日柱) 경신(庚申)은 신금(申金)을 녹지(綠地)로 하고 인신사해(寅申巳亥)는 '재' '관' '식상' '녹'이 모두 역마로 합하고 충함으로써 길신들이 발동이요, 춘두(春頭), 하두(夏頭), 추두(秋頭), 동두(冬頭) 등의 계절적 시두(始頭)이며 동서남북(東西南北) 사방을 동반하고 있다. 따라서 정명정국(定命定局)은 최상의 대국(大局)으로서 가히 천하를 호령할 만하다.

亨11　元18

6(음)　5(양)　13(양)　　　貞24

朴　正　熙

利 19

水木　金土　土(火)

亥卯　申辰　辰(午)

發卯　庚辰　戊午

官父　財孫　孫兄

靑玄　白巳　勾朱

父財　兄官　父官

巳勾　朱靑　玄白

● **선천명정국**(사주)

年柱　丁巳

月柱　辛亥

日柱　庚申

時柱　戊寅

元格 18　발전격(發展格), 융창운(隆昌運)

亨格 11　갱신격(更新格), 재흥운(再興運)

利格 19　성패격(成敗格), 병악운(病惡運)

貞格 24　출세격(出世格), 축재운(蓄財運)

성명의 오행역상을 보면 내외궁에 모두 청관(青官)이 있어 이를 오행적으로 밑〔下〕에서 위〔上〕로, '화토금수'로 상생되고 사주 '금록'을 정(正)자의 '신'에 갖고 있다.

그리고 수리운로를 보면, 중심격인 형격의 11수는 갱신격(更新格)에 재흥운(再興運)이요, 정격의 24는 출세격, 축재운으로서 대국자는 선천명과 합국하면 일국의 권세를 장악하는 운이다. 따라서 우리나라 대통령으로서, 성격의 갱신격, 재흥운의 발휘대로 국가의 정치적 혁신으로 갱신하여 국가의 경제와 국방적 역량을 재흥시켜 국력을 튼튼히 키운 것은 5천 년 유사 이래로 처음 있는 일이라 하겠다.

그런데 본 선천명 사주에서 필요로 하는 용신은 '화'와 '목'인데, '화' 대운에 대발하여 일국의 영상에 올랐으나 '목'의 희신까지의 운세인 갑진(甲辰)대운에 이르러 기미년(己未年)은 '갑'의 길신이 변질되어 흉작용을 하였고, 성명의 파자로 보면 역시 흉적 작용이 가해졌으니 가탄 가석이라 불의(不意)의 10·26을 당하게 된 것이다. 이것 역시 운명의 장난이요, 천명의 소작(所作)인 것이다.

⑨ **정일권(丁一權) 전 국회의장**(전 국무총리, 전 군참모총장)

<pre>
      亨3   元23
    ┌──┐ ┌──┐
   2(음) 12(양) 22(음)   貞25

    丁   一   權
    └─────┘
       利 24

   金土   土火   木火
   酉未   辰午   卯巳
   辛未   戌午   乙巳
</pre>

元格 23 혁신격(革新格), 왕성운(旺盛運)
亨格 3 명예격(名譽格), 복록운(福祿運)
利格 24 출세격(出世格), 축재운(蓄財運)
貞格 25 안강격(安康格), 재록운(財祿運)

본 성명의 자의로 보면 우선 '정(丁)'은 무관을 뜻함이요, '일권(一權)'은 한번 권세를 얻는다는 뜻이니, 종합해 보면 무관으로서 권위를 확보한다는 뜻이 된다.

그리고 수리적으로 중심격인 형격 3수는 지혜가 출중하고 과단성과 명철한 두뇌로서 처세에 탁월하니 대국자는 약관(若冠) 30 미만에 입신양명하여 만인을 통솔하는 장군지격이요, 청운(靑雲)의 웅지(雄志)가 발휘되면 일국의 재상으로 등전(登殿)할 수 있는 출장입상(出將入相)이라 했고, 원격에는 명철한 두뇌와 탁월한 덕량(德量)은 비천한 중에도 일약 출세하여 영도적 지위와 권세를 획득한다 하였으며, 이격 24는 출세격 축재운이요, 정격 역시 재록이 안강운으로 되어 있다.

게다가 23, 24, 25수의 발휘로서, 일찍부터 약관 30 미만에 명철한 두뇌의 소유자로 출세하여 육군 장성으로서 군참모 총장의 권위에 올라 6·25 동란시에 지휘관으로 혁혁한 무공을 세우는가 하면, 청운(靑雲)의 웅지(雄志)가 발휘되어 정계(政界)에 입전(入殿)해서는 재상(宰相)인 국무총리와 국회의장 등의 영예를 일신에 지녔다. 전쟁터에 나아가서는 장군, 정부에 입각(入閣)하여서는 재상(宰相)이 되니, 이는 실로 성명의 운 유도력의 발휘라 아니 할 수 없다 하겠다.

3. 상호(商號)와 아호(雅號) 명명법(命名法)

상호(商號), 사호(社號), 단체명(團體名), 선박명(船舶名), 상품명(商品名) 등의 명명(命名) 방법은 역시 성명의 이론법과 동일하나, 성명법과 약간 다른 점은 해당 업체의 종류, 방향, 성질, 범위, 희망, 대상 등의 대표적인 뜻이 함축 표시되어야 하며, 주도적인 인물의 성명, 선천명과 조화돼야 한다는 점이다. 만일 조화되지 않으면 주인이 바뀌게 되거나, 업체가 부실해지는 수가 있다.

아호(雅號)의 명명법

아호는 예술가, 종교가, 정치가, 문학가, 철학가, 운명가 등 기타 특수 직업에 종사하는 인사는 아호를 사용하게 되므로 이 역시 신명(身命)에 미치는 운명유도력의 영향이 성명과 동일하다.

그런데 성명을 성명대로 사용하고, 별도로 아호를 사용하는 경우에는 성명운이 10이라면 아호는 6의 운력을 발휘한다. 아호를 선명(選名)함에 있어서 본인의 취미와 희망, 직업, 성품 등의 의의(意義)가 함축된 자(字)의 선택은 물론이고, 기타 제방법은 성명과 동일한 방식으로 수리, 음양, 오행, 선천합국, 성명과의 연결 등을 조화시켜 지어야 한다.

또한 흉명인데도 개명하기 곤란할 경우, 양호한 아호를 적극적으로 활용하면 그 운로를 양도하여 60퍼센트의 보강 효과를 얻을 수 있다.

상호(商號) 및 사호(社號)

상호와 사호는, 그 업체의 뜻과 발전의 이미지를 자의(字意)와 수리로써 조정하되 업주의 선천명과 성명운까지 연관하여 조화시켜야 하며 특히 음령오행 역상에서 '재'와 '손'을 강하게 부각시켜야 한다.

필자의 성명〔金栢滿〕과 아호〔鶴舞〕의 예(例)

생년 신유(辛酉)생

日柱 丙寅日

	35		
	21(양)	14(음)	총수 35
	鶴	舞	
	土木	水	
	辰寅	亥	
	戊寅	癸亥	
年支기준 →	父財	孫孫	
年干기준 →	朱靑	玄白	
日干기준 →	孫父	官官	
日干기준 →	白巳	勾朱	

● 아호 사주

年柱 乙亥

月柱 辛酉

日柱 戊寅

時柱 癸亥

형격과 총격 35 태평격(泰平格) 안강운(安康軍)

자의 선학(仙鶴 : 신선한 학)이 춤을 춘다. 즉, 적극적으로 동하는 뜻
과 학자적인 소재를 암시하고 세상을 제도 중생(제자를 지도)한다는 뜻
이 함축되어 있다.

또 생년 신유(辛酉)는 백학(白鶴)의 뜻도 된다.

<table>
<tr><td></td><td>음</td><td>음</td><td>양</td><td></td></tr>
<tr><td></td><td colspan="2">亨18</td><td>元25</td><td></td></tr>
<tr><td>8</td><td>10</td><td>15</td><td></td><td>貞33</td></tr>
<tr><td>金</td><td>栢</td><td>萬</td><td></td></tr>
<tr><td colspan="3">利 23</td><td></td></tr>
<tr><td>木水</td><td>水木</td><td>水火</td><td></td></tr>
<tr><td>卯亥</td><td>亥卯</td><td>子午</td><td></td></tr>
<tr><td>乙亥</td><td>癸卯</td><td>壬午</td><td></td></tr>
<tr><td>年支기준→財孫</td><td>孫財</td><td>孫官</td><td></td></tr>
<tr><td>年干기준→巳勾</td><td>朱青</td><td>玄白</td><td></td></tr>
<tr><td>日干기준→父官</td><td>官父</td><td>官兄</td><td></td></tr>
<tr><td>日干기준→靑玄</td><td>白巳</td><td>勾朱</td><td></td></tr>
</table>

● 성명 사주

年柱 乙亥

月柱 辛酉祿天乙

日柱 癸卯天乙

時柱 壬午天乙

元格 25　안강격(安康格),　재록운(財祿運)
享格 18　발전격(發展格),　융창운(隆昌運)
利格 23　혁신격(革新格),　왕성운(旺盛運)
貞格 33　등용격(登龍格),　융성운(隆盛運).

• 아호와 성명의 총합수 운로
　총수 68　명지격(明智格),　발명운(發明運)
　옥호(屋號)　백운각(白雲閣)
　수리 31(察格)　세찰격(世察格)　홍가운(興家運)

　아호와 성명과 옥호를 종합하여 전체적인 뜻의 배경을 살펴보면, 백운각의 주위에 잣나무가 가득하고, 창공에는 흰구름이 떠도는데, 백학이 너울너울 춤을 추는 형상이니, 이러한 자연의 배경은 필자의 취향인바 이것을 동양화로 그리면 멋진 작품이 될 것이다.

하편
사주법론(四柱法論)

제1장 사주의 정립(定立)과 원리

본 성명학에서 선천명인 사주를 모르면 선천명과 합국시키지 못하기 때문에 본장에서는 성명학을 위한 사주 정립과 그 원리를 논하기로 한다.

1. 사주팔자(四柱八字)를 정하는 법

사주는 그 사람의 생년, 생월, 생일, 생시로서 간지(干支) 4기둥의 여덟자(八字)로 정해진다. 이것을 사주팔자라 한다. 사주팔자란 사람이 태어나면서 선천적으로 운명이 정해지는 것을 말하며, 이것을 선천명 정국(定局)이라고 한다.

이 4기둥은 다음과 같은 방법으로 정해진다.

년주(年柱)를 정하는 법

연주(年柱)는 생년의 간지를 말한다. 즉 갑자년에 태어났으면 '갑자'가 연주이고, 을축년에 태어났으면 '을축'이 연주가 된다. 그런데 이 연주가 바뀌는 때가 있으니 만일 갑자년 1월생의 생일이 갑자년 1월절인 입춘(立春)절 이전이라면 갑자년생일지라도 갑자년의 절기인 입춘절 전이므로 갑자년 전해인 계해년생으로 연주를 세우고, 또 갑자년 12월생의 생일이 다음해인 을축년의 입춘절을 지난 후라면 을축년생으로 연주를 정한다.

이같이 신년과 구년의 절기 구별을 1월 1일을 기준으로 하는 것이 아니라 그 해의 입춘절을 기준삼아 하므로 연주가 바뀌게 된다. 이때에 입춘절의 입절(入節) 시각까지 보아 생일 생시가 입절 전인가 후인가에 따라 그 연주와 월주가 결정된다. 즉 매해의 시작과 기준은 정월(正月) 입춘 시각부터 그 해의 기준이 된다. 이 입절 시각을 아는 데는 만세력(萬歲曆), 또는 매해의 책력(册曆)에 밝혀져 있으니 쉽게 알 수

180

있으며, 매해의 매월 입절표는 본서의 상편 제2장에 실려 있는 매월 절입표를 참고하기 바란다.

그러면 연주가 바뀌는 예를 들어 보자.

가령 갑자년(1984년) 음력 1월 4일 밤 11시 50분에 출생하였다면, 입춘 시각이 1월 4일 밤 자정 초각(初刻 : 12시 10분)이니, 입춘 시각 전에 탄생하였으므로 갑자년생이 아니라 그 전해인 계해년으로 연주를 정하게 되고, 월주(月柱)는 계해년 12월인 을축월(乙丑月)로 정하게 된다. 만일 을축년 12월 26일 낮 12시 5분에 출생하였다면, 다음해안 병인년 출생 시각이 입춘 시각(12월26일 午초 3각 : 12시 49분)을 지났으므로 을축년이 아니라 병인년생으로 연주가 정해지고 월주(月柱)는 병인년 1월인 경인월로 정해진다.

이상과 같이 출생 시각이 입춘 입절 시각보다 먼저냐, 나중이냐에 따라 연월주가 바뀌어진다.

여기에서 알아야 할 것은 옛날 1시간이 오늘날의 2시간이며 1각은 15분으로 8각이 1시간이다.

이같이 연주를 정할 때, 만일 생월이 정월 또는 12월일 때는 특히 입춘의 절입을 잘 살펴 연주를 정해야 한다.

월주(月柱)를 정하는 법〔月建法〕

생월의 간지를 월주(月柱 : 月建)로 정하는 것인데 앞에서 논한 월간지(月干支) 입절표와 같이 매월의 절입을 기준으로 하여 정한다. 즉 생월이 2월이라도 2월 절입인 경칩(驚蟄) 전 시각에 탄생하였다면 그 전달인 정월의 간지를 월주로 정하고, 2월생이라도 3월 절입인 청명(淸明)절 이후에 출생하였다면 3월의 간지를 월주로 정한다. 이 때에도 출생일 시각과 입절 시각을 보아 전후를 가려서 정한다.

예로서 정묘년(1987년) 음력 3월 8일 오후 3시에 출생하였다면 3월 8일 신(申)시(오후 3시, 正 2각 4분 : 3시 39분)에 청명절이 들어 있는데, 출생시각이 청명절입 시각 전이므로 2월의 계묘월로 월주를 정한다. 또 이 해의 7월 16일 오후 2시 50분에 출생하였다면 16일 미(未)시 초 1

각 15분(오후 2시 20분)에 8월 절입인 백로(白露)가 입절하였는데 출생이 8월 입절 후의 시각이므로 8월건인 기유월로 월주를 정한다.

이와 같이 월건도 그 월절입을 보아 그 시각까지 따져 전후를 가려 정한다.

일주(日柱)를 정하는 법

출생한 날(생일)의 간지 일진(日辰)을 일주로 정하는바 연주가 바뀌거나 월주가 바뀌어도 이와 관계 없이 생일(출생일)은 그대로 정한다. 다만 일진은 오늘 밤 11시부터 내일 새벽 1시까지를 자시(子時)로 정하는바 가령 5일 갑자(甲子) 오후 11시 30분에 탄생하였다면 오후 11시부터는 자시가 되므로 5일의 간지인 갑자일이 일주가 되는 것이 아니라, 다음날인 을축일이 일주가 되는 것이 원칙이나, 갑자일 오후 11시부터 12시까지는 갑자일 야자시(夜子時)가 되고 12시부터 1시까지는 을축일 명자시(明子時)로 삼는바 보편적으로 일주는 명자시의 일진을 일주로 삼는 것이다. 따라서 갑자일 0시부터 24시까지 갑자일로 정하고, 을축일은 0시부터 24시까지 쓰는 것이 정상적이다.

시주(時柱)를 정하는 법〔定時法〕

시주는 생일의 생시를 기준으로 삼아 시주(時柱)를 정한다. 이 생시법은 일간을 기준해서 자(子)시, 축(丑)시 등으로 간지를 정하는 것이다. 상편 제 2 장에 시간을 정하는 정시 조견표를 실었으니 참고하기 바란다.

사주를 정하는 예(例)

지금까지는 사주의 4기둥을 정하는 기초를 설명했다. 이제부터는 그 예를 들어 가며 설명해 보기로 한다.

① 정묘년(1987년) 음력 1월 10일 오전 9시 30분생

위의 생년은 정묘년이요, 생월은 임인월(壬寅月)이다. 그리고 만세

력과 정묘년의 책력을 보면 정월 10일의 일진(日辰)이 병술일(丙戌日)이다. 또 생시는 오전 9시 30분이면 사시(巳時)인데 병일(丙日)의 간(干)에 사(巳)시면 병신(丙辛) 야반생 무자(戊子)시 하니 무자(戊子)시에서부터 사(巳)시까지 꼽아 보면 기축(己丑), 경인(庚寅), 신묘(辛卯), 임진(壬辰), 계사(癸巳)시가 시주(時柱)로 된다. 따라서 사주는 다음과 같이 정해진다.

정묘(丁卯)가 연주(年柱), 임인(壬寅)이 월주(月柱), 병술(丙戌)이 일주(日柱), 계사(癸巳)가 시주(時柱)로 된다.

② 정묘년 1월 7일 오후 5시생

이 생년월일시는 만세력을 보면 정묘년 절기인 입춘절이 1월 7일(갑신)의 유(酉)시 초 2각 8분(오후 6시 38분)에 입절하였고 생시각은 오후 신(申)시로서 입춘절 이전이 되므로 연주, 월주가 모두 바뀌어 전해인 병인년 12월〔辛丑月〕이 된다. 그리고 생일은 정묘년 1월 7일인 갑신일이므로 일주는 갑신일 그대로 된다. 따라서 이 사주는 정묘년이 아닌 병인년이 연주가 되고 병인년 12월 월건인 신축월(辛丑月)이 월주가 되며, 갑신일이 일주가 된다.

그리고 갑일(甲日)의 신(申)시는 갑기(甲己) 야반생 갑자시하여 갑자시에서부터 시작하여 신(申)시까지 진행하면 임신(壬申)시가 된다. 따라서 사주는 연주(年柱)가 병인(丙寅), 월주(月柱)가 신축(辛丑), 일주(日柱)는 갑신(甲申), 시주(時柱)는 임신(壬申)시이다.

③ 을축년(1985년) 12월 26일생 오후 1시생

이 생년월일이 비록 을축년 12월생이나 다음해인 병인년의 절기인 입춘이 12월26일 오(午)시 초 3각 4분(12시 49분)에 들었고 생일 생시가 동일 입춘 절입이 지난 후이므로 역시 연주와 월주가 모두 바뀌어 다음해인 병인년(丙寅年) 임인월〔正月〕로 되며, 일진(日辰)은 12월 26일인 기묘(己卯)가 일주로 된다. 따라서 이 사주는 연주가 병인, 월주가 임인, 일주가 기묘로 되고 생시는 오후 1시인 미(未)시가 되어 갑기(甲

己) 야반생 갑자시하니 갑자시에서 시작하여 미(未)시까지 진행하면 신미(辛未)시가 된다. 고로 시주는 신미(辛未)시이다.

2. 대운을 정하는 법〔大運定法〕

대운(大運)의 기둥 세우는 법

　지금까지는 사주의 네 기둥을 세우는 법에 대하여 설명하였다. 사주의 네 기둥은 선천적으로 타고난 운명의 기국(器局)을 말함이다. 그리고 앞으로 설명하고자 하는 대운이란 것은 사주 네 기둥이 후천적으로 운행되는 길흉 노선을 말한다. 사람이 운이 좋다 나쁘다 하는 것은 이 대운의 노선을 말함이다. 예를 들어서 사주 네 기둥을 자동차에 비유한다면, 대운행지(大運行地)는 그 자동차가 다니는 길과 같은 것이다.

　대운의 기둥은 생월주를 기준으로 하여 세운다. 월주의 간지에서 시작하여 60갑자의 간지 순서대로 진행하여 보편적으로 월주에 이어서 다음으로 6개의 기둥을 세우는데, 이때에 사주의 연간지를 보아 남자의 연간이 양(陽)과 여자의 연간이 음(陰)인 경우는 월간지에서 이어 다음의 6갑(六甲) 간지순으로 진행하여 6개 간지까지 세운다. 이 같은 양남(陽男) 음녀(陰女)는 순행이라 하고, 이와 반대로 남자의 연간지가 음이고 여자의 연간지가 양인 경우는 월간지의 이전 간지에서부터 6갑(六甲)의 간지를 거꾸로 진행하여 세운다. 이 같은 음남 양녀는 역행(逆行)이라 한다. 사주로써 대운 세우는 법은 다음과 같다.

• **양남 음녀의 경우**(순행)
　年柱　戊寅
　月柱　甲寅
　日柱　甲申
　時柱　己巳
　대운기둥　을묘, 병진, 정사, 무오, 기미, 경신, 위와 같이 월주(月

柱) 갑인(甲寅)에 이어 다음의 간지인 을묘로부터 시작하여 병진
(丙辰) 등으로 6갑의 순서대로 진행한다.

• 음남 양녀의 경우(역행)

　　年柱　己卯

　　月柱　丙寅

　　日柱　丁酉

　　時柱　辛丑

　　대운 기둥　을축, 갑자, 계해, 임술, 신유, 경신, 위와 같이 월주
　　(月柱)의 전 지(支)부터 시작하여 6갑의 간지를 거꾸로 진행한다.

위에서 보는 바와 같이 양남 음녀는 순행하고, 음남 양녀는 역행하
는데, 역행시에 6갑을 거꾸로 진행하는 것이 불편하므로 이를 편리하
게 하는 방법은 월간이 극하는 간(干)을 대운 기둥의 끝 간지 자리에
세우고, 월지와 상충되는 지(支)를 끝 간(干)의 아래에 두어 간지를 구
성하되 월간이 양이면 양간을 극하는 자를 세우고 음간이면 음간을
극하는 자를 세우고 끝간지에서부터 6갑의 순서대로 첫 기둥을 향하
여 거꾸로 진행하면 되는데, 이 경우에 첫 간지가 월간지에 연결되어
야 한다. 만일 월간지와 6갑의 순서가 이루어지지 않으면 잘못 세운
것이다.

위의 예를 잘 살펴보면 쉽게 이해될 것이다.

대운 세수(歲數) 산출법(算出法)

대운의 기둥을 세운 다음에는 대운세수를 산출하여야 하는데, 세수
란 것은 그 대운 기둥이 몇 살부터 몇 살까지 작용하는가를 알아 내는
방법이다.

이 대운 세수를 산출하는 방법은 양남 음녀(순운)는 미래절(未來節)
이라 하여 생일에서 앞으로 다가오는 월(月) 입절을 말함이요, 음남
양녀(역운)는 과거절(過去節)이라 하여 생일에서 지난 월 입절까지를

말하는데, 세수를 산출하는 것은 과거절 미래절을 막론하고 생일에서 입절일까지의 날짜의 수를 계산하여 이 날짜수를 3으로 나누어 그 답을 쓰되, 3으로 나누고 나머지가 1이면 버리고 나머지가 2면 얻은 답에다 1을 가산한다. 예로서 생일에서 입절일까지의 일수가 24일간이라면 1을 뺀 다음 그 수를 3으로 나누면 37은 21로서 7의 답을 얻고 2가 남는다. 이 남은 2를 1로 간주하여 7의 답에 1을 더하면 8이 되니 8을 쓰게 된다. 생일에서 입절일까지를 계산할 때는 날짜 총수에서 1일을 빼야 한다. 즉 생일에서 입절일까지 계산한 날짜수가 10이라면, 1을 빼고 남은 9를 3으로 나누는 것이다.

이렇게 해서 얻은 답이 1이면 1,1운이라 하고, 2수면 2,2운이라 하는데 이것은 10수까지 얻어지며 10수는 순순(旬旬)운이라 한다.

이렇게 해서 얻은 수를 대운 기둥의 첫 기둥에서부터 붙여 나가면 그 숫자가 연령에 해당되는데, 몇 살에 어느 대운 기둥에 들어서 몇 살까지 작용하는가를 보는 것이다. 이 대운 기둥은 한 개의 기둥이 10년간씩 작용하는데, 그 작용력을 대운 기둥의 간과 지로 구분하여, 보편적으로 간에 5년간, 지에 5년간씩을 보나 대체로 간에서 2,3년간 강한 작용을 하고 지에서 7, 8년간 강한 작용을 하게 되며, 역시 간 작용을 모두 본다.

• 1939년(무인년) 1월 22일 오전 10시 30분생 남자의 경우

年柱 戊寅

月柱 甲寅

日柱 甲申

時柱 己巳

대운 기둥(순행)과 세수 을묘 4세, 병진 14세, 정사 24세, 무오 34세, 기미 44세, 경신 54세로서 4세에 을묘 대운 기둥에 들기 시작하여 13세까지 먹고, 14세에 병진 대운 기둥으로 갈아들어 10년간 지난 후에 정사 대운에 24세로 갈아 든다.

이 사주는 양남이므로 순운으로서 월주의 갑인에 이어서 을묘, 병

진, 정사 순으로 진행되고 대운 세수는 생일이 1월 22일이므로 22일부터 다음달인 입절의 경칩일(2月)까지는 일수가 14일간이다. 양남 음녀는 미래절을 쓰므로 생월의 다음날인 2월절 경칩일까지를 계산하게 된다. 따라서 생일에서 경칩일까지의 날짜수가 14일간인데 14일에서 1일을 빼고 13일간을 3으로 나누면 얻은 답이 4가 되고 남은 1은 버린다 (1捨2入法). 그러므로 세수는 4가 되어 4세부터 첫 대운 기둥에 들기 시작한다. 4세 전인 1, 2, 3세까지는 월주운이 적용된다.

그런데 일간수를 3으로 나누는 원리는 1년이 12개월이니 3개월씩으로 나누면 4계절이 되므로 월주의 기운이 10년간씩 변해 나감을 뜻한다. 그리고 일수를 3으로 나눈 나머지 1은 엄밀히 따지면 4개월이 먹는 셈이다.

음남 양녀의 역운은 위의 계산법으로 진행하되 과거절을 쓰므로, 생일에서 지나간 달의 절입일까지 계산하면 된다.

대운과 년운(年運) 및 월운(月運)

지금까지 사주 네 기둥의 팔(八)자와 대운 정하는 법을 논했다.

사람의 부귀 빈천은 사주 팔자에 있으나 그 운이 언제 오느냐 하는 것은 대운과 연운에 있는 것이다. 즉 사주팔자 자체는 크게 부귀할 격국일지라도 대운이 불길하면 평범하게 지내게 되며, 길한 운이 들면 대길하나, 사주의 기국이 적어도 대운이 길하면 그 기국에 따라 성공을 하게 되는 것이다. 따라서 운명은 대운의 행운과 연운을 잘 만나야 성공하게 되는 것이다.

대운은 10년간씩 간지의 역할을 하는 데 비해 연운은 그 일년간을 작용한다.

대운이 좋아도 연운이 불길하면 그 해에 소흉이 있게 되고, 대운이 불길하더라도 연운이 길하면 흉중에도 그 해만은 소길하게 된다. 연운법은 매년의 연간지로 보며, 월운(月運)은 그달의 운을 월간지로 보는바, 연월운 모두는 사주원국(四柱元局)에 대조하여 주로 일주(日柱)의 일간과 어떤 작용을 하는가의 길흉작용을 보는 것이다. 사주의 길흉은 앞으로 다시 자세히 설명하기로 하겠다.

3. 육신(六神)과 육친(六親)의 응용법

　육신(六神：十星)과 육친(六親)의 표출법은 상편 제 2 장에서 논했으니 참고하기 바란다.

육신의 응용(작용)

　일간을 기준으로 하여 간지에서 표출한 육신은 인수, 편인, 식신, 상관, 정관, 편관, 정재, 편재, 비견, 접재 등의 10성(十星)을 말한다. 이 10성은 사주의 유형(類形)과 운성(대운, 연운, 월운)을 분류하는 데 응용하는 것이니 이로써 격국에까지 응용되는 것이다.

① 인수(印綬：正印)의 작용 : 일간을 생해 주는 작용으로서 일간의 힘이 약할 때는 그 힘을 왕하게 하는 작용을 하며, 정당한 산업 또는 학문의 작용을 한다. 인수격자는 인품이 온후하고 성실한 성격을 발휘한다. 그러나 식상을 극한다.

② 편인(偏印：徒食)의 작용 : 일간을 생하며 도와 주나 여(女)를 극하며, 식상을 극한다.

③ 식신(食神)의 작용 : 일간의 기운을 설기(洩氣)시켜 주나, 재를 생해 주며 식록(食祿), 수명(壽命), 자손, 부하 등의 복록을 암시한다.

④ 상관(傷官)의 작용 : 일간의 힘을 설기시켜 소모시키며 재를 도우나 재물을 물러가게 하고 관록을 극한다.

⑤ 정관(正官)의 작용 : 일간을 극하고 인수를 생하며, 벼슬(녹마：祿馬), 영화[榮神] 등의 운성을 작용한다. 그러나 부모를 극한다. 인품이 군자적(君子的)이다.

⑥ 편관(偏官)의 작용 : 편관을 칠살(七殺) 또는 관귀(官鬼)라고도 하며 주로 무관(武官), 법관의 작용을 한다. 인수를 생하고 비견, 접재를 견제한다.

⑦ 정재(正財)의 작용 : 일간의 힘이 빠지며, 재물 관계는 합신(合神)

하나 모친을 극한다.

⑧ 편재(偏財)의 작용 : 일간의 힘이 빠지며, 편인을 극하고 자손을 극한다.

⑨ 비견(比肩)의 작용 : 일간의 힘을 도와 주나 재를 극하며, 부(父)를 극한다.

⑩ 겁재(劫財)의 작용 : 일간의 힘을 도와 주나 재물을 극하여 패하게 하고, 부(父)와 처를 극한다.

이상의 10성(星)에서 인수, 정관, 정재, 식신을 길신(吉神)이라 하고, 편관, 편인, 편재, 상관을 흉신(凶神)이라 한다.

이 육신〔十星〕을 사주의 격으로 분류할 때는 인수격, 편인격, 식신격, 상관격, 정관격, 편관격, 정재격, 편재격 등으로 분류하는바 이것을 8정격(正格)이라 한다. 그리고 비견, 겁재는 격에 들지 않는다.

이 격을 정하는 법은 격국론에서 다시 논하기로 한다.

육친(六親)의 분류(分類)

육친의 분류는 상편 제 2 장에서 세밀히 설명한 바와 같이 대인관계를 보는 것으로 부모, 형제, 처, 남편, 자손 등의 가정관계와 벼슬, 재물 등을 보는 것이다.

그리고 이 육친의 위치를 사주 네 기둥에서 정하니 다음과 같다.

사주 각주(各柱)의 구획(區畫)

① 연주(年柱) : 이 연주가 표시하는 운명의 작용은 초년 또는 평생을 통한 운명이며, 60세까지를 인생의 주기로 볼 때에 60세를 네 기둥으로 나누면 생후인 유아시대부터 15세까지의 기준으로서 유년, 소년 시절에 해당된다.

그리고 대인관계로는 부모, 조상의 부위로 보는데, 연간을 조부, 부친 등의 위치로 보고, 연지를 조모, 모친 위치로 본다. 따라서 연주는 나의 뿌리가 되는 것이므로 근(根)이라 한다.

② 월주(月柱) : 월주는 주로 성년기 이후의 운명을 작용하는바, 15세

이후 30세 정도의 기준으로 본다.

대인관계로는 대개 형제궁으로 보나, 때에 따라서는 부모궁과 형제궁으로 겸해 보며 부모, 형제가 같이 사는 주택궁으로도 보고, 월간을 형제 또는 부친의 위치로 보며, 월지를 형제의 처의 위치, 또는 모친의 위치로도 본다. 따라서 월주를 싹〔苗〕이라 한다.

③ 일주(日柱) : 일간은 자기〔己身〕요, 일지는 처 또는 남편 위치로 보며, 자기의 주택궁으로 본다. 연령으로 장년기로서 30세 이후 45세 정도의 기준으로 본다. 따라서 일주를 꽃〔花〕이라고 한다.

④ 시주(時柱) : 주로 말년기(末年期)로 보며 45세 이후 말년까지의 운기가 조성된다. 대인관계로는 자손궁이며 시간(時干)은 자식, 시지(時支)는 자부(子婦) 또는 손자의 자리까지 겸해 본다. 따라서 시주(時柱)를 열매〔實〕라 한다.

위와 같은 구획은 육친의 위치일 뿐이고 육친의 길흉 여하는 그 육친성이 표시하는 관계 여하에 따라 판단한다.

4. 신살 붙이는 법

신살(神殺)이란 상편 제2장에서 논한 바와 같이 천을귀인(天乙貴人), 건록, 역마 등을 말하니, 사주의 각처에 길신이나 흉살이 붙게 되면 그 해당되는 부분에 길과 흉이 있게 된다. 이 신살법에는 백여 종이 있으나 여기에서는 중요한 것만 추려서 앞에서 논하지 않은 것을 몇 가지만 첨가하고 신살 붙이는 법을 제시하기로 한다.

12 운성(運性)

이 12운성은 육신과 육친궁에 붙여서 그 부분의 왕쇠 여하를 보는 것인데 이 원리는 포태법(胞胎法)이라고 하는 것으로서 사람이 출생할 때부터 죽을 때까지 과정의 이치를 비유해서 천리순환(天理順還)의 이치를 논한 것이다. 즉 사람이 어머니 뱃속에 생겨나서부터 죽어서 무덤에 들어갈 때까지, 즉 만물이 생장성쇠하는 천리의 이치를 순서적으로 말한 것이다. 그 순서는 다음과 같다.

① 포(胞) : 절(絶)이라고도 하며, 부모의 음양 교배 단계를 뜻한다.

② 태(胎) : 부모의 음양 교배로 인해 어머니 뱃속에 잉태됨을 뜻한다.

③ 양(養) : 어머니 뱃속에서 자라나는 과정을 뜻한다.

④ 생(生) : 어머니 뱃속에서 비로소 광명천지에 출생함을 뜻한다(이를 長生이라고도 한다).

⑤ 욕(浴) : 목욕(沐浴)이라고 하는 것인데 출생한 아기를 목욕시키는 과정을 말한다. 이 목욕을 일명 욕살(浴殺)이라고 하며 패살(敗殺)이라고도 한다.

⑥ 대(帶) : 관대(冠帶)라고 하는 것인데 사람이 자라서 옛날엔 20세가 되면 띠를 두루고 관을 썼다. 즉 성인(成人)식을 하는 과정이다.

⑦ 관(官) : 임관(臨官)이라하는데, 청장년(20세 이후 30세까지)에 이르면, 벼슬하는 과정을 뜻한다.

⑧ 왕(旺) : 제왕(帝旺)이라 하여 장년시대(40代)의 가장 원기가 왕성한 단계를 말한다.

⑨ 쇠(衰) : 50세 이후 60대에 접어든 단계로서 늙어서 기운이 쇠약해짐을 말한다.

⑩ 병(病) : 늙어서 병드는 과정을 말한다.

12운성 조견표

日干 \ 운성	장생	목욕	관대	임관	제왕	쇠	병	사	장	절	태	양
甲	亥	子	丑	寅	卯	辰	巳	午	未	申	酉	戌
乙	午	巳	辰	卯	寅	丑	子	亥	戌	酉	申	未
丙戊	寅	卯	辰	巳	午	未	申	酉	戌	亥	子	丑
丁己	酉	申	未	午	巳	辰	卯	寅	丑	子	亥	戌
庚	巳	午	未	申	酉	戌	亥	子	丑	寅	卯	辰
辛	子	亥	戌	酉	申	未	午	巳	辰	卯	寅	丑
壬	申	酉	戌	亥	子	丑	寅	卯	辰	巳	午	未
癸	卯	寅	丑	子	亥	戌	酉	申	未	午	巳	辰

⑪ 사(死) : 병들어 죽는 단계를 뜻한다.

⑫ 장(葬) : 묘(墓)라고도 하는데 죽으면 장사 지내어 무덤에 들어가는 단계를 말한다.

이 12운성법은 사주에 필요하며 기타 육효(六爻 : 易卦象) 등에 응용하는 것으로써 이를 표출하는 법은 다음과 같다(일간을 기준하여 각 지에 적용한다).

이 12운성을 사주에 붙이는 법은 다음과 같다.

<table>
<tr><td>①</td><td>年柱－辛酉－死</td><td>②</td><td>年柱－己卯－沐浴</td></tr>
<tr><td></td><td>月柱－壬辰－冠帶</td><td></td><td>月柱－丙子－胎</td></tr>
<tr><td></td><td>日柱－丙寅－長生</td><td></td><td>日柱－丙子－胎</td></tr>
<tr><td></td><td>時柱－壬辰－冠帶</td><td></td><td>時柱－丁酉－死</td></tr>
</table>

위의 ①에는 일간병(日干丙)에서 유(酉)가 사궁이고, 진(辰)은 관대, 인(寅)은 장생되는바, 사(死)는 흉하고 관대는 길하며 인장생(寅長生)은 대길하다. 이 12성이 붙는 육신과 육친에 해당되는 곳은 길과 흉의 작용을 받게 된다.

그리고 12운성 중에서 임관(臨官)은 녹(祿)이라고도 한다.

위의 ①에서 유(酉)가 사(死)궁이니 병(丙)에서 유(酉)는 재성(財星)인데 재(財)는 처성과 재물을 뜻하는바 처궁이 흉함을 나타내며, 인(寅)은 병(丙)에 장생(長生)되니 기신(己身)인 병(丙)이 장생지에 앉았으므로 무병 장수하는 길상을 나타낸다.

10악대패살(十惡大敗殺)

이 10악대패살은 일주(日柱)를 기준하는바, 남녀간에 이 살의 일주를 가진 자는 재물과 부부간에 크게 실패하는 작용을 받게 된다. 10악대패살은 다음과 같이 10종이 있다. ①을사(乙巳), ②기축(己丑), ③경진(庚辰), ④신사(辛巳), ⑤갑진(甲辰), ⑥병신(丙申), ⑦정해(丁亥), ⑧무술(戊戌), ⑨임신(壬申), ⑩계해(癸亥) 등인데, 이것은 일주가 녹의 공망(空亡)되는 것으로써 6갑 10개 순중(旬中)에 일주가 들어 있어서 그 녹이 공망되는 자이다. 예로서 을사(乙巳)는 6갑(六甲) 순중(旬中)에서 갑진(甲辰) 순중에 들어 있고 '갑진' 순중에는 '인묘'가 공인데 '을'의 녹(祿)이 '묘'로써 공망이 된 것이다. 따라서 '을'의 '녹'이 공된 자가 대패살이 된다.

백호살(白虎殺)

이 백호살은 혈광지신(血光之神)이라 하여 피를 보는 살이므로 이 살에 해당되는 부서는 흉을 당하게 되니, 돌발적인 사고, 또는 대인관계(6친)에 해당되는 자가 흉을 당하게 된다.

백호살(白虎殺)은 갑진(甲辰), 갑술(甲戌), 을미(乙未), 병술(丙戌), 정미(丁未), 정축(丁丑), 무진(戊辰), 임술(壬戌), 계축(癸丑) 등 9종이 있다.

특히 정미(丁未) 백호와 계축(癸丑) 백호가 일주인 여성은 남편이 사고로 죽거나 큰 사고를 당하게 되며 혹은 부부가 이별하게 된다. '정미'는 남녀간의 부부운이 불길하다. 이 백호살은 주로 일주를 보나 때에 따라서는 연주, 월주, 시주 등을 보아 연주에 백호살이 있으면 부모, 조상 중에 흉함이 있게 된다.

음양차착살(陰陽差錯殺)

이 음양차착살은 주로 일주를 보는바, 이 살의 일주를 가진 자는 부부궁이 불리하여 남녀간에 이별하기 쉽고, 특히 여자의 일주가 이 살이 되면 과부가 많고 또 남편을 망친다.

병자(丙子), 정축(丁丑), 무인(戊寅), 신묘(辛卯), 임진(壬辰), 계사(癸巳), 갑인(甲寅), 병오(丙午), 정미(丁未), 무오(戊午), 무신(戊申), 신유(辛酉), 임술(壬戌), 계해(癸亥) 등이다.

삼재살(三災殺)

이 삼재살은 연지의 신(申), 자(子), 진(辰)생은 인(寅)년에 들어 묘

(卯)년에 묵고 진년에 나가는 등의 3년간이다. 이 살이 들게 되면 이 기간 중에는 한두 해는 일이 제대로 되지 않고 실패하기 쉽다. 삼재살은 다음과 같다.
① 사(巳), 유(酉), 축(丑)생은 해(亥), 자(子), 축(丑)년간이 삼재이다.
② 해(亥), 묘(卯), 미(未)생은 사(巳), 오(午), 미(未)년간이 삼재이다.
③ 인(寅), 오(午), 술(戌)생은 신(辛), 유(酉), 술(戌)의 3년간이다.

고란과고살(孤鸞寡鵠殺)

갑인(甲寅), 을사(乙巳), 병오(丙午), 정사(丁巳), 무오(戊午), 신해(辛亥), 임자(壬子) 등의 일주인데 이 살이 있으면 여자는 과부가 되는 수가 많다.

망신살(亡身殺)

연지(年支)의 신(申), 자(子), 진(辰)생에 해(亥)가 망신살이요, 인(寅), 오(午), 술(戌)생에 사(巳)가 망신살이요, 사(巳), 유(酉), 축(丑)생에 신(申)이 망신살이요, 해(亥), 묘(卯), 미(未)생에 인(寅)이 망신살이다. 이 살이 붙는 해에 패가망신, 또는 부부 외의 남녀관계에 흉한 작용이 있게 된다.

천을귀인(天乙貴人)과 녹, 역마, 도화, 화개살을 붙이는 방법

年柱-辛卯-도화살(支卯가 도화살)
月柱-甲午-건록(月支午가 도화살)
日柱-丁亥-천을귀인(巳에서 亥가 역마살)
時柱-乙巳-亥에서 巳가 역마

年柱-乙未-화개(年支未가 화개)
月柱-癸酉-천을(丁에서 酉가 天乙)
日柱-丁巳-亥에서 巳가 역마
時柱-辛亥-천을(丁에서 亥가 天乙)

제2장 사주(四柱)를 푸는 요령

1. 용신법(用神法)

사주에 있어서 용신이란 사주에서 필요로 하는 것을 말한다. 사주를 푸는 데는 용신과 격국이 가장 중요한 부문이다. 용신과 격국을 모르고서는 사주의 운명작용을 풀 수 없다.

사주는 오행의 조화 여하에 따라 길과 흉이 작용하는 것이므로 오행이 부족해도 아니 되고 너무 많아도 안 되는 것이다. 따라서 오행의 조화가 잘 이루어지면 길운을 초래하게 되고, 부조화하게 되면 흉운의 운명을 당하게 된다.

따라서 여기에 논하는 용신과 격국은 그 조화 여부를 분석하는 열쇠가 되는 것이다.

그러면 용신이란 어떠한 것인가를 알아보기로 한다.

사주는 일간이 중심이니 이 일간이 너무 강해도 못쓰고 너무 약해도 못쓰며, 일간이 약하면 이를 도와 주는 자가 용신이요, 너무 강하면 기운을 유출시켜 주는 자가 용신이다. 또한 제극해서 조화시켜 주는 자가 용신이다. 또한 사주가 너무 냉습(冷濕)하면 이를 덥게 해주는 자가 용신이요, 너무 건조하면 이를 습(濕)하게 해주는 자가 용신이다.

이 용신법은 그 사주의 유형에 따라 다르게 되니 일률적으로 언급하기는 어려운 것이다. 그러면 용신 찾는 법을 살펴보기로 하자.

신약(身弱)과 신강(身强)에 용신

이 신약이란 일간(日柱라고도 함)의 오행이 쇠약한 것을 말한다. 이를 신약사주라 한다.

　사주가 신약하면 빈천, 병약, 단명 등의 흉운을 당하게 되며, 만일 일주(日主)가 너무 강왕하면 신강이라 하여 파산, 쟁투, 극처자하게 된다.

　그렇다면 신약, 신강은 어떻게 분별해야 할까? 그것을 분별하는 방법은 다음과 같다.

- 출생한 생월(月令이라고도 함)이 일주(日柱)의 오행이 왕한 계절인가 또는 쇠약해지는 달인가를 살핀다.

　가령 일주가 '갑목'이면 오행의 왕쇠법에 의하여 정2월은 '목'왕절이므로 왕하고 또는 해자(亥子)의 '수'왕절에는 수생목(水生木)하여 기운이 있게 되어 왕하다. 그러나 여름과 가을에는 '목'이 기운을 빼앗기므로 쇠약해진다.

- 일주(日柱)의 오행을 사주 네 기둥 중에서 다른 오행이 생조해 주는 자가 많으면 신왕이 되고, 유출시켜 주는 자가 많으면 신약이다. 이때는 월령에서 왕하더라도 약해진다.

- 일간(日干)이 장생, 녹, 제왕, 양인(羊刃), 비견, 겁재 등이 있게 되면 득기(得氣)하여 왕해지고 12운성에 병, 사, 절, 묘 등을 만나면 실기(失氣)하여 약해진다.

- 일간이 지장간 속에 오행의 동기를 만나면 통근(通根)하였다 하여 강해진다.

- 일주(日柱)를 생조하는 자가 있을 때에 생조자의 힘이 간(干)과 지(支)에 따라 다르게 되는 것인데, 간은 지의 3분의 1의 힘이 있고 지는 3배의 힘이 있다. 따라서 간 셋의 힘과 지 하나의 힘이 같다. 그러므로 생조자의 힘을 살펴야 한다.

　위와 같은 방법으로 신약, 신강을 분별해야 한다. 예를 들어 설명하면 다음과 같다.

　예 ① 年柱-甲子, 月柱-乙亥, 日柱-己卯, 時柱-乙亥

　이 사주는 '수'가 왕하는 월령의 기토일주(己土日主)이고, 간(干)과 지(支)에 득기한 4개의 '목'이 일주를 극하고 지의 '묘'는 해묘(亥卯)의 3합하여 다시 '목'으로 변하여 일주를 공격하고 있다. 지의 3'수'

가 역시 일주의 기운을 빼앗고 있으므로 일주를 극해하는 자가 많아 신약이 된다.

따라서 이 사주의 용신은 '화토'가 용신이다. '화'로서 기토(己土)를 생해 줄 뿐만 아니라 12월의 한토(寒土)를 온화하게 하여 조후(調侯)가 되고 왕한 '목'의 기운을 유설시키기 때문이다. 그리고 '토'는 '기토'와 동기(同氣)로서 '토'의 힘을 도와 주고 해자수(亥子水)를 막기 때문에 '토'는 희신(喜神)이 된다. 따라서 이 사주는 화토(火土) 대운에 발한다.

예 ② 年柱—丁卯, 月柱—丙午, 日柱—庚午, 時柱—辛巳

이 사주는 일주 경금(庚金)이 오월(五月)의 '화'왕절에 쇠약한데 다시 지에 두 개의 오(午)와 사화(巳火)가 왕하고 간에 병정(丙丁) 2 '화'가 투출되어 있으며, '화'는 묘목(卯木)의 힘을 받아 더욱 강해졌다. 이 강한 '화'가 '경금'을 녹이고 있으며, '경금'은 뿌리가 없다. 다만 시간(時干)에 1점의 신금(辛金)이 '묘목'을 누르고 왕성한 '화'기를 유설시켜야 하는데 이 '신금'은 '간'의 병화(丙火)와 야합하여 '수'로 변하면서 오히려 '금'의 기운을 유설시키고 있다. 따라서 '경금'은 극히 쇠약하여 신약이 태약하다.

이 사주는'토금'이 요신이다. '토'가 '금'을 생할 뿐만 아니라 '화'의 기운을 유설시켜 '화'의 기운을 빼기 때문이다.

따라서 이 사주는 '토금'운을 만나야 발한다.

예 ③ 年柱—戊申, 月柱—辛酉, 日柱—乙丑, 時柱—辛巳

이 사주의 일주 '을목'은 지의 '신유금'과 사유축(巳酉丑)도 합'금'하고, 간에 2개의 '신금'은 무토(戊土)의 생조를 받아 더욱 강하다. 이같이 왕한'금'이 '을목'을 공격하고 있으니 뿌리가 없는 '을목'은 태약하다. 따라서 용신은 '수목'이다. '수목'운이 와야 발한다.

예 ④ 年柱—甲子, 月柱—丁卯, 日柱—甲子, 時柱—甲子

이 사주는 갑목(甲木)이 2월의 월령을 쥐고 통군하였으며 묘목(卯木)이 양인이다. 더욱이 지에 3개의 자수(子水)가 생조하고 있으며, 간에 2갑(甲)이 또한 도와 주고 있다. 따라서 갑목(甲木)은 태왕하다. 고로

태왕한 '갑목'의 기운을 설기시켜 주는 '화'가 용신이다. '토'는 희신
이 된다. 따라서 '화토'운에 대발한다.
　예 ⑤　年柱－癸未, 月柱－甲寅, 日柱－乙亥, 時柱－己卯
　이 사주는 인월(寅月) '목'왕절에 을목(乙木)은 월령에 뿌리하고 지
에 해수(亥水)가 생하며 해묘미(亥卯未) 3합 '목'국하여 태왕하다. 다
행히 시간(時干) 기토(己土)가 왕한 '목'기를 유설시킬 뿐이다. 이 사
주는 강약관계로 볼 때에는 신왕인데, 이 사주의 격으로 볼 때에는 곡
직인수(曲直仁壽)격이 되니 용신은 '수목'이 된다. 이 격에 대해서는
격국론에서 다시 설명하기로 한다.

용신(用神)의 분류(分類)

　용신의 분류는 다양하나, 위에서 설명한 대로 일주(日主)를 생조해
주는 육신이 많아서 일주가 태왕해지면 이 기운을 제극(制剋) 또는 누
출(漏出)시키고 일주가 약하면 일주를 생조해 주는 육신이 용신이다.
　예를 들어 설명하면 다음과 같다.
　예 ①　年柱－丁卯, 月柱－丙午, 日柱－庚午, 時柱－己卯
　이 사주는 5월 '화'왕한 월령에 출생한 경금(庚金)이다. '경금'이 쇠
약한 계절에 쇠약한데, 또 간지에 왕기를 띤 병정오화(丙丁午火)가 '경
금'을 공격하고 있어서 더욱 신약해졌다. 그러나 다행히도 시간(時干)
의 1점 기토(己土)와 오화(午火)의 지장강에 정기(丁己)가 아울러 토출
하고 있어서 시간(時干)의 기토(己土)와 합세하여 왕성한 '화'를 유설
시킴으로써 경금(庚金)을 돕고 있다. 따라서 기토(己土)가 용신이 되는
것이다.
　예 ②　年柱－丙子, 月柱－壬辰, 日柱－壬申, 時柱－乙巳
　이 사주는 연지의 자수(子水)와 월간 임수(壬水)의 동기가 있고 일지
(日支) 신금(申金)이 일주를 직접 생하며 지(支)에 신자진(申子辰) 3합
하여 '수'국을 이루어 일주가 태왕하다. 따라서 이 일주의 기운을 유
설시키는 것이 용신이 된다. 즉 '화목'이 있어야 하는데 시주에 '을
목'과 '사화'가 있어서 일주의 기운을 유출시키고 있다. 그러므로 '을

목’ ‘사화’가 용신이 되는 것이다.

　이상과 같이 약한 것을 도와 주고 강한 것을 유설시키거나 제극해 주는 육신이 용신이 된다.

　위와 같은 법을 억부법이라 한다.

전왕(專旺) 사주의 용신

　전왕이란 사주의 육신 오행이 전부 또는 대부분이 한 오행으로 편중되어 그 세력이 서로 대왕해서 억제할 수 없을 때는 그 세력에 따르는 육신이 용신이 된다. 이런 것은 종격(從格：外格), 화격(化格) 등에 속하는 것이다.

　그 예를 들어 보면 다음과 같다.

　예　年柱-癸卯, 月柱-乙卯, 日柱-甲寅, 時柱-乙亥

　이 사주는 ‘목’과 ‘수’의 2색으로 이루어져서 그 세력을 꺾을 육신이 없다. 이런 종류를 전왕이라 한다. 이런 사주는 그 세력에 따르는 ‘목수’의 대운을 만나야 길해진다. 그러므로 이 사주는 ‘수목’이 용신이다.

조후(調侯) 사주의 용신

　사주에도 조후(調侯) 관계를 논하는 것이 있다. 즉 오행이 한(寒)·냉(冷)·온(溫) 또는 서(暑)·조(燥)한 오행으로 사주팔자가 이루어진 것이 있다. 이것을 조후 사주라고 하는데 이런 조후 사주는 냉습(冷濕)한 사주면 이를 따뜻하게 하는 오행의 ‘화목’이 용신이 되고, 건조(마른것)한 사주는 한습한 오행의 ‘수금’이 용신이 된다. 따라서 그러한 대운을 만나야 길하게 되는 것이다. 이런 사주의 예를 들어 보면 다음과 같다.

　예 ①　年柱-辛丑, 月柱-辛丑, 日柱-癸丑, 時柱-癸丑

　이 사주는 12월에 냉(冷)한 신금(辛金)과, 계수축토(癸水丑土)의 습토 8자로 이루어졌다. 따라서 이런 종류를 냉습 사주라 한다. 이런 사주는 한습한 기를 온난(溫煖)하게 하는 ‘화목’이 용신이 된다. 그러므로 동남방(東南方)의 목화(木火) 대운을 만나야 대길해진다.

　예 ②　年柱―辛丑, 月柱―辛丑, 日柱―壬寅, 時柱―辛丑

　이 사주 또한 냉금인 신금(辛金)과 습토인 축토(丑土)로 이루어졌다. 따라서 이 사주는 냉습하다. 그러나 일주(日柱)에 1점의 '인목'이 있어서 봄기운을 약간 띠고 있다. 따라서 용신은 '인목'이다. 역시 동남방의 '화목' 대운을 만나야 대길해진다.

　예 ③　年柱―丁巳, 月柱―丙午, 日柱―己未, 時柱―丙午

　이 사주는 5월에 병정사오(丙丁巳午)로 둘러싸인 기미토(己未土)로서 심히 건조하다. 이런 것을 건조 사주라 한다. 따라서 이런 종류의 사주는 '수금토'가 용신이 된다. 따라서 서북방 대운을 만나야 대길해지는 것이다.

병약(病藥) 사주

　병약이란 사주의 일주를 생조해 주는 육신을 극해하는 육신이 있게 되면 이것이 사주의 병이다. 따라서 생조해 주는 육신을 파극하는 자가 있을 때 다시 다른 육신이 이를 억제할 때 그 육신이 용신이 된다. 이런 유형의 사주를 병약 사주라 한다.

　예　年柱―戊午, 月柱―壬戌, 日柱―己巳, 時柱―甲申

　이 사주는 을일(乙日)이 신약한데 월간의 임수(壬水)가 을목(乙木)을 생조해 주려고 하나 연간 무토(戊土)가 '임수'를 극하고 있다. 이 '무토'가 병이다. 그런데 다행히 시간 갑목(時干甲木)이 '무토'를 극해 주므로 이것이 약(藥)이다. 따라서 이 사주는 '수목'운을 만나야 길해진다. 이런 종류를 병약 사주라 한다.

통관(通關) 사주

　통관이란 사주의 육신이 양대세력(兩大勢力)을 이루어서 그 세력이 같을 때에 그 양대세력을 중간에서 소통(疎通)시키는 육신이 용신이 된다. 가령 양대 세력 중에 관살이 왕하고 일주가 약간 약할 때, '인수'가 있어서 관살의 기운을 유출시키면 일주(日柱)를 생조해 주는 것

200

인데 이런 때에 '인수'가 용신이 된다. 또한 일주가 강하고 재성이 가벼울 때에 식상으로 통관시켜야 하므로 식상이 용신이 된다. 이런 종류의 사주를 통관 사주라고 한다. 다음은 그 예이다.

　예　年柱－己未,　月柱－丁卯,　日柱－丁巳,　時柱－庚子

　이 사주는 월령에 '인수'가 있고, '재'가 투출되어 있으며, '인수'와 '재'가 교차(交叉)되어 있다. 따라서 양대 세력이 비등한데, 여기에 필요한 육신은 자수(子水) 관살이다. 이 관살이 '재'와 '인수'의 양자 사이에 있어서 '금'생'수' '수'생'목'하여 두 기운을 소통 연결시켜 일주를 생조하며 비겁을 누르고 있다. 따라서 이 사주는 '자수'관살이 용신이 되는 것이다. 이 사주의 대운이 자계해임(子癸亥壬)의 20년간 이므로 주인공은 20년간 행운을 누리게 된다.

원류(源流)

　원류란 사주의 오행이 서로 상생하며 그 상생함이 쉬지 않는, 즉 생화불식(生化不息)하여 오행이 주류무체(周流無滯 : 막히지 않음)한 것을 말한다. 사주는 이렇게 막힘이 없어야 길하다. 원류란 이와 같이 물 흘러가듯 오행이 서로 막힘이 없는 것을 말하는데, 이런 사주는 평생에 수복이 무궁하다. 다음은 그 같은 사주의 예이다.

　예　年柱－甲子,　月柱－丙寅,　日柱－己丑,　時柱－甲子

　이 사주는 옛날 청국(淸國)의 재상(宰相) 유용(劉鏞)의 사주이다. 이 사주의 간지를 보면 '수'생'목', '목'생'화', '화'생'토'로 상생되어서 막힘이 없이 순탄하게 흐르고 있다. 이 사주의 일지 축(丑)은 '금수'를 간직하고 있으므로 '금'생'수', '수'생'목'으로 되기 때문에 원류는 어디나 막힘이 없다. 또한 대운도 '수'생'목'하여 왔다 가면 다시 동남(東南) 목화지(木火地)를 얻으며, '금'생'수', '수'생'목'하여 대길한 사주가 된다. 따라서 일생을 태평재상으로 지낸 사주이다.

　이 사주는 관(官)이 용신이다.

　이와 같이 사주를 푸는 데 있어서는 용신이 가장 중한 것이므로 용신이란 무엇이며, 용신을 찾는 요령 등을 잘 익혀 두어야 한다.

2. 형상 격국론(格局論)

앞에서는 용신 찾는 법을 대략 설명하였다. 용신법은 앞으로 사주를 간명해 나가면서 계속 논하게 된다. 그것은 용신이 사주의 형상에 따라 각각 다르므로 용신법이 일정하지 않기 때문이다.

여기에서 논할 것은 사주의 형상 격국이다. 격국 또한 여러 형태로 나누어져 있는데 이것은 사주 중 오행의 태과불급을 따지지 아니하고 단지 월지(月支)를 중심으로 해서 가장 그 기세가 왕한 오행에 따라 분류한 것이다. 따라서 사주를 간명하기 위해 그 유형을 분류하여 명명한 것이다. 격의 분류 방법은 다음과 같다.

정팔격(正八格)

① 월지(月支)의 정기(正氣 : 支장干의 정기를 말함)가 천간(天干)에 나타나 있으면 그것이 표시하는 육신에 의한다.

② 월지(月支)가 천간에 나타나 있지 아니할 때 여기(餘氣 : 支장干의 여기)나 중기(中氣 : 支장干의 중기)가 나타나 있으면, 그것에 의한다.

이와 같이 월지의 지장간이 천간에 나타나 있지 아니하거나, 또는 나타나 있더라도 다른 육신에 의하여 파극되어 소용이 없게 되면 월지의 정기가 표시하는 육신을 기준으로 한다.

이러한 방법으로 분류되어 있는 것을 정팔격이라 하는데 정팔격(正八格)에는 정재격, 편재격, 인수격, 편인격, 식신격, 상관격, 정관격, 편관격 등의 8종류가 있다.

이 정팔격 외의 것은 외격(外格)이라 하는데, 이 외격에 속하는 사주는 월지(月枝)의 여하를 막론하고 그 세력에 따른다.

그러면 각 형상의 격국에 대해 알아보기로 한다.

정관격(正官格)

관성은 월령이나 천간에 노출되고 형충(刑冲)되지 않아야 한다. 관성은 형충을 꺼리기 때문이다. 그리고 정관이 강해야 하며, 만일 정관이 많으면 7살이 된다. 정관은 오직 하나만 있어야 진격(眞格)이다. 만일 7살이 월령이나 천간에 노출되어 있으면 진격이 아니다. 정관은 월령에 있음을 원칙으로 한다. 이에 시상(時上)에 재가 겸해 있으면 대귀격이다. 그러나 관성만 왕하면 신약이 되니 인수를 만나야 일주(日主)를 생조하고, 관을 인수로 변화시킴으로써 길하다. 만일 정관이 강하고 신약하면 정관이 살로 변한다. 그리고 정관은 충파와 상관을 꺼린다. 또한 편관 7살이 있으면 관살이 혼잡되어 역시 꺼린다. 대운도 역시 동일하다.

예 ① 年柱－乙未, 月柱－乙酉, 日柱－甲子, 時柱－丙寅

이 사주는 갑일주(甲日柱)가 8월에 생하니 정관성인 신금(辛金)절이므로 정관격이요, 비견·겁재가 거듭 있고, 시지(時支) 인(寅)이 녹(祿)이 되며, 자수(子水)가 관기를 수(水)화하여 일주(日柱) 갑목(甲木)을 생조하므로 정관을 쓴다. 묘(卯)자가 없거나 충파되지 아니하고, 정화(丁火)가 관성을 상하지 않으므로 진격이요, 신사(辛巳), 경진(庚辰)의 재관 운에 대발하는데, 사(巳)운은 사유(巳酉)가 합하여 금(金)국을 이루고 진(辰)운은 습토(濕土)가 병화(丙火)를 흐리게 하고 유금(酉金)을 도와주므로 25년간의 대귀를 누리게 된다. 그러나 '묘'운은 '유'관을 충하고 묘미목(卯未木)국을 지어 '병인'의 흉신을 생왕케 하니 흉해진다.

또 가을 중추(仲秋)의 노목(老木)이 목기가 왕하므로 '금'으로 깎고 제목(制木)하여야 재목이 되는 것인데 '화'로써 '금'을 극하니 병(丙)은 병(病)이 된다.

예 ② 年柱－乙卯, 月柱－戊子, 日柱－丙子, 時柱－庚寅

이 사주는 병화(丙火) 일간이 자월수(子月水) 왕한 정관절에 생하여 정관 신약격이다. 자(子) 중 계수(癸水)가 월령을 얻었는데 시간(時干) 경금(庚金)이 '목'을 억제하고 자수(子水)를 생조해 주니 관성이 태왕한 한편 일화(日火)는 인목(寅木)에 장생통근(長生通根)하고 을묘목(乙卯木)이 왕한 '수'를 '목'으로 화하여 '병화'(丙火)를 생조하여 주어 일주가 약한 중에 생기가 있다. 또 월상(月上)에 무토(戊土)는 왕목을 억제하는 한편 '자'중 '계수'와 합하여 '화'국으로 유도하였으며 경금(庚金)은 을목(乙木)과 합하였지만 '목'을 파하여 이 사주에 병이 된다. 병이 있으므로 귀명인 것이다.

이 사주는 중년 후 남방(南方)운에 '화'극'금'하고 병화(丙火)를 생조하며, 무토(戊土) 길신을 생해 주니 벼슬이 크게 발했다.

편관격(偏官格)

예 ① 年柱-丁亥, 月柱-辛亥, 日柱-丙申, 時柱-庚寅
　　　대운 : 庚戌, 己酉, 戊申, 丁未, 丙午, 乙巳

이 사주는 해(亥)중에 임수(壬水)를 편관으로 삼는다. 편관살이 태과하니 제복하지 않으면 극히 신약해진다. 그러나 이 사주는 심히 약한 것 같지만 다행히 인(寅) 중에 병화(丙火)가 장생하고 해(亥) 중 갑목(甲木)이 있으며 연상(年上) 정화(丁火)가 있으니 크게 신약하지는 않다. 따라서 사오미(巳午未) 남방(南方) 대운에 대발하여 장관급이 되었다. 즉 대기만성(大器晚成)의 격이다.

예 ② 年柱-丙午, 月柱-丙申, 日柱-甲寅, 時柱-丁卯
　　　대운 : 丁酉, 戊戌, 己亥, 庚子, 辛丑, 壬寅, 癸卯

이 사주는 신(申) 중의 경금(庚金)을 편관으로 삼는다. 인(寅) 중 병화(丙火)가 2개 간(干)에 토출하고 오(午) 중 정화(丁火)가 있어 제살(制殺)이 심하니 식신, 상관이 기신(忌神 : 꺼림)이다. 일주(日主) 갑목(甲木)은 인(寅)에 '녹'이 되고, 묘(卯)에 양인살(羊刃殺)이 가(加)하였다. 따라서 위인격(偉人格)인데, 무토(戊土)운에 '화'를 흐리게 하고 '토'가 '금'을 생하여 '화'극'금'의 싸움을 해소시켰다. 고로 벼슬에 오르게 되고 해자축경신임(亥子丑壬) 30년간 대통하였다. 신왕하여 적살(敵殺 · 丙火)하므로 대발한 것이다.

예 ③ 年柱-戊辰, 月柱-辛酉, 日柱-乙巳, 時柱-丁丑
　　　대운 : 壬戌, 癸亥, 甲子, 乙丑, 丙寅, 丁卯

이 사주는 유금(酉金) 중의 신금(辛金)을 편관으로 삼는다. 편관 7살이 태왕하다. 을목(乙木)은 인성(印星)이 없어 의지할 곳이 없다. 8월 절에 '목'기가 퇴장되고 음이 발하는 때이니 병화(丙火)가 있어야 조후되는데 이 사주는 불가피 왕한 살을 따르지 않을 수 없다. 대체로 이 사주는 식신 정화(丁火)가 병(病)인바, 소년시의 임계(壬癸)운에 '화'를 파하므로 신운(身運)이 발했고, 해자축(亥子丑) 북방'수'운은 지(支)에 '금수'가 되므로 종살함이 순순히 그 세력에 따름이 되니 대길하다. 그 이유는 '수'가 왕'금'을 설기하고 '금'국을 이루기 때문이다. 그러므로 '금수'운에 발하는 것이다.

  예 ④ 年柱—丙子, 月柱—甲午, 日柱—辛亥, 時柱—辛未

      대운 : 乙未, 丙申, 丁酉, 戊戌, 己亥, 庚子

  이 사주는 오(午) 중 정화(丁火)가 편관이니 월상(月上) 편관격이다. 5월에 생(生)한 신금(辛金)이니 오(午) 중 정화(丁火)가 월령(月令)을 쥐고 있어 '신금'은 '화'열에 단련이 심하므로, 임수(壬水)와 기토(己土)가 생조해 주고 조후해 주어야 대발하는 것이다. '기토'는 진흙이고 '임수'는 강(江)·하(河)의 물이기 때문이다. 신유(申酉)운 중에 벼슬에 합격하고 해(亥)운에 등급하였다. '기토'가 없어 일품은 못 되나 '해' 중 '임수'와 자수(子水)가 조후되고, 시상(時上)에 '신금'이 생조하는 청귀한 사주이다. 대운이 서방'금'운으로 행하였고 '기해'대운 중에 대귀의 요직에 올랐다.

정재격(正財格)

  정재란 일간(日干)이 극하는 것으로서 양일(日)이 음을 극한 것, 음일(日)이 양을 극한 것을 말한다.

  대체로 '정재'는 나의 처재이니 신왕하고 '재'가 강해야 하는데, '재'가 많거나 신약하면 쓸모가 없게 된다. 만일 사주에 '재'가 많으면 일주(日柱)가 강왕해야 감당하게 된다. 또한 '재'가 많으면 '관'성이 있어서 '재'로 하여금 '관'성을 생하므로서 '재'를 '관'으로 화하게 함이 마땅한데, 이때 신약이면 '인수'가 있어야 조화가 되어 길하게 된다.

예 ① 年柱－辛丑, 月柱－丁酉, 日柱－丁巳, 時柱－丁未
　　　　대운 : 丙申, 乙未, 甲午, 癸巳, 壬辰, 辛卯, 庚寅

이 사주는 정(丁) 일주가 사(巳) 중의 경금(庚金)을 정재(正財)로 삼는다. 8월에 '재'가 왕한 계절과, 사유축(巳酉丑) 합하여 '금'국을 이루었으니 '재'성이 심히 왕하다. 한편 일주(日柱) 정화(丁火)는 미(未)에서 토출되고 사(巳)에 제왕되며 3'정'이 투출하니 신왕하므로 왕한 '재'를 감당할 만하다.

동남방 사오미진인묘(巳午未辰寅卯) 대운에 거부가 된 사주이다.

예 ② 年柱－乙卯, 月柱－癸未, 日柱－辛酉, 時柱－戊子
　　　　대운 : 壬午, 辛巳, 庚辰, 己卯, 戊寅, 丁丑, 丙子

이 사주는 신금(辛金)이 유록지(酉祿地)에 앉아 있고, 을년(乙年)의 '재'성이 묘(卯)에 앉아 있으며, 묘미목(卯未木)국을 이루었으니 신왕과 재왕을 겸비하였다. 또 계수(癸水)의 식신이 '목'재를 생하고 시간(時干)의 무토(戊土)가 인수로서 일주(日柱)를 생조해 주므로 신왕 재왕에 일주 생조자와 재 생조자가 조화를 이루었으니 거부에 귀를 겸한 사주이다.

예 ③ 年柱－庚申, 月柱－乙酉, 日柱－丙申, 時柱－丙申
　　　　대운 : 丙戌, 丁亥, 戊子, 己丑, 庚寅, 辛卯

이 사주는 3신(申)의 재성을 만났으니 귀명일 것 같으나, 병화(丙火)는 계수(癸水)가 있어야 관성으로서 왕한 '금'기를 유설시키고 을목(乙木)을 도와서 '을목'이 병화(丙火)를 도와야 하는데, '병화'는 뿌리가 없고, 지(支)에 유(酉)와 3신금(申金) 일색으로 태왕하여 '병화'는 더욱 신약해졌다. 즉 재다신약(財多身弱)격이다. 더욱이 대운은 다시 '금수'의 행지로 달리니 신약함이 태약해져 '재'를 감당하기 어려워 빈궁한 팔자가 된 것이다.

편재격(偏財格)

편재란 일간(日干)이 극하는 것으로서, 양일(日)에 양재와 음일(日)에 음재를 말한다.

편재는 뭇 사람(衆人)의 재물이 되므로 형제 자매(비견, 겁재를 뜻함)가 나뉘어 빼앗는 것을 꺼린다. 만일 관성이 있으면 화난이 크며, 편재는 천간(天干)에 토출되어 있는 것을 좋아하고 지지에 감추어져 있는 것도 또한 무방하다. 오직 비겁을 꺼리는바, 이때는 오히려 공망됨이 좋다.

편재격은 월주(月柱)에 편재가 있는 것을 말하는데, 이 중에서도 시상(時上)에 편재격이 있는 것을 시상이라고 한다. 이 시상편재격은 시상편관과 비슷한 것으로서 시상에 1위(位)만 있어야 길하고 많이 있으면 불길하다. 또, 간지(干支)에 비견, 겁재가 많은 것을 꺼리고, 만일 이때에 관성을 만나면 화를 당한다. 그리고 피극되거나, 상충을 만나는 것을 꺼린다. 또한 신강해야 길하다.

  예 ① 年柱－庚寅, 月柱－乙酉, 日柱－甲子, 時柱－戊辰
      대운 : 丙戌, 丁亥, 戊子, 己丑, 庚寅, 辛卯

이 사주는 시상(時上)에 무진(戊辰)이 있으니 시상편재격이다.

시상에 있는 편재는 특히 길한데, 이는 의외의 횡재수를 뜻하는 한편 겁재와 비견이 있으므로, 형제와 남을 위해 재물을 나누지 않으면 안 된다.

이 사주는 또 을경(乙庚) 합하여 살을 변경하고 '관'을 머물게〔去殺留官〕 하니 가히 귀격이요, 관성이 왕한데 지(支)에 '수'국을 이루어 생'목'하고 연지(年支)의 인(寅) 중 병화(丙火)가 따뜻하게 하며, 갑목(甲木)은 인(寅)에 녹을 얻었으니 재관이 유기(有氣)하여 귀와 복을 겸전한다. 무토(戊土)가 인수를 억제하고 '금'을 생하니 재관이 왕한데 갑목(甲木)이 약하므로 '수목'왕한 대운에 일국의 재상이 되었다.

인격이 준수하며, 효성심이 있으며 학문이 출중하였으니 이 사주는 오행의 조화가 잘 된 것이다.

  예 ② 年柱－癸亥, 月柱－乙卯, 日柱－乙未, 時柱－壬午
      대운 : 甲寅, 癸丑, 壬子, 辛亥, 庚戌, 己酉

이 사주는 오(午) 중에 있는 기토(己土)를 편재로 삼는다. '화' 중에 '기토'가 있을 뿐 지지에 해묘미(亥卯未) '목'국을 이루었으므로 일주는 극왕하다. '을목'이 지지에 해묘미(亥卯未) '목'국을 이루었으니 곡직인수(曲直仁壽)의 인자(仁慈)한 성품을 소유했으며, 오(午) 중 정화(丁火)가 '목'기를 유설하니 목화통명(木火通明)되어 총명한 준재(俊才)이다.

시상에 편재를 쓰는바, 왕'목'이 재'를 극제하므로 기신(忌神)이요, '금'이 '목'을 극하는 '금'왕운에 대발하고, '재'왕운에 입신양명할 사주이다.

따라서 이 사주는 중년 이후에 대발하여 당세에 유명한 재상이 되었으니 왕한 '목'의 병을 제극하는 운을 만났기 때문이다(사주 중에 병이 없으면 대귀할 수 있다). 고로 신경무을신정(辛庚戊乙申丁) 대운에 대통한 것이다.

잡기재관격(雜氣財官格)

잡기재관격이란, 재와 관성과 인수를 겸비하여 장간(藏干)되어 있는 것을 말한다. 즉 진술축미(辰戌丑未)가 그것이다.

이것은 관성이 노출되고 인성이 노출되며 재성이 노출됨이 길하다.

진(辰) 중에는 을목(乙木)과 계수(癸水)와 무토(戊土)가 있으며, 술(戌) 중에는 신금(辛金)과 정화(丁火)와 무토(戊土)가 있고, 축(丑) 중에는 계수(癸水)와 '신금'과 '기토'가 있고, 미(未) 중에는 '을목'과 '정화'와 '기토'가 있는데, 이것을 '재관인'이 간직되어 있다고 한다.

예 ① 年柱—戊子, 月柱—乙丑, 日柱—丁未, 時柱—辛亥

　　　대운：丙寅, 丁卯, 戊辰, 己巳, 庚午, 辛未, 壬申

이 사주는 축(丑) 중 신금(辛金)이 재성이 되는데 시상(時上)에 '신금'이 토출되어 있으므로 잡기재관의 진격(眞格)이다.

일주(日柱) 정화(丁火)는 미(未) 중 정(丁)에 통근(通根)하며, 지지에 '목'국을 이루며 정일(丁日)을 생조해 주므로 신명(身命)을 유지하는 형세이다.

겨울[冬節]에 생(生)한 '정화'가 사주 중에 '토'기가 3개나 있어 '화'기를 뺏어가는데 다시 '금수'가 공격하니 '정화'는 겨울에 힘이 약하다. 병인(丙寅), 정묘(丁卯)의 초년은 길하나 무진(戊辰), 기사(己巳), 경신(庚申)운은 장애가 많다. 그러나 운로가 춘하(春夏)의 '목화' 왕절로 행진하므로 귀하게 되었다. 이를 잡기재관격(雜氣財官格)이라 한다.

　예 ②　年柱－壬子,　月柱－丁未,　日柱－庚戌,　時柱－壬午
　　　　대운 : 戊申,　己酉,　庚戌,　辛亥,　壬子,　癸丑,　甲寅

이 사주는 미(未) 중 '정화'로서 관성을 삼는다. 월간(月干)에 정(丁)관성이 토출하니 왕기가 당당하고 을목(乙木) 정재는 '미' 중에 간직되어 있으나 술미형(戌未刑)하여 국을 열었으니 재정 또한 가히 쓰며, 미토(未土)의 정기는 인수이니 잡기재관격의 진격이다.

일주 경금(庚金)은 '화'왕절의 오미화(午未火) 국지에 앉았으니 조염(燥炎 : 건조하고 뜨거움)하다. 연(年)과 시(時)에 2임수(壬水)가 조후하므로 대귀한 것인데 서북방운에 대발하고 대귀하였다.

이는 사주원국에 재관인의 기가 있고 조후가 성립되어 있기 때문에 귀한 자가 된 것이다.

　예 ③　年柱－壬子,　月柱－甲辰,　日柱－己卯,　時柱－壬申
　　　　대운 : 乙巳,　丙午,　丁未,　戊申

이 사주는 신금(申金) 중의 임수(壬水)가 정재이고, '임수' 정재가 연(年)과 시(時)에 투출하며 지(支)에 신자진(申子辰) '수'국을 이루어서 재성이 심히 왕하다. 기토(己土) 일주는 비록 '토'왕절에 생하였으나 '수목'이 극왕하므로 왕이 약(弱)으로 변한 격이다.

다행히 초년 대운이 '화'왕절로 행하여 생조하니 병오정미무(丙午丁未戊)운 중에 장원급제하고 대발하였다. 그러나 신(申) 대운에 수(水)국을 또 이루고 임수(壬水)가 가했으니 이 운에 사망하고 말았다.

천월덕(天月德)이 양임(兩壬)에 임하고 천을귀인(天乙貴人)과 태극귀인(太極貴人) 등의 길신이 모였으므로 성품이 착하고 인격이 높으며, 총명하고 재주가 많은 준재(俊才)이다.

만일 원명에 무토(戊土)나 병화(丙火)가 있고 운이 동남방으로 행진하였다면 대발하여 명진천하하였을 것이다.

인수격(印綬格)

인수란 나〔日柱〕를 생한 자이니 즉 일간(日干)을 생한 자로서 음양이 다른 것을 말한다.

사주에 관성만 있고 인수가 없으면 참된 관성이 아니요, 인수만 있고 관성이 없을 때엔 오히려 복을 성취한다고 하였다. 인수는 그만큼 중요한 것이다.

사주에 인수격은 당자가 지혜가 많고, 심성이 온후독존하다. 그런데 인수는 재성을 꺼리니 재는 인수를 극하기 때문이다. 즉 갑(甲)에 계수(癸水)는 인수요, 재성은 기토(己土)이니 '기토'가 '계수'를 극하는 것이다. 그러나, '인수'와 '재'가 있을 때는 사주에나 대운에 관성이 있으면 부귀한다. 그것은 '재'가 '관'을 생하고 '관'은 '인수'를 생하기 때문이다.

사주에 '인수'격은 부모덕이 있고, 수명도 건강 장수한다.

인수는 월령(月令)에 있음을 좋아하고 다음에 시상(時上)에 있는 것이 길하다.

예 ① 年柱—戊戌, 月柱—庚申, 日柱—癸酉, 時柱—庚申
　　　　대운 : 辛酉, 壬戌, 癸亥, 甲子, 乙丑, 丙寅, 丁卯

이 사주는 계일(癸)이 7月 중기(中氣)에 생하고 월(月)과 시(時)의 4간지가 인수이며 일지(日支)에 인성을 자리하고 있으니 인수가 태왕하다. 연주(年柱)에 무술(戊戌) 관성이 토출하였으니 '관'과 '인성'의 두 격이 겸비하여 대귀하는 사주이다.

이 사주는 무술(戊戌) '관성'이 '인수'를 생조해 주니 이 사주는 '인수'에 순종한 대귀의 사주가 되었다(인수격의 부귀 사주).

예 ② 年柱—甲寅, 月柱—庚午, 日柱—戊戌, 時柱—壬子
　　　　대운 : 辛未, 壬申, 癸酉, 甲戌, 乙亥, 丙子

이 사주는 정화(丁火)가 '인수'이니 인오술(寅午戌) '화'국을 이루어 길하다. 그러나 시상(時上)에 임자수(壬子水)가 '인수'인 왕한 '화'를 충하니 눈을 실명하게 됐다. 병정화(丙丁火)는 안목(눈)에 속하기 때문이다(인수격의 눈이 먼 사주).

210

예 ③ 年柱－己卯, 月柱－丁卯, 日柱－丙辰, 時柱－壬辰
　　　대운 : 辛酉, 壬戌, 癸亥, 甲子, 乙丑, 丙寅

이 사주는 묘(卯)로써 인수를 삼고, 계수(癸水)는 관성이 되는데 연지(年支)에 묘인(卯印)이 있고 일지(日支)에 진(辰)이 있어서 ‘진’중에 계수(癸水)가 관성이 되므로 이 사주는 관인이 겸전한 것이다. 따라서 소년에 청귀하였고, 42세와 43세의 계해(癸亥)운까지는 무방했으나 경신(庚申)년에 살이 신(申) 중에 장생하고, 경신(庚申)이 묘목(卯木)인성을 파극하므로 불길한 것이다.

편인격(偏印格 : 倒食格)

편인(偏印)이란 일주(日柱)를 생해 주는 자로 음양이 같은 자를 말한다. 이 편인을 일명 도식(倒食) 또는 효신(梟神)이라고 한다. 또한 도식을 탄함살(呑陷殺)이라고도 한다.

도식은 재신의 취용함을 꺼리고 식신을 취용할 때도 꺼린다. 따라서 사주 중에 도식과 식신에 같이 있으면 복이 적고 수명도 짧다. 그리고 7살을 식신으로 억제할 때 도식이 있으면 식신이 7살을 억제할 수 없으므로 꺼리며, 이때 도식을 만나면 화를 당한다.

예 ① 年柱－丁未, 月柱－丁未, 日柱－己亥, 時柱－丁卯
　　　대운 : 丙午, 乙巳, 甲辰

이 사주는 간(干)에 3정(丁)이 편인(도식)인데 일간(日干) 기토(己土)는 지(支)에 해묘미(亥卯未) 목(木)국의 극을 받아 약하고 있다. 유년에 병오(丙午) 남방운에 일주(日主)가 왕하다. 그러나 을사(乙巳) 대운이 7살이고 또 해묘미(亥卯未) ‘목’국을 인출하여 7살이 극왕하니 계해년에 사망했다.

이 사주는 도식의 화뿐만 아니라 계해년에 임계수(壬癸水)가 인성인 병정화(丙丁火)에 7살이 되어 인성을 극파하므로 사망한 것이다.

예 ② 年柱－甲戌, 月柱－丙寅, 日柱－甲戌, 時柱－壬申
　　　대운 : 丁卯, 戊辰, 己巳

이 사주는 갑일(甲日)에 병화(丙火) 식신이 되고 갑목(甲木)이 정월

'목'왕절에 났으며 식신도 같이 왕하다. 그리고 시(時)에 임수(壬水)가 도식(편인)인데 '임수'가 '병화'를 극하며 신금(申金)이 인목(寅木)을 충극하고 또다시 신(申) 중의 경금(庚金) 7살이 일주(日主)를 극하니 불길하다. 기사(己巳) 대운에 경금(庚金)의 생지(生地)가 되므로 경자년에 7살이 왕하고 '임수'가 왕하니 밤 자시(子時)의 '수'왕절에 비명횡사하였다(비명횡사의 사주).

이 사주는 '화'국을 이루어 오직 왕한데 반하여 반충함이 불가하다.

식신격(食神格)

식신이란 일주(日柱)가 생하는 것으로서 음양이 같은 자를 말한다. 식신은 나의 재를 생출해 주는 자이다. 고로 식신이 있으면 재물이 넉넉하고 의식이 풍족하며, 식욕이 좋고 신체가 대개 건강하며, 즐거운 생활에 자식복도 있고 장수한다.

그런데 식신은 하나만 있는 것이 길하고 재신이 식신과 합하는 것을 좋아한다. 그러나 도식이 있거나 식신이 2개 있고 신약하면 길함이 못 되니, 신왕함을 좋아하나 인수를 싫어하여 식신이 파극되기 때문이다.

　예 ① 　年柱－己未, 　月柱－己巳, 　日柱－丁未, 　時柱－辛丑
　　　　대운 : 戊辰, 　丁卯, 　丙寅, 　乙丑, 　甲子, 　癸亥, 　壬戌

이 사주는 정일간(丁日干)에 기토(己土)가 식신인데 축(丑)과 사(巳)가 합하여 금(金)국을 이루어 재신이 되었으며, 또한 정화(丁火)는 '화'왕절에 생하여 양미(兩未) 중에 통근되어 약하지 않으므로 벼슬에 오르고 장수했다.

　예 ② 　年柱－乙巳, 　月柱－乙酉, 　日柱－癸酉, 　時柱－乙卯
　　　　대운 : 甲申, 　癸未, 　壬午, 　辛巳, 　庚辰, 　己卯, 　戊寅

이 사주는 3'을목'이 식신이 되는데 지(支)에 사유(巳酉)가 합하여 금(金)국을 이루었으므로 3'을목'의 식신은 2개 이상이면 상관이 되는바, '금'국은 왕'목'을 극하고 시상(時上)의 묘목(卯木)과 아울러 왕'목'을 극파하며 '금목'이 상극할 뿐만 아니라 이름이 날 수가 없다.

상관격(傷官格)

상관이란, 일주(日柱)가 생하는 것으로 음양이 다른 자를 말한다.

상관격은 상진(傷盡)되어야 길하니 상진이란 상관에 의하여 관성이 완전히 제거되는 것을 말한다. 사주 내에 관성이 없거나 관성이 있더라도 상관에 의하여 파진된 것을 말한다.

상관이 만일 상진되지 않았으면 관성의 대운에 관이 왕하게 되면 그 화가 극심하게 된다.

혹 월령에 상관이 있고 사주 작합(作合)하여 전부 상관이 되며 다시 대운이 신왕한 행지로 진행하면 진짜 귀한 것이다.

상관격 사주의 주인공은 재예(才藝)가 많으나 교만하고 기가 높아 남을 깔보는 기질이 있다.

상관격은 관성운을 꺼리고, 만일 대운이 관성을 파극하고 재신이 왕하지 않으면 안락하고 형통한다.

그리고 인수가 상관을 극하는데 인수가 없을 경우 신약이면 관성을 꺼리나 7살은 꺼리지 않는다. 7살은 인수를 생해 주는 자이고, 상관에 의해 파극되지 않기 때문이다.

또한 상관격은 사주에 관성이 없고, 신왕운으로 행하거나 인수운으로 행한다면 귀명(貴命)이 된다. 상관은 오직 재를 만나야 묘하게 된다. 그런데, 사주의 연주(年柱)에 상관이 있으면 부모덕이 온전하기 어렵고, 월주에 상관이 있으면 형제가 완전하지 못하며, 시주에 상관이 있으면 자식이 우둔하며, 일지에 상관이 있으면 처첩의 복이 불길하다.

예 ① 年柱-乙亥, 月柱-己丑, 日柱-丁亥, 時柱-庚戌

    대운 : 戊子, 丁亥, 丙戌, 乙酉, 甲申, 癸未

이 사주는 정(丁) 일간에 기축(己丑)이 상관인데 '정' 일주가 임수(壬水)로써 관을 삼는바 축술(丑戌)은 상관으로써 관성을 상극하고 있다. '축'은 '금'의 묘고(墓庫)에 해당되고 시상(時上) 경금(庚金)은 재성이 되니 이 사주는 신유(申酉)의 재지(財地)에 발할 것이나 '금'의 재가 극을 받는 남방운에 드디어 사망하였다.

　　대체로 관성이 손상되었으면 대운이 관향(官鄕)으로 향입(向入)하는 경우 재앙을 만나게 된다. 연운도 동일하다.
　　이상과 같이. 본절에서는 사주의 형상, 격국, 용신론 중 8정격(八正格)을 논했다. 다음은 이 8정격 외에 별격이 있으니, 즉 정8격을 이루지 않고 오행이 편중하게 이루어진 것을 소위 외격이라 한다.

3. 외격(外格) 각론

　　위에서 논한 8정격 외에 외격이 있으니 오행이 일방적으로 이루어지거나 다른 특수한 별격으로 짜여진 것들을 외격 또는 별격이라 한다. 그러면 각 격에 대해 알아보기로 한다.

전왕격(專旺格)

　　종혁격(從革格) : 이 격은 경신일(庚辛日)이 지(支)에 사유축(巳酉丑) '금'국이 전부 있거나 또는 신유술(申酉戌)이 전부 있어서 '금'의 세력으로 이루어진 것을 말한다. 이를 종혁격이라 하며, 이 격은 '화'가 없어야 한다.
　　이러한 격은 '금'의 세력에 따르는 것이 용신이다. 따라서 '금'운을 좋아하고 남방 '화'운을 꺼리며 충형도 꺼린다. 해묘미(亥卯未)를 보면 금목간혁(金木間革)이 된다. 그리고 '토금'운은 대발한다.
예　年柱—辛酉, 月柱—戊戌, 日柱—庚申, 時柱—辛巳
　　　대운 : 丁酉, 丙申, 乙未, 甲午, 癸巳, 壬辰
　　이 사주는 일간 경금(庚金)이 지(支)에 신유술(申酉戌)이 전부 있으므로 종혁격이요, 월령의 무토(戊土)가 경금(庚金)을 생해 주니 진격이다. 이 주인공의 인품은 의기(義氣)가 있고, 위세가 있으며, 강직하다. 그 기질이 무관적인 고로 무관직에 있었다. 갑을목(甲乙木)운에 '왕금'을 충하고 거스르니 운이 침체하고, 오병정화(午丙丁火)운은 '왕금'을 제극하므로 흉운이다. 이런 사주는 '토금'운에 대발이요 '수'운도 평길하다.

가색격(稼穡格) : 가색격은 무기(戊己) 일간으로서 지(支)에 진술축미(辰戌丑未)가 전부 있고, '목'(관살)이 없는 것으로 꾸며진 것을 말한다. 이 격은 동북의 '수목'을 꺼리고, 남방 '화'운을 좋아하며 북방 재운을 꺼린다. 그러나 진술축미(辰戌丑未)가 전부 있고, '목'이 극함이 없을 때 재운을 만나는 것은 복이 된다.

이 가색격은 오직 간지에 '토'로 이루어지면 진격이다. 이런 사주는 사람 됨됨이가 믿음직하고 허우대가 좋고 비대한 편이 많다. 가히 부귀할 사주이다.

예 年柱—戊戌, 月柱—己未, 日柱—戊辰, 時柱—癸丑
　　 대운—庚申, 辛酉, 壬戌, 癸亥, 甲子, 乙丑

이 사주는 무(戊) 일주에 간지 대부분이 '토'로 이루어졌다. 고로 진격이다. 계수(癸水)가 있어서 파격이 되나, 무계(戊癸)가 합하여 '화'로 변하였으니 무방하다. 초년 신유술(申酉戌)운은 대길하니 일찍이 입신하였고, 학문에 깊은 연구가 있었다. 그러나 '수목'운이 옴으로써 입신양명할 수 없었고 일주(日柱)가 화개(華蓋)에 앉아 있으니 불교의 수도인이요 과숙살(寡宿殺)에 공망이며, '토'가 많으니 신앙심이 강하여 진리탐구에 전심하였으므로 후세에 진인(眞人)이란 이름을 남겼다.

곡직인수격(曲直仁壽格 : 靑龍格) : 곡직인수격이란 갑을(甲乙) 일간이 지(支)에 인묘진(寅卯辰)이 있거나 해묘미목국(亥卯未木局) 등이 있고, 관살[金]이 없는 것으로 이루어진 것을 말한다. 이것을 청룡이라고도 한다. 만일 이 격이 경신금(庚辛金) 등이 있으면 격을 이루지 못하고, 또 '금'운을 만나는 것을 꺼린다. 단지 목기(木氣)로만 이루어진 것이 진격이니 그러므로 곡직이라 한다. 대운에 동북방의 '수목'운을 만나서 대길하다. 즉 그 기세를 따르는 운이 길한 것이다. 이 격의 소유자는 인품이 어질고 온후 인자하며 학문적 조예가 깊다.

예 年柱—甲寅, 月柱—丁卯, 日柱—乙未, 時柱—丙子
　　 대운—戊辰, 己巳, 庚午, 辛未, 壬申, 癸酉

이 사주는 을목(乙木) 일간이 지(支)에 묘미목(卯未木)국이 있고 인목(寅木)이 있으니 진격이다. 고로 영귀할 것인데 대운로가 길하지 못하므로 파란이 많게 된다. 병정화(丙丁火)가 천간(天干)에 투출하여 목화통명(木火通明)이 되니 총명한 문장격이다. 경신(庚辛) 대운은 큰 액운인데, 을목(乙木)과 경금(庚金) 합정(合情)하고, 병(丙)과 신(辛)이 합정하여 '수'로 화하니 미임계(未壬癸)운에 입신할 수 있었고, 유(酉) 대운은 묘목(卯木)을 충극하므로 천운을 피할 수 없어 파란을 당하게 된 것이다.

　　윤하격(潤下格) ： 윤하격이란, 일간이 임계수(壬癸水)로 되고, 지(支)에 신자진(申子辰) '수'국을 이루거나, 해자축(亥子丑)이 전부 이어져 관살인 '토'가 없어야 한다. 즉 '수'가 막힘이 없어야 하는 것이다.

　　고로 이 격은 '토'의 관살운을 꺼리고 충극도 꺼리며, 동방목(東方木)운도 불길하다. 다만 '금수'운을 기뻐하니, 대운이나 세운 모두 동일하다.

　　예　年柱－庚子,　月柱－庚辰,　日柱－壬申,　時柱－辛亥
　　　　대운－辛巳,　壬午,　癸未,　甲申,　乙酉,　丙戌

　　이 사주는 임(壬) 일간이 지(支)에 신자진(申子辰) 전부가 있고 해자축(亥子丑)의 북방 정기를 모두 띠고 있으며 또 경신금(庚辛金)이 섞여서 일간을 생조하고 있으니 복택이 많은 진격이다.

　　이 격의 소유자는 인품이 바닷물과 같이 넓고 청수하다. 또 지혜도 있는 격이다.

　　이러한 사주는 '토'운을 꺼리고 또 남방화(南方火)운도 크게 불리하나 대운 천간에 신임계(辛壬癸)가 상생되고 신유금(申酉金)운은 그 세가 순조로우므로 입신출세운이다. 그러나 간(干)의 갑을(甲乙)운은 좋을 수만은 없고 병술(丙戌)운은 액운이니 사망운이다. 또한 진월토(辰月土)왕절이고, '수화'왕한 사이에 생하였으므로 출생 절후라 사주는 상극되어 있으니 귀기가 손상되었으며, 해자(亥子) 공방된 가운데 고신(孤神)살이 임하니 도를 닦는 사람이요, 지혜가 뛰어난 위대한 인물격이다.

　　윤하격은 물이 흘러가는 형상을 뜻한다.

염상격(炎上格) : 이 염상격이란 병정화(丙丁火) 일간이 지(支)에 인오술화(寅午戌火)국을 이루거나, 또는 사오미(巳午未)가 전부 있는 것을 말한다. 이 역시 관살인 '수'가 없어야 한다. 이는 '화'의 세력으로 이룬 것을 말하는 것이다.

고로, 이러한 격은 '수금'왕을 꺼리고 충극을 싫어한다. 언제나 동방목(東方木)운과, '화'왕운을 기뻐하니 대운 연운 모두 그러하다. 그리고 이 격은 불이 활활 타오르는 형상이니 문명(文明)한 기상이다.

따라서 이 격의 소유자는 부귀격으로서 고관 대작의 귀명이다.

예 年柱−乙未, 月柱−辛巳, 日柱−丙午, 時柱−丙午
    대운−庚辰, 己卯, 戊寅, 丁丑, 丙子, 乙亥

이 사주는 병(丙) 일간이 지(支)에 사오미화(巳午未火)국이 전부 있으므로 염상격이 되었다.

대운이 동북방으로 운행되므로 조달하게 되고, 축(丑)운은 장애가 있으나 토(土)운이 왕화를 설기시켜 직접 충극하지 않으니 무관하다. 다만 자(子)운은 왕한 오화(午火)를 충극하므로 사망하게 된다.

4. 기명종격(棄命從格)

기명종격(棄命從格)이란, 주로 음 일간(日干)으로써 그 일간의 어떤 오행이 일방적으로 태왕하여 자기가 다른 오행에 의지할 곳이 없을 때는 자기의 명(命)을 버리고 그 왕성한 오행의 기세에 따르는 것이다. 즉, 자기가 독립할 수 없을 때, 다른 세력에 시집가서 그 덕택으로 부귀를 누리는 형상의 격을 말한다. 혹, 양일간(陽日干)도 이런 격이 있게 되나 사주 중에 조금이라도 의지할 곳이 있으면, 양일간은 절대로 종하지 않는다. 즉 남자가 조금이라도 자립의 능력이 있으면 남의 집에 머슴으로 가지 않는 것과 같은 것이다. 그러나 음일간은 의지할 것이 약간 있더라도 그것이 미약하면 세력 있는 집에 시집가서 부귀를 얻으려는 형상을 취한다.

따라서 기명종격에는 기명종살(棄命從殺)격과 기명종재격(棄命從財

格), 기명종아격(棄命從兒格) 등이 있게 된다.

기명종재격(棄命從財格)

이 기명종재격은 을일간(乙日干)이 진술축미(辰戌丑未)의 재신을 얻어 재성이 극왕한데 사주 중에 '을'이 의지할 곳, 즉 비견, 겁재나 인수 등이 없어서 부득이하게 자기 명을 버리고 극왕한 재성에 따르지 않으면 안 되는 경우이다.

이러한 사주의 사람은 평생 동안 처를 두려워하고, 데릴사위가 되거나, 처가에 의지하게 된다.

예 年柱－戊辰, 月柱－己未, 日柱－乙丑, 時柱－丁丑
　　대운－庚申, 辛酉, 壬戌, 癸亥, 甲子, 乙丑

이 사주는 을일간(乙日干)이 지(支)에 진축미축토(辰丑未丑土)가 있고 '을'이 의지할 곳이 없어서 기명종재격이 된다. 이 격은 비록 기명종재격이 되나, 대운행지가 계해(癸亥), 을축(乙丑), 갑자(甲子)의 인수, 비겁운으로 행하므로 불길해진다. 이런 종격은 자기의 기운을 도와 주는 운이 오면, 자기의 자립적 힘이 생기므로 파격이 되어 도리어 흉해진다.

기명종살격(棄命從殺格)

이 기명종살격도 앞에서 논한 바와 같이 일주(日柱)가 의지할 수 없으며 살왕하면 그 살세에 따르게 된다. 즉 을일간(乙日干)이 사유축(巳酉丑)의 왕성한 금(金)국을 띠고 제살할 수 없어, 무기할 때 일주는 자기의 본성인 오행을 버리고 왕성한 관살에 따르게 된다.

이런 유형도 일주를 도와 주는 인성운이 오면 불길하고 오직 관살운이나 재왕운으로 진입해야 길해진다.

예 年柱－壬子, 月柱－壬子, 日柱－丁酉, 時柱－庚子
　　대운－癸丑, 甲寅, 乙卯, 丙辰, 丁巳, 戊午

이 사주는 정일간(丁日干)이 지(支)에 3자수(子水)와 유금(酉金)을 띠고 간(干)에 2임과 경금(庚金)으로 되어 관살이 태왕하고 정화(丁火)는 뿌리가 없어 무기력하다. 따라서 관살에 따를 수밖에 없게 된다.

이런 격은 인수, 비겁을 만나면 불길한데, 초년 대운이 갑인(甲寅), 을묘(乙卯)운은 불길하고, 병진(丙辰), 정사(丁巳), 무오(戊午) 대운은 재성운이므로 길하다. 역시 대길한 것은 관살운을 만나야 발신한다.

기명종아격(棄命從兒格)

이 기명종아도 일주(日柱)가 무기력하고, 식상으로만 꾸며져 있을 때 일간(日干)은 자기 명을 버리고 그 세력이 왕성한 식상에 따를 수밖에 없게 된다. 즉 자손이 왕성하여 자식 집에서 덕을 보는 형상이다.

이런 격도 인수운이나 비겁, 관살 등을 만나면 불길하고, 식상이나 재운을 만나야 대길해진다.

이런 유형의 사주는 그 인품이 총명하고 학업에 탁월하다.

예 年柱－戊辰, 月柱－己卯, 日柱－癸卯, 時柱－甲寅

　　　대운－丙辰, 丁巳, 戊午, 己未, 庚申, 辛酉

이 사주는 계일주(癸日主)가 지(支)에 인묘진(寅卯辰) 동방의 식상이 왕하고 천간에도 갑을(甲乙) 식상이 있어서 자기 명을 버리고 왕한 식상에 따르게 되어 기명종아격이 된다.

대운의 초년인 정사(丁巳), 수운에 식상의 기를 설기시킴으로써 총명함이 출중하였고, 인수운인 경신(庚申), 신유(辛酉)운에서 크게 불길하였다.

이와 같이 인성, 비겁운을 만나면 파격되므로 흉해진다.

5. 종강격(從强格)

종강격이란 사주의 태반이 비견, 겁재 또는 인성(印星)으로 되어 있는 것을 말한다. 인성이 많은 것을 종강(從强)이라 하고, 비견, 겁재가 많은 것을 종왕격(從王格)이라 한다.

이 종강, 종왕격은 그 기세에 따르는 인수 또는 비겁을 만나야 길하고, 이를 극하는 재관운을 만나면 불길해진다. 만일 식상운으로서 팔자(八字)의 대부분이 비겁으로 되어 있을 때는 무방하나, 인수로 되어 있을 때는 불길해진다.

이 종강격은 사주에 인수 또는 비겁으로 대부분을 차지하고, 한두 개의 재나 관살이 있어도 그 종강격에 따른다.

종강격에는, 종재, 종관살, 종세(從勢), 종아격 등이 있다.

종강격 사주

　예　年柱－壬寅, 月柱－癸卯, 日柱－甲寅, 時柱－乙亥

　　　대운－甲辰, 乙巳, 丙午, 丁未, 戊申, 己酉

이 사주는 비견, 겁재와 인수로 되어 있어서 종강격이다. 이런 사주는 비견, 겁재 또는 인수운을 만나야 대길하고 재관운을 만나면 불길해진다.

종재격(從財格) 사주

종재격은 사주의 대부분이 재로 조직되어 있는 것을 말한다.

이런 격은 재나 관살운을 만나면 길하나 인성 또는 비겁운을 만나면 대흉하다. 그러나 식상운을 만나는 것은 길하다. 이 종재격은 사주 또는 대운에 식상이 있으면 대성하며, 인생을 통해서 큰 흉사를 당하지 않는다. 그러나 사주에 식상이 없을 때 비겁운을 만나면 대흉하다. 이런 사주는 학업에 취미가 없고, 종재격은 대개 편친(片親 : 한쪽 부모) 슬하에서 자라게 된다.

　예　年柱－壬午, 月柱－丙午, 日柱－癸巳, 時柱－甲寅

　　　대운－丁未, 戊申, 己酉, 庚戌, 辛亥, 壬子

이 사주는 계수(癸水) 일간이 지(支)에 2오화(午火)와 사화(巳火)가 있고 간(干)에 병화(丙火)가 있어 종재격이다.

이 사주는 임계(壬癸)가 뿌리가 없고 5월에 생한 화(火)는 왕하며 다시 간(干)에 병화(丙火)는 시(時)의 갑인(甲寅)이 있어 수를 설기시키고 화를 생해 주고 있다. 따라서 일주는 재성에 따르지 않을 수 없게 되었다.

　계사(癸巳)는 천지(天地)가 상합하고(巳 중에 戊와 癸가 합한 것), 임(壬)은 오(午) 중의 정화(丁火)와 역시 합하여 기세가 순수하다. 그러므로 대운의 무신(戊申), 기유(己酉), 경술(庚戌) 등의 운은 계수(癸水)를 생조하고, 화를 누설하므로 의연히 편안한 부귀를 누렸고, 술(戌)운에 오화(午火)가 회합하므로 일생에 최대의 활동기를 만났다. 해자임(亥子壬)운에 이르러서는 왕한 세력을 거스르므로 일조에 패망하는 형세로 전락하고 말았다.

　이같이 비겁운은 불길한 것이다.

종관살격(從官殺格)

　이 종관살격은 사주팔자 중에 대부분 또는 전부가 관살로 이루어진 것이다. 이런 격은 인성과 비겁이 있거나 그런 운을 만나면 대흉하고, 재나 관살운을 만나야 대길하다. 또한 식상운도 불길하다. 이런 유형의 사주는 일반원칙과는 다른 법칙에 의하여 풀이한다.

　예　年柱－壬子,　月柱－壬子,　日柱－丁酉,　時柱－庚子
　　　대운－癸丑,　甲寅,　乙卯,　丙辰,　丁巳,　戊午

　이 사주는 관살이 태왕하고 정화(丁火)는 무근하다. 따라서 관살의 세력에 따르지 않을 수 없다. 고로 이런 사주는 재 또는 관살운을 만나야 대길하고, 비겁, 인수는 흉하다.

종세격(從勢格)

　사주 중에 재, 관살, 식상의 3자가 똑같이 있고, 그 세력이 왕성하며 인성 또는 비겁이 없거나 한두 개 있어 극히 미약한 것을 종세격이라 한다. 위의 3자의 세력의 구별에서 만약 어느 한 세력이 강하면 그 세력에 따르는 격이 된다.

　이런 유형의 사주는 재운, 관살, 식상운 등을 만나야 길하고, 인성 및 비겁운은 불길하다.

　예　年柱－丙戌,　月柱－壬辰,　日柱－癸巳,　時柱－甲寅
　　　대운－癸巳,　甲午,　乙未,　丙申,　丁酉,　戊戌

이 사주는 대부분이 관살, 재, 식상으로 되어서 종세격이다.

가종격(假從格)

가종격이란, 종격을 이루지 못하고 종격에 유사한 것인데, 예로서 천간(天干)에 한두 개의 인성 및 비겁이 있거나, 지지에 한 개의 인성 또는 비겁이 있고 나머지는 식상, 재, 또는 관살로 되어 있어서 인수 및 비겁을 파극하는 사주를 말한다. 이것은 종격과 같은 법칙에 의한다. 종격은 종강격을 제외하고는 모두 일주(日柱)가 극히 미약하다.

　예　年柱―戊辰,　月柱―甲寅,　日柱―壬戌,　時柱―丙午
　　　대운―乙卯,　丙辰,　丁巳,　戊午,　己未,　庚申

이 사주의 인(寅)은 임수(壬水)가 병지(病地)이고, 천간은 극하고 설기함이 교차되어 임수(壬水)는 종하지 않게 되었다. 오직 연지(年支) 진고(辰庫)에 임수(壬水)가 통근(通根)하였을 뿐이다. 따라서 종상(從象)이 되나 진짜 종격이 못 되므로 가짜 종격이 되었다. 이런 유형을 가종격이라 한다.

6. 화격(化格)과 가화격(假化格)

사주의 유형에는 또 화격(化格)과 가화격(假化格) 등의 변격이 있다.

이 화격이란 일주(日柱)를 중심으로 해서 시간(時干) 또는 월간(月干)과 간합(干合)하고, 그 간합하여 변한 오행이 표시하는 오행과 같은 간지가 많이 있고, 또한 월지의 오행이 간합한 오행과 같은 것을 화격이라 한다.

가령 일주가 '갑'이고 시간(時干)이 '기(己)'라든가 또는 월주가 '기(己)'이면 갑기(甲己)가 합하여 '토'가 되는데 월지(月支)가 토(土)이고 그 밖의 간지(干支)에 토(土)가 많을 때는 이것이 화격이 된다. 혹은 일주가 병(丙)이고 월간(月干)이 신(辛)이면, 병신(丙辛)이 합하여 '수'가 되는데, 월지에 '수'가 있고 다른 간지에 '수'가 많이 있으면 이런 것이 화격이다. 따라서 화격은 일간을 중심해서 시간(時干) 또는 월간

222

(月干)과 간합하고 그 간합한 오행과 월지(月支) 오행이 일치해야 하며, 그 표시한 오행과 같은 오행이 많아야 하며, 월지(月支)가 간합(干合) 오행과 같기 위해서는 갑기(甲己)의 화격은 월지가 진술축미(辰戌丑未) 등이어야 하고 병신(丙辛) 화격은 월지에 신자진(申子辰) 해(亥) 등의 '수'가 있어야 한다. 신자진(申子辰) 3합은 '수'가 되기 때문이다.

무계(戊癸) 외 화격은 월지가 인오술(寅午戌) '화'국을 이루든가 사오(巳午)가 있어야 하고 을경(乙庚)의 화격은 월지(月支)가 사유축(巳酉丑) '금'국을 이루든가 신유금(申酉金)이 있어야 하며, 정임합(丁壬合)한 화격은 월지(月支)에 해묘미(亥卯未) 합목(合木)국을 이루든가, 인묘목(寅卯木) 등이 있어야 한다.

이와 같은 화격은 사주 속에 간합(干合) 오행과 같은 오행이 많아야 길하고, 부족할 때는 이와 같은 오행 또는 이를 생조해 주는 운이 있어야 길하다. 만일 오행이 태과할 때는 이를 설기시키는 운이 길하게 된다. 가령, 갑기토(甲己土)의 화격이라면 토화(土火)운이 길한데 '토'가 부족할 때도 역시 '토화'운이 길하다. 그러나 '토'가 태과할 때에는 이를 누설시키는 '금'운이 길하며, '토'를 극하는 '수목'운은 불길하다.

가화격(假化格)은 화격 중에 화한기와 상충되는 오행이 있는 것이다. 즉 갑기토(甲己土)의 화격에 '토'와 상충되는 '수목'이 간지에 있으면 가화격이 된다.

위와 같은 화격과 가화격의 사주의 예는 다음과 같다. 그런데 가화격의 사주는 대개 유년시절에 고독하고 고난이 많으며 길운을 만나지 못하면 평생에 일을 이루지 못하고 성질이 거만하며 의심이 많다.

예 ① 年柱—甲子, 月柱—乙亥, 日柱—丙子, 時柱—辛卯
　　　　대운—丙子, 丁丑, 戊寅, 己卯, 庚辰, 辛巳

이 사주는 일간과 시간(時干)이 병신(丙辛) 합하여 '수'가 되고 월지(月支)가 간합(干合)한 오행과 같은 '수'이므로 화격이다. 또한 지(支)에 두 개의 자수(子水)도 있으므로 화격은 충분하다.

예 ② 年柱—癸亥, 月柱—癸亥, 日柱—丙子, 時柱—辛卯

이 사주는 '수'가 태왕한 화격인데 이런 것은 '수'를 누설시키는 시지(時支)의 묘목(卯木)이 있어 길하게 된 것이다(화격의 '수' 태왕한 사주).

예 ③ 年柱－癸丑, 月柱－丙辰, 日柱－辛亥, 時柱－戊子
　　　대운－乙卯, 甲寅, 癸丑, 壬子, 辛亥, 庚戌

이 사주는 월간(月干)과 일간(日干)이 간합하여 '수'가 되어 화격이 되나, 지(支)에 진축토(辰丑土)와 시간(時干)에 무토(戊土)가 있어서 완전한 화격을 이루지 못하고 가화격이 되었다.

지금까지 위에서 논한 형상 격국론에서, 정 8 격 외에 외격(外格)으로 전왕격, 즉 곡직인수격, 종혁격, 가색격, 윤하격, 염상격 등이 있는데, 이를 독상격(獨象格)이라 한다.

이러한 형상 격국에는 독상격, 양기성상(兩氣成象)격이 있고, 3상(三象)이 순서적으로 이룬 것이 있으며, 또는 4상(四象)이 화협(和協)한 것 등이 있다.

양기성상이란 간지(干支)가 각 반(半)씩으로 그 기세가 상균(相均) 또는 상적(相敵)한 5국이 있는 것을 말하며, 3상 순서란 가령 화토금(火土金) 등의 3종이 순서적으로 상생한 것을 말한다. 또한 4상화협이란 수목화토(水木火土)의 종류로서 4종의 오행이 순서대로 상생한 것이다. 만일 이러한 종류로서 이미 형상을 이룬 것을 파극하면 불가하다. 즉 '목화'의 국에 '금수'가 있으면 파국이 되고, '수목'의 국에 '토금'이 있으면 파국이 된다. 또한 상적이 된 형국에는 상전(相戰)을 화해(和解)시켜야 하는데 가령 '금목'의 국에 '수'가 있으면 화쟁(和爭 : 싸움을 말림)하는 것이며, 또 '수화'의 국에 '목'이 있으면 화쟁되는 것이다. 혹은 위의 종류에 편경(偏輕 : 치우침과 약한 것), 편중(偏重 : 치우침이 강한 것)도 역시 파국되는 것이다.

앞에서 설명한 바 있는 8정격은 오행기가 천간에 있어서 형상을 취하고 월령 또는 월령의 지(支)장간에 득기(得氣)하여 혼합한 것을 8정격이라 한다.

그리고 오행기가 한 가지로 이루어져서 왕성한 것을 전일(專一) 또는 전왕이라 하는데 여기에는 윤하, 염상, 종혁, 곡직, 가색격 등이 속해 있다.

이런 격은 그 형상으로 위주하고 만일 12간지가 혼잡되어 있으면 그것은 파격되므로 종세, 종강 등의 종격을 이루게 되며, 혹은 화격을 이루게 되는 것이니, 이미 형상을 이룬 자는 그 기세에 순응하여야 하는 것이다.

그리고 화자(化者)란 것이 있으니 화자란 인화(引化)함을 말한다. 즉 일간의 기세가 태왕하면 그 기운을 식상으로 누설시켜야 하는데, 이렇게 하는 것을 화신(化神)을 요(要)한다고 한다. 그러므로 화신자도 창성함을 요하게 된다. 이것은 3자가 완전해지기 위해서인데, 식상과 재와 관성이 있어야 식상생재, 재상관하게 되는 것이다. 따라서 재왕지를 행하면 재가 식상으로 화하여 식상이 생관하게 되므로 재행지를 기뻐하게 되는 것이다.

또한 재, 관, 인을 겸비하였으면, 역시 전상(全象)이 되는 것이니, 일주(日主)가 왕하면 재지로 행함을 기뻐한다. 재왕하면 스스로 관을 생하므로 재가 관으로 화하고 다시 관이 인수를 생하게 됨은 재가 인성을 파극하지 아니하기 때문이다.

그러므로 전상을 이룬 자에 관(官)과 상(傷 : 식상)이 있고, 재가 없거나, 혹은 재와 인성이 있고 관이 없을 때는 이것을 통관법(通關法)에 의하여 해결해야 한다.

만일 사주의 원국이 태왕, 태약 등으로 이루어져서, 누설 또는 보조하여야 할 만한 결함이 있는 것은 억부법(抑扶法)에 의하여 해결해야 한다.

그리고 이미 각 형상을 이룬 가운데서 한두 개의 결함이 있게 된 것, 가령 종격에 결함이 있게 되면, 가종격으로 해결한다.

위의 격들의 실례를 들어 보면 다음과 같다.

예 ①　年柱-丁酉,　月柱-戊申,　日柱-辛丑,　時柱-己丑
　　　　대운-己酉,　庚戌,　辛亥,　壬子,　癸丑,　甲寅

이것은 여자의 사주인데, 이 사주는 종혁격이나 연간(年干)에 정화

(丁火)가 투출되어 종혁의 형상이 결함되어 있다. 이것을 가종격이라 한다. 운행이 신해(辛亥), 임자(壬子), 계축(癸丑)은 정화(丁火)를 제극하여 그 부족함을 보충하였다. 그러므로 지아비[夫]가 흥왕하였고, 인(寅)운 초에 이르러 신금(申金)과 회충(回冲)되어 부영하였으며, 경자(庚子)년에 이르러 자신회국(子申會局：3합국)하여 충을 풀고, 인(寅) 중 병화(丙火)는 12운성법으로 장생을 얻었다.

그러므로 지아비(夫)를 극하였고, 가정의 형편이 일조에 몰락하게 되었으며, '을묘'운에 다시 회충(回冲)하므로 늙어서 편안하였으나 병(丙)운에 이르러 사망하였다.

예 ② 年柱－戊戌, 月柱－己未, 日柱－戊戌, 時柱－丙辰
　　　　　대운－庚申, 辛酉, 壬戌, 癸亥, 甲子, 乙丑

이 사주는 가색격이다. 앞에서도 나온 바 있는 가색격을 다시 한 번 설명하는 것은 가색격이라도 용신의 차이가 있기 때문이다.

무토(戊土) 일간(日干)이 지(支)에 4토가 있고, 간(干)에 무기토(戊己土)가 토출되었으므로 격국이 진격이 되었다. 그러나 애석한 것은 병화(丙火)가 토출되어 '토'를 마르게 하고 있다〔燥土〕. 그러므로 생육(生育)의 뜻이 없어졌다. 이른바 병화(丙火)가 무광(無光)하여졌는데, 왕성한 가색격은 식상운으로 그 기를 인화해 줌이 필요하다. 고로 경신(庚申), 신유(辛酉)의 '금'운에 제일 아름다웠고, 임술(壬戌)운은 '수'가 무근(無根：뿌리가 없음)하고, '토'왕지이므로 근심을 낙(樂)으로 지냈고, 해(亥)운의 을해년에 사망하였다.

이 사주는 무자(無子) 1녀였으며 이 사주에 '화'가 있으므로 조로가 크게 마르고, 사주(四柱)에 '금'이 없는 고로 성상성격(成象成格)으로서 일생에 복락을 누렸던 것이다.

7. 양신성상격(兩神成象格)과 방국(方局)

양신성상격(兩神成象格) 사주

양신성상격은 간지에 두 종류의 오행으로 이루어져 상생되는 것을 말한다. 예로서 토금, 목화, 화토, 금수, 수목 등으로 상생하는 간지가 두 개씩 사주의 간지에 각각 들어 있는 것을 말한다. 간과 지가 서로 상극되는 것과, 다른 간지가 서로 상극되는 간지는 제외된다.

　이런 양신성상격은 종강격과 같은 방법으로 푸는 것이다. 즉 '목화'의 양신성상격이라면 '목화'운은 가장 길하나, 이와 상충되는 '토금'운은 불길하다.

　예 ①　年柱－丁丑,　月柱－丁未,　日柱－丁巳,　時柱－丁未
　　　　　대운－丙午,　乙巳,　甲辰,　癸卯,　壬寅, 辛丑

　이 사주는 간지가 '화토'로 두 개씩 같은 것으로 이루어졌다. 이것을 '화토' 양신성상격이라 한다. 즉, 정축(丁丑), 정미(丁未)로서 이것은 간과 지가 상생되었다.

　이 사주는 '화토'의 대운이 대길하고 '수'운은 불길하다.

　예 ②　年柱－甲午,　月柱－丁卯,　日柱－甲午,　時柱－丁卯
　　　　　대운－戊辰,　己巳,　庚午,　辛未,　壬申,　癸酉

　이 사주는 '목'과 '화'의 양신성상격이다.

　이 사주의 기사(己巳) 대운은 대길하였으나, 경오(庚午), 신미(辛未) 대운은 불길하였다. 그것은 '금'과 '목'이 상극이기 때문이다.

　예 ③　年柱－壬子,　月柱－丙午,　日柱－壬子,　時柱－丙午
　　　　　대운－丁未,　戊申,　己酉,　庚戌,　辛亥,　壬子

　이 사주는 양신성상격과 비슷하게 보이나 '화'와 '수'로 상극되는 것으로 이루어졌기 때문에 양신성상격이 되지 않는다. 이런 사주는 억부법에 의하여 풀어야 한다. 이것은 '금수'운이 길하다. 즉 일간 임수(壬水)가 5월 '화'왕절에 생하였으므로 신약되기 때문에, '금수'운은 길한 것이다.

방(方)과 국(局)

　방(方)이란, 이른바 인묘진(寅卯辰)으로써 동방(東方)을 이루고, 사오미(巳午未)로써 남방(南方)을 이룬 것이며, 신유술(申酉戌)로써 서방(西方)을 이루고, 해자축(亥子丑)으로써 북방(北方)을 이룬 것, 즉 방각을 말한다.

사주가 만일 일간의 뜻은 있어도 미달할 때 방각을 얻음으로써 방의 전국을 갖춰야 하는데, 이때 국으로써 방을 대신할 수 없고, 또는 방으로써 국을 대신할 수도 없다. 다시 말해서 방과 국을 서로 혼합시킨다고 해서 방이나 국은 이루어지지 않는다. 그러므로 비형상이 되는 것이다.

예를 들면, 신사(辛巳), 신축(辛丑), 경신(庚申), 신사(辛巳)는 사축(巳丑) '금'국이 '신'궁(宮)으로써 서방(西方)이 혼합된 것이다. 또는 계사(癸巳), 임술(壬戌), 을사(乙巳), 무인(戊寅)은 인술화(寅戌火)국인데 사궁(巳宮)으로써 남방(南方)이 혼합되었다. 그러므로 모두 방과 국을 이루지 못하였다.

국(局)

국(局)이란 회국(3합한 것)을 말함인데, 예로서, 신자진(申子辰)이 3합하여 수국(水局)을 이루고, 해묘미(亥卯未)로 목국(木局)을 이루며, 사유축(巳酉丑)으로 금국(金局)을 이루고, 인오무(寅午戌)로써 화국(火局)을 이룬 것 등의 3합회국한 것을 말한다.

그런데 득방(得方)하여 국으로 혼합한 것과 득국하여 방(方)으로 혼합한 것이 모두 부동(不同)한 것이다. 즉 갑을목(甲乙木)이 춘 3월 인묘진(寅卯辰)에 생하였으면 방(方)으로는 득방하여 완전한데, 해묘미(亥卯未)가 있으면 국과 혼합된 것이다. 이런 것은 조금도 해로움이 없으나, 만약 6월, 10월에 생하여 득국이 완전한 곳에 인진(寅辰)이 혼합하면 순수함에 하자(흠)가 있게 된다. 따라서 이런 것을 국혼방(局混方)에 유순자(有純疵)라 한다. 여기에서 순자(純疵)라 함은 병의 흠을 말한다.

이 순자의 가림은 곧 행운(行運)을 취용(取用)함에 있으니 희남방(喜南方) 혹은 희북방(喜北方) 등인데, 가령 목국(木局)이 해월(亥月)에 생하여 인진(寅辰)이 혼합하면, 목기(木氣)가 왕하므로 남방(南方)의 식상지지(食傷之地)를 행함을 희(喜)한다. 즉 그 왕기를 누설시켜야 하기 때문이다. 만약 '목'국이 6월에 생하여 인진(寅辰)이 혼합하면, '목'이 고조(枯燥 : 마름)하므로 북방 인수의 대운 행지를 행함을 희(喜)한다. 이는 인수로 생조하기 때문이다. 이와 같이 국과 방이 혼합하였을 때는, 행운지(行運地)의 상생, 제극이 필요하게 된다.

방국이 함께 오는 것

방과 국이 함께 이루어진 것을 방국일제래(方局一齊來)라고 하는데, 이것은 천간에 갑을목(甲乙木)이 있고, 지에 인묘진(寅卯辰)의 방을 전비(全備)한 곳에 해미(亥未)를 배합한 것이든가, 또는 해묘미(亥卯未) 전국을 이루고, 인진(寅辰)으로 배합된 것을 말함인데, 이것은 기세가 순수한 것으로서 형상을 이룬 것이다. 모름지기 이러한 천간이 한결같이 순생(順生)하여 그 기세가 순한 것은 그 왕기를 누설시켜야 아름답게 된다. 만약 천간의 그 왕기를 거스르면 반복되는 것이니 흉하게 된다.

여기에 원신자(元神者)는 방국 원래의 신이니 곧 인묘진(寅卯辰)이 방(方)이 되고, 또 해묘미(亥卯未)는 국이 되는데, 갑을목(甲乙木)이 토출하면 이 '갑을목'이 원신이 된다. 지(支)에 방국을 이루고 간(干)에 원신이 토출하면 반복(反覆)이 없게 되고, 생지(生地), 고지(庫地)는 모두 진(辰)이므로 왕신의 득지(得地)한 것이 되어 자연히 복이 되는 것이다.

만약 지(支)에 방국을 이루고 간(干)에 관살이 토출하면 그 왕기를 거스르는 것이므로 반복이 된다.

여기에 좌변(左邊), 우변(右邊)이 있게 되니 이것은 방과 국이 모두 사정(四正)의 중심이 되는 것을 말한다. 가령 동방(東方)은 묘(卯)가 중심이 되고, 인진(寅辰)은 좌우가 된다. 목국(木局) 역시 묘(卯)가 중심이 되고, 해미(亥未)는 좌우가 된다. 이것은 곧 생지(生地), 고지(庫地)에 있게 되면 복록이 진진하게 되는 것이다. 만일 원신을 거스르면 반복이 심하게 되는 것이니 원신이 토출되어 생조됨이 마땅하다. 그런 사주의 예를 들어 보면 다음과 같다.

예 ①　年柱－己亥, 月柱－丁卯, 日柱－乙未, 時柱－己卯
　　　　대운－辛酉, 壬戌, 癸亥, 甲子, 己丑, 丙寅

이 사주는 을목(乙木) 일주(日柱)에 지신(支神)이 해묘미(亥卯未)로 국을 이루었고, '목'의 원신(元神)이 토출하였다. 다시 정(丁)이 토출한 것은 희(喜)가 된다. 기토(己土)는 인생(引生)하여 목화토(木火土)가 한결같이 순하게 상생하였다. 이것이 간(干)에 반복이 없음이다[干頭無反覆]. 운행(대운)이 비겁이므로 재를 다투지 못한다. 생지(生地), 고지(庫地)는 목신(木神)이 태왕하나, 정화(丁火)가 있어서 그 기세를 누설하고 있어서 수기(秀氣)가 유동(流動)하고 있다. 이것이 득천(得天)하여 독후(獨厚)함이 마땅하다는 것이다. 따라서 앞길이 한량없다.

예 ②　年柱－辛亥, 月柱－庚寅, 日柱－乙未, 時柱－己卯
　　　　대운：戊子, 丁亥, 丙戌

이 사주는 을목(乙木) 일주가 인월(寅月)에 생하고, 전지(全支)가 해묘미(亥卯未)로 되어 방국의 형상을 이루었다. 간(干)에 투출한 경신(庚辛)은 반복이 된다. 부득이 해(亥) 중 임수(壬水)로써 경신금(庚辛金)을 인수로 끌어 화하게 함을 용한다. 따라서 대운 행지는 오직 인수로써 관살을 인화(引化)시킴으로써 가하게 되었고 생지(生地), 고지(庫地)는 모두 비복지(非福地)가 되었다. 자(子)운 무진년에 황제(皇帝)로 즉위하였고, 병(丙)운의 갑진년에 순국하였다. 이와 같이 독상(獨象)의 행운이 좋은 것은 화한 곳의 화신(火辛)이 창성함을 요한다. 성방(成方)・성국(成局)은 모두 독상(獨象)이요, 식신, 인수는 모두 인화(引化)의 신이다. 간두(干頭)에 반복의 유무는 격국의 고저(高低)이지, 행운의 결함을 논하는 것이 아니다. 그러나 격국의 배치가 적당하여야 하고, 행운이 좌우의 근원을 만나야 한다. 만일 그렇지 아니하면 흉하게 된다.

지금까지 사주의 형상격국에 대해서 설명하였지만 아직도 많은 유형의 형상이 있다. 그러나 이 책에서는 작명(作名)을 위한 사주의 요령을 기술한 데 불과하므로, 사주학을 더 깊이 연구하고자 하는 독자들은 필자가 저술한 사주보감(四柱寶鑑)을 참고하기 바란다. 앞으로

필자가 저술하게 될 사주비결 공개책도 많은 도움이 되리라고 보는
바이다.

8. 여자의 사주론

　여자의 사주법은 남자의 사주법과 크게 다르다. 그 원리로서 8종의
8법이 있는데, 그것은 순수함, 화순(和順)함과 고귀함, 추함〔濁醜〕과
행동이 문란함과, 기생(화류계)과 음란함 등을 말한다. 그런데 여성은
관성을 지아비로 보아 귀함이나 복을 삼게 된다.
　따라서 여성의 사주에 관성이 재성의 왕한 곳에 앉아 있으면 그 남
편이 부귀한 사람이며, 또 인수와 식신이 있으면, 남자가 명예로워진
다. 그러나 인수가 너무 생왕되면 식신이 쇠퇴하게 되므로 자식을 두
기 어렵게 된다. 즉, 인수가 식신(자식)을 극하기 때문이다. 이런 때는
인수와 재성과 관성이 함께 사주 속에 있으면 반드시 부귀한 집안에
태어나서 귀녀가 되며 재주와 용모가 아름답고 현숙한 귀부인이 된
다. 따라서 여자의 사주는 관성과 재성과 인수가 같이 있어야 길한 사
주이다.
　여성의 사주 조건은 다음과 같다.
① 여성은 정관(正官)을 정부(正夫)로 삼고, 편관은 편부(偏夫 : 재혼남
　자)로 보는바, 예컨대 갑일간(甲日干)에 신유(辛酉)가 있으면 이것이
　정부가 되는데, 만일 정화(丁火)나 오화(午火)의 식상이 있어서 왕
　하면 식상은 관성을 극하게 되므로, 남편을 꺾고 과부가 된다.
② 여자 사주에 정관과 편관이 여럿이 있어서 관살이 혼잡하면 지아
　비를 꺾고 재혼하게 된다.
③ 사주 내에 재성이 태과하고 관성이 태왕해도 정부(正夫)와 외부(外
　夫 : 외간남자)가 많으며 음란한 여인이 된다. 즉 재성이 많으면 탐음
　하게 되니 여자의 사주는 모름지기 재성이 박약하고 부성(夫星 : 관
　성)이 왕하며, 자식이 유익해야 좋은 팔자이다.
④ 관성이 생조되는 곳을 얻어 왕성하고 7살(편관)은 식신에 의해 제

극되면 식신과 일간이 유기(有氣)하게 되는데, 이에 천월이덕(天月二德)이 있으면 지아비는 영화롭고 자식은 귀자가 된다.

⑤ 팔자 속에 상관과 관성, 7살이 혼합되어 있으며 식신과 재성이 왕성하고 일주(日柱)가 신약하면 미인이 되는데 미인인 관계로 해를 입게 되어 호색 음란하게 된다.

⑥ 상관이 있고 관성을 보면 남편을 극하고 재혼하게 되며, 비록 상부(喪夫)하지 않는다 할지라도 반드시 질병으로 고생하게 되며, 평생에 고생이 많게 된다.

⑦ 연주(年柱)에 상관을 크게 꺼리는바, 이런 사주는 그 본인이 해산액이 있거나 그로 인하여 질병이 있게 되며 만일 그렇지 않으면 수명에 손상이 있게 된다. 만일 상관 사주에 신왕하면 빈천하다.

⑧ 관성을 충합하는 곳에 상관이 있어 왕하면 부귀하더라도 음란하다. 오로지 여자는 7살이나 정관이 1개만 있는 것이 길하다.

⑨ 여자 사주에 7살이 많으면 외간남자가 많으며, 관살이 합을 당하면 남편이 외도를 하므로 질투하여 싸우게 된다. 예컨대 갑일간(甲日干)이 신관(辛官)을 남편으로 보는바 병(丙)이 있어서 신(辛)과 합한 것이요, 을일(乙日)에 경(庚)이 남편인데 정(丁)을 보는 것이 그것이요, 무일간(戊日干)에 을(乙)이 남편인데 신(辛)이 있는 것이 그것이니, 합을 당하고 상관이 관성을 극하는 것이 그러하다.

⑩ 여자 사주에 상관이 있고 관성이 사(死), 절(絶)에 있으며, 고신과 숙살(孤神寡宿殺)이 있고 일시(日時)가 공망되면 두세 번 재혼해도 불안정하게 된다.

⑪ 천간(天干)에 관살이 토출하고 지(支)에 관살이 없으며 다시 관살이 휴(休), 수(囚), 사(死), 절지(絶地)에 임하면 남자성이 끊어진 것이니 외부(外婦), 정부(情夫) 또는 첩노릇을 하게 된다.

⑫ 여자 사주에 천월(天月)덕이 있으면, 산액(産厄)이나 월경불순의 질환이 없고, 음란하지도 않다.

⑬ 여자 사주는 신약함이 길하니, 이러하면 성품도 순수하고 온화하여 시부모를 잘 섬기고 남편에게 내조도 잘 한다. 그러나 너무 신약

232

하면 병이 많다.

⑭ 여자 사주가 신강하면 남편을 잘 속이고, 부모에게 불효하며 성품이 순하지 못하므로 시비를 잘 일으킨다. 그리고 너무 신강하면 병이 많다.

모름지기 여자 사주는 귀인이 있으면 길하고, 역마나 도화살 등이 없어야 한다.

⑮ 여자 사주에 음양차착살(陰陽差錯殺)이 있고, 고란일(孤鸞日)이 있으면 시집에 불리하니, 결혼이나 가정생활에 파탄이 많은, 팔자가 센 사주이다.

여기에 고란살이란 갑인(甲寅), 신해(辛亥), 병오(丙午), 무오(戊午), 임자(壬子), 을사(乙巳), 정사(丁巳) 등인데, 이런 것이 있으면 청춘과부가 되거나 남자 없는 독수공방(獨守空房) 신세가 되고, 남자는 홀아비가 된다.

또 음양차착살이란 병자(丙子), 정축(丁丑), 무인(戊寅), 신묘(辛卯), 임진(壬辰), 계사(癸巳), 갑인(甲寅), 병오(丙午), 정미(丁未), 무오(戊午), 무신(戊申), 신유(辛酉), 임술(壬戌), 계해(癸亥) 등으로서 이런 일주(日柱)의 여자는 대개 남자 집안을 망치기 쉽고 과부가 된다.

만일 고란살이 있는 사주의 시지(時支)에 형충(刑冲)이 겸해 있으면 남편의 뒤를 이을 자식이 없게 되고, 또 일시(日時)가 공망되면 과부가 될 팔자이다.

⑯ 여자 사주에 관살이 전부 있고, 관살과 재운으로 대운이 행하여 관성이 득지(得地)하면 과부가 된다.

⑰ 사주에 재와 관이 있는데 상관과 겁재운의 대운으로 행하면 남편을 얻기 어려우니 관운이 지나간 후에야 남편을 얻게 된다.

⑱ 여자 사주를 감명할 때는, 먼저 남자자리〔夫位 : 관성〕의 성쇠를 살피고, 다음으로 자식궁을 살펴 강약 관계를 보아야 하니 여명은 관왕, 자왕 하면 부귀영화를 누릴 것이요, 이와 반대로 자위(子位)가 사(死)하고, 부위(夫位)가 쇠하면 고독(과부가 됨)하고 빈천하다. 그

런데 부(夫)와 자(子)가 있는데 빈한한 자는 일주(日柱)가 쇠한 운이기 때문이며, '부'도 '자'도 없는데 창성한 것은 신왕운에 행하기 때문이다.

⑲ 여자 사주에 귀인이 적으면 창성치 못하며 귀인 합하면 기생이나 여승(女僧)이 되고 음란하다.

⑳ 사주에 상관이 있고 재성을 만나면 데릴사위가 되는 지아비를 보게 된다. 또 부성(夫星)이 일시(日時)에 나타나 있으면 편부(偏夫)이다.

그리고 신약하고 정관이 왕하면 정숙한 부인인데, 반대로 신약하고 7살이 왕하면 외롭고, 남편이 없거나 독수공방이다.

㉑ 사주에 정관이 편관 7살을 대동하면 빈천한 것이요, 관성이 월령에 득령하면 영화하나, 만일 상관이 태왕하면 반드시 지아비를 꺾고 성품도 중탁하다.

㉒ 사주에 편인이 거듭 있으면 복이 없고, 겸하여 고신살이 있으면 더욱 그러하다.

㉓ 편관 7살이 거듭 왕하면 귀한 자리(귀인이 붙은 것)에 있고 정관을 빼앗으며, 합함(정관이 합된 것)이 많으면 정조가 문란하여 불길한 사주이다.

㉔ 일간(日干)이 녹지〔甲寅, 乙卯 등〕에 임하면 음음하고, 일주(日柱)를 충하면 행동이 경솔하며, 도화살이 많으면 음란한 행위로 수치를 면치 못한다.

㉕ 여자 사주가 일간(日干)녹이 시지(時支)에 있으면〔日祿歸時格〕 사람들에게 존경을 받는다. 또 천월이덕(天月二德)이 사주에 있고, 다시 인수와 같이 만나면 두 신랑에게서 혼수를 받는다.

㉖ 일시(日時)에 양인살(羊刃殺)이 있으면 부궁(夫宮)에 불리하고, 자신의 성격과 운명에도 불길하다. 본래 양인살은 흉한 살이다.

㉗ 시주(時柱)에 식신이 건왕하면 일신이 길할 뿐만 아니라 자식이 영화롭게 된다. 이런 때에는 편인을 꺼린다.

㉘ 여자 사주는 음일간(陰日干)이 중화(中和)를 얻으면 현숙한 부인이

된다. 또 양일간(日干)에 시(時)가 왕성하면 귀하고 순한 부인이 된다. 부(夫)와 자(子) 복이 있다.

㉙ 사주에 목욕살(沐浴殺 : 패살)이 많으면 합되고 충됨을 크게 꺼리는 것이니 이런 사주의 여인은 일생에 많은 남성을 접대하는 접대부, 기생 등이 되거나, 많은 남자와 교제하게 된다.

㉚ 사주에 인성이 손상되면 시부모와 서로 잘 다투고, 식신이 왕성하면 자식을 많이 둘 것이요, 관살이 거듭되면 음란하다. 또 비겁이 토출되면, 남편을 두고 쟁탈전을 벌이게 된다.

㉛ 사주에 괴강(魁罡)이 있으면 남자를 빼앗기거나, 신들린 사람처럼 정신적으로 이상이 생기게 된다.

㉜ 사주가 일귀격(日貴格 : 癸卯日, 癸巳日, 丁亥日, 丁酉日)은 대개 평안한 복이 있으나, 남편을 빼앗기는 경우가 더러 있다.

㉝ 일지(干支)에 관살이 태왕하고 많은데 이를 식상으로 제극함이 없으면 기생이나 화류계 여인이 되거나 여승이 되기 쉽다.

귀격 조건(條件)의 여자사주

정관이 있어서 재관이 모두 생왕되며, 인수와 천덕(天德)이 겸하고, 한 개의 편관 7살이 있어도 이를 극제할 것이며, 상관은 생재하고, 일간(日干)이 녹지(祿地)에 있고, 재성을 만나고, 관성을 대합(帶合)하며, 일귀(日貴)가 재를 만나고, 관성귀인이 관운을 만나며, 7살이 녹에 앉아 있으며, 관성과 도화가 있고, 식신이 생재하게 하며, 천월이덕(天月二德)이 일주(日柱)를 도우며, 양인은 제극되어야 하며, 녹지에 귀인이 붙으며, 귀록격이 재를 만나는 것 등이다.

여자 사주의 천한 격

관살이 혼잡되고, 거듭 왕한데 이것이 제복되지 못하거나, 살성이 태중하거나 하면 천한 격이다.

또 상관이 태중하거나 이에 재가 인수를 국하여도 천격이다. 그리고 재가 많고 신약하거나, 양인살이 충형되거나, 금신(金神)이 양인살

을 겸하면 천격이요, 관성이 많고 합이 많으면 천격이며, 도화살을 생
해 주거나(子도화에 酉가 생해 주는 것 등), 신왕하여 의지할 곳(누설시킴
이 없는 것)이 없으면 천격이요, 상관이 관성을 만나고 재관이 인성을
만나고, 인수가 겁재 등을 만나는 것 등이 모두 천격이다.

이런 것은 그 경중과, 구제해 주는 것이 있는지 없는지를 잘 살펴보
아야 한다.

여자 사주의 길흉 관계

여자 사주에서 만일 편관을 남편[夫星]으로 삼을 경우, 7살이 1위(一
位)만 있어야 하는데, 7살이 많으면 부(夫)를 극한다. 그리고 정관이
꽉 차 있으면 좋지 않고, 7살이 꽉 차 있으면 도리어 복이 된다.

상관은 관성을 극하니, 상관운은 남편을 극하므로 상관을 제복하여
야 한다. 일간(日干)이 절지(絶地)되고 신약한데, 상관이 있으면 극부
하고 형액을 받게 된다. 또 사주에 관성이 많으면 부(夫)를 상하게 하
므로 천한 것이다.

그리고 상관과 도화가 함께 있으면 기생이나 화류계 여자가 된다.
혹 자식을 극하기도 한다.

만일 사주에 귀인이 1개만 있으며 길신이 임하면 혹 절지(絶地)에
해당될지라도 부귀하게 되고 정숙한 여성이 된다. 그러나 도화와 귀
인이 있으며 다시 함지(咸池 : 桃花)에 역마를 겸하면 음란함이 많아서
패가하게 된다. 다음에 진(辰)이 있고, 술(戌)이 없는 사주는 고독하
고, 말년이 더욱 적막하다.

또 술(戌)은 많은데 진(辰)이 없으면 초년에는 장애가 있으나 중년
은 길하고, 자식운도 길하나 풍류를 좋아하고 음란하다. 진술(辰戌)이
전부 있으면 음란하고, 이로써 패가하며 극부(剋夫), 극자(剋子)하고,
잔병으로 고생하며 수명도 불길하다.

여명 총결론

① 관성이 강왕하되 일주(日柱)가 태강하지 않아야 하며, 관성과 합하

고 절이 되지 않아야 한다.

② 녹을 띤 자는 살과 사(死), 절(絶)이 되지 않아야 하며, 역마가 귀인을 대동하면 풍진생활(風塵生活 : 풍류)을 하게 된다.

③ 진(辰)이 있으면 술(戌)을 만나지 않는 것이 좋다. 만일 진술(辰戌)이 모두 있으면 이는 음란한 것이다. 7살(편관)이 있으면 합을 꺼리지 않으나, 살이 없으면 살이 행하는 운을 꺼린다. 만일 합하는 신이 많이 대동(帶同)하면 기생되거나 가수가 된다.

④ 귀인은 1개만 있는 것이 좋고, 두셋이 있으면 역시 첩이나 기생이 되거나 무당이 된다. 또 양인이 상관을 대동하면 악사(惡死)수가 있게 되며, 사주 내에 인성이 많으면 자손을 손상하게 된다.

⑤ 천월이덕(天月二德)이 정재(正財)에 있으면 부귀하고, 다시 휴(休)수(囚)를 대동하면 벼슬작위를 받고 수복을 더한다.

⑥ 금수(金水)가 서로 만나면(金日主가 水왕 동절에 生함) 반드시 용모가 아름답다. 또 인신사해(寅申巳亥)가 전부 있으면 외롭고 음란하다. 또한 자오(子午)가 묘유(卯酉)를 만나도 음란하다. 그리고 진술축미(辰戌丑未)가 모두 있어도 부녀지도〔婦道〕에 크게 꺼린다.

⑦ 두 개의 귀인에 1개의 7살이 있으면 권세와 부귀가의 부인이 되며, 재관이 관고(官庫 : 支藏干)에 간직되면, 형충되는 날에 재관의 묘고(墓庫 : 辰戌丑未)를 열어서 창고의 재물을 쓰는 격이므로 부한 것이다. 여기에서 관고라는 것은 지장간에 있는 관을 말하는 것으로서 지장간을 묘고(창고라는 뜻)라 한다.

9. 결 혼 운

여자의 결혼 시기는 남편을 표시하는 용신이 왕성한 대운과 연운이나 관살이 왕성하는 대운과 연운에 있게 되며, 또는 일지(日支)와 연운이 삼합, 육합하는 해에 결혼하게 된다.

여자의 사주에 관살이 초년 대운에 왕성하거나, 연월주의 천간(天干)에 있거나 또는 일지에 있어서 용신을 생조하면 조혼하고 또 합함이 많아도 조혼하게 되는데, 이렇게 되면 이혼하기도 쉽다.

또는 사주에 관살이 없거나 혹은 초년 대운에 관살이 용신을 생조함이 없거나 또는 비겁이 많으면 늦게 결혼하게 된다.

여자의 사주가 순수하여 청기(淸氣)가 있으면 비교적 명망 있는 남편을 만나서 부귀하게 된다. 또한 일지에 정관이 희신(喜神), 용신일 때 혹은 병자일생(丙子日生), 무오일생(戊午日生)은 남편덕이 있어 좋은 배우자를 얻게 된다. 그러나 과부가 되기 쉽다.

여자의 사주에 천월덕이 정관에 해당되면 인자한 남편을 얻어 귀하게 된다. 또는 용신이 정관이거나 희신이 정관이고 지지와 충거함이 없으면 좋은 배우자를 만난다.

여자 사주에 정관이 희신 혹은 길신이고 장생을 만나면 유식한 남편을 만난다.

여자 사주에 용신이 다른 육신과 합하면 남자가 첩을 얻는다.

제3장 성명용 한자자전(漢字字典)

본 성명학에서는 한자의 획수를 정획(원획)수로 하고 음령오행(발음오행)은 원음을 그대로 하여 오행을 표출한다. 예로서 李를 '이'가 아닌 '리'로 하여 화(火)로 표출한다. 그리고 글자의 변오행(邊五行)과 글자의 뜻이 나타내는 오행도 적용한다. 예로서 글자 변오행에 氵변은 水, 木변은 木, 金변은 金, 火와 日변은 火, 土변은 土로 쓰고, 글자 뜻의 오행은 천간지지(天干地支)에서 사용되는 글자의 오행을 적용한다. 즉 丁丙은 火, 甲乙은 木 등이다.

그리고 한자에서 一二三四五六七八九까지의 숫자는 수의(數意)를 그대로 적용한다. 즉 획수를 적용치 않고 三은 3, 五는 5 등으로 한다.

1. 글자 획수, 뜻, 음령 오행

다음에 제시되는 오행에 주오행과 종오행을 표시하고, 괄호 안에는 변오행과 자의오행(字意五行)을 표시하였다.

1획부

一 한일, 土火(음령오행의 주와 종 오행).

乙 새을, 천간을, 土火(木)

2획부

丁 고무래정, 장정정, 성할정, 金土(火).

乃 이에내, 너내, 火.

卜 점복, 줄복, 水木.

又 또우, 다시우, 土.

3획부

上 위상, 높을상, 金土.

女 계집녀, 火.

寸 마디촌, 金火.

三 셋삼, 세번삼, 金水.

子 아들자, 자식자, 金(水)

大 큰대, 火.

于 어조사우, 갈우, 土.
山 메산, 金火.
凡 무릇범, 水水.
小 작을소, 金.
千 천천, 金火.
士 선비사, 벼슬사, 金.

4획부

中 가운데중, 맞힐중, 金土.
丹 붉을단, 火火.
之 갈지, 어조사지, 金.
云 이를운, (言也), 土火.
介 클개, 도울개, 木.
仁 어질인, 土火.
今 이제금, 木水.
元 으뜸원, 클원, 土火.
允 믿을윤, 진실윤, 土火.
內 안내, 대궐내, 火.
公 공사공, (正也), 木土.
片 조각편, 水火.
分 나눌분, 水火.
化 될화, 화할화, 土.
午 낮오, 말오, 土(火).
升 되승, 오를승, 金土.
卞 법변, 성변, 水火.
友 벗우, 친구우, 土.
少 젊을소, 버금소, 金.
夫 지아비부, 남자부, 水.
太 클태, 심할태, 火.

孔 구멍공, 성공, 木土.
尹 믿을윤, 벼슬이름윤, 土火.
心 마음심, 속심, 金水.
才 재주재, 능할재, 金.
文 글월문, 글문, 水火.
斗 말두, 별이름두, 火.
方 모질방, 방위방, 방법방, 水土.
壬 북방임, 水水.
日 날일, 낮일, 土火(火).
月 달월, 한달월, 土火.
毛 털모, 水.
王 임금왕, 土土.
天 하늘천, 金火.

5획부

玉 옥옥, 사랑할옥, 土木.
玄 아득할현, 土火.
可 옳을가, 木.
石 돌석, 金木.
丙 남녘병 水土(火).
生 날생, 살생, 金土.
用 쓸용, 부릴용, 土土.
田 밭전, 金火.
皮 가죽피, 水.
白 흰백, 고할백, 水木.
石 돌석, 섬석, 金木.
禾 벼화, 곡식화, 土.
立 설립, 세울립, 火水.
丘 언덕구, 모들구, 木.

世 인간세, 대세, 金.
仕 벼슬할사, 살필사, 金.
代 대신대, 火.
仟 일천천, 金火.
仙 신선선, 金火.
出 나갈출, 날출, 金火.
功 공공, 木土.
北 북녘북, 水木.
司 주장할사, 맡을사, 金.
台 삼태성태, 나이태, 火.
史 사기사, 사관사, 金.
外 바깥외, 土.
巨 클거, 木.
平 평할평, 화할평, 水土.
弘 클홍, 土土.
本 근본본, 밑본, 水火.
末 끝말, 水火.
正 바를정, 평할정, 金土.
必 반드시필, 水火.
民 백성민, 水火.
永 길영, 멀영, 土土.
甲 갑옷갑, (天干), 木水(木).
申 펼신, 원숭이신, 金火.

6획부

竹 대죽, 金木.
臣 신하신, 金火.
仲 버금중, 金土.
伍 다섯사람오, 土.

北 북녘북, 水木.
任 믿을임, 맡길임, 土水.
先 먼저선, 金火.
向 향할향, 성상, 土土.
光 빛날광, 木土.
全 온전할전, 金火.
再 두번재, 거듭재, 金.
印 도장인, 土火.
吉 길할길, 착할길, 木火.
圭 서옥규, 木(土).
在 있을재, 살필재, 金(土).
妃 왕비비, 배필비, 水.
好 좋을호, 사랑할호, 土.
如 같을여, 土.
宇 집우, 하늘우, 土.
安 편안할안, 안정안, 土火.
守 지킬수, 보살필수, 金.
宅 집택, 火木.
伊 저이, 어조사이, 土.
年 해년, 火火.
旭 날돋을욱, 土木(火).
有 있을유, 취할유, 土.
朱 붉을주, 金(木).
求 구할구, 木(水).
存 있을존, 金火.
行 행할행, 土土.
汝 너여, 土(水).
百 일백백, 水木.
自 스스로자, 金.

7획부

均 고를균, 木火　(土).

車 수레거(차), 金.

妙 묘할묘, 예쁠묘, 水.

辛 매울신, 천간신, 金火(金).

姃 계집엄정할정, 金土.

辰 별진(신), 용신, 金火.

妧 좋을완, 土火.

亨 형통할형, 土土.

江 물강, 木土(水).

兌 기꺼울태, 곧을태, 火(金).

甫 사나이보.

利 이할리, 火.

呂 법칙려, 성려, 火.

吳 오나라오, 土.

孝 효도효, 효할효, 土.

完 완전할완, 마칠완, 土火.

判 가릴판, 水火.

君 임금군, 木火.

宋 송나라송, 金土(木).

希 바랄희, 土.

延 미칠연, 맞을연, 土火.

廷 조정정, 바를정, 金火.

良 좋을량, 火土.

志 뜻지, 金.

秀 빼어날수, 金.

成 이룰성, 金土.

李 오얏리, 火(木).

杓 북두자루표, 水(木).

男 사내남 火水.

佑 도울우, 土.

佐 도울좌, 金.

8획부

金 쇠금, 성김, 木水(金).

長 긴장, 오래장, 金土.

雨 비우, 土(水).

靑 푸를청, 金土(木).

京 서울경, 木土.

枝 가지지, 金(木).

來 올래, 火.

松 솔송, 소나무송, 金土(木).

佶 바를길, 木火.

林 수풀림, 火水(木).

佰 백사람의어른백, 木水.

杰 호걸걸, 木火(木).

典 법전, 金火.

始 비로소시, 金.

具 갖출구, 기구구, 木.

卓 높을탁, 火木.

和 화할화, 土.

虎 범호, 土.

周 두루주, 金.

奉 받들봉, 水土.

宗 마루종, 높을종, 金土.

宜 마땅의, 土.

定 정할정, 金土.

242

坡 언덕파, 水(土).
官 벼슬관, 木土.
尙 오히려상, 金土.
岩 바위암, 土水.
姐 맏누이저, 金.
姝 예쁠주, 金.
幸 다행할행, 土土.
庚 천간경, 木土(金).
汪 깊고넓을왕, 土土(水).
忠 충성충, 金土.
沅 물이름원, 土火(水).
承 이을승, 도울승, 金土.
沇 물흐를연, 土火(水).
政 정사정, 金土.
沃 물댈옥, 土木(水).
旻 가을하늘민, 水火(火).
旿 낮밝을오, 土(火).
旼 화할민, 水火(火).
昆 맏곤, 형곤, 木火(火).
昊 여름하늘호, 土(火).
炅 밝을경, 木土(火).
昌 창성창, 성할창, 金土(火).
直 곧을직, 金木.
昂 밝을앙, 土土(火).
妸 고을아, 土.
炅 빛날경, 木土(火).
旺 왕성할왕, 土土(火).
明 밝을명, 水土(火).
昇 해돋을승, 오를승, 金土(火).

東 동녘동, 火土(木).
杰 호걸걸, 木火(木).
欣 기쁠흠, 土水.
武 호반무, 건장할무, 水.
玟 옥돌민, 水火.
知 알지, 깨달을지, 金.
秉 잡을병, 水土.
姈 계집영리할령, 火土.
妌 계집단정할정, 金土.
表 표할표, 겉표, 水.
坤 땅곤, 순할곤, 木火(土).

9획부

香 향기향, 土土.
亮 밝을량, 火土.
亭 정자정, 金土.
信 믿을신, 金火.
俊 준걸준, 金火.
保 보전할보, 안보보, 水.
勇 날랠용, 용맹용, 土土.
姞 후직이름길, 木火.
垠 땅은, 土火(土).
勉 힘쓸면, 水火.
南 남녘남, 火水(火).
厚 두터울후, 土.
奎 별이름규, 木(土).
姬 계집희, 土.
姸 고울연, 예쁠연, 土火.
姜 성강, 木土.

宣 베풀선, 金火.
律 법칙률, 火.
思 생각할사, 金.
姙 아이밸임, 土水.
姝 빛깔고울주, 金.
春 봄춘, 金火(火).
映 비칠영, 土土(火).
昱 빛날욱 土木(火).
星 별성, 金土(火).
是 이시, 옳을시, 金(火).
昭 밝을소, 金(火).
昞 밝을병, 水土(火).
河 물하, 土(水).
泰 클태, 통할태, 火(水)
波 물결파, 水(水)
炫 밝을현, 土火(火).
炳 밝을병, 빛날병, 水土(火).
怜 영리할령, 火土.
玢 옥무늬분, 水火.
炯 밝을형, 土土(火).
玟 옥돌민, 水火.
咸 다함, 土水.
珉 붉은옥윤, 土火.
相 서로상, 金土.
省 살필성, 金土.
柱 기둥주, 金(木).
柄 자루병, 水土(木)(火).
禹 하우씨우, 土.
秋 가을추, 金.

治 다스릴치, 金.
紅 붉을홍, 土土.
性 성품성, 金土.
泳 헤엄칠영, 土土(水).
法 법법, 水水(水).
美 아름다울미, 水.
胤 이을윤, 맏아들윤, 土火.
致 이를치, 金.
衍 넓을연, 土火.
貞 곧을정, 金土.
述 지을술, 이을술, 金火.
重 무거울중, 金土.

10획부

益 더할익, 土木.
乘 탈승, 의지할승, 金土.
修 다스릴수, 닦을수, 金.
兼 겸할겸, 木水.
剛 굳셀강, 木土.
原 언덕원, 근본원, 土火.
哲 밝을철, 金火
埈 높을준, 金火(土).
城 재성, 성성, 金土(土).
夏 여름하, 土.
娓 아름다울미, 水.
祐 도울우, 土.
祥 상서상, 金土.
娟 예쁠연, 고울연, 土火.
娥 예쁠아, 선녀아, 土.

娘 젊은계집낭, 각시낭, 火土.
娜 아리따울나, 火.
娍 아리따울성, 金土.
孫 손자손, 金火.
容 얼굴용, 모양용, 土土.
宰 재상재, 金.
峻 높고험할준, 金火.
峰 산봉우리봉, 水土.
恩 은혜은, 사랑할은, 土火.
效 본받을효, 土.
時 때시, 金(火).
晉 나라이름진, 金火(火).
昶 밝을창, 金土(火).
晃 밝을황, 土土(火).
映 밝으려할홍, 土土(火).
書 글서, 쓸서, 金.
曹 무리조, 金.
桂 계수나무계, 木(木).
起 일어날기, 木.
根 뿌리근, 木火(木).
桓 씩씩할환, 土火(木).
栗 밤률, 火火(木).
栢 잣나무백, 水木(木).
殷 은나라은, 土火.
洪 클홍, 넓을홍, 土土(水).
洙 물가수, 金(水).
洵 믿을순, 金火(水).
洹 흐를원 土火(水).
洸 물솟을광, 木土(水).

洋 큰바다양, 土土(水).
洲 섬주, 金(水).
洛 낙수낙, 火木(水).
洽 화할흡, 土水(水).
烘 불에쬘홍, 土土(火).
烈 매울렬, 火火(火).
珏 쌍옥각, 木木.
珍 보배진, 金火.
玲 옥소리령, 火土.
珉 옥돌민, 水火.
玹 옥돌현, 土火.
眞 참진, 진실로진, 金火.
祚 복조조, 지위조, 金.
粉 가루분, 水火.
素 흴소, 바탕소, 金.
純 순전할순, 金火.
紋 무늬문, 부채문, 水火.
耕 밭갈경, 木土.
耿 빛날경, 木土(火).
芝 지초지, 金.
芙 연꽃부, 水.
芬 향기분, 水火.
芭 파초파, 水.
花 꽃화, 土.
芳 꽃다울방, 水土.
訓 가르칠훈, 土火.
軒 초헌헌, 土火.
高 높을고, 木.

11획부

英 꽃뿌리영, 土土.
凰 봉황황, 土土.
卨 은나라시조이름설, 金火.
卿 벼슬경, 재상경, 木土.
啓 열계, 아뢸계, 木.
國 나라국, 木木.
基 터기, 자리잡을기, 木(土).
培 북돋을배, 水(土).
商 상나라상, 장사상, 金土.
振 떨칠진, 金火.
嫙 화동할인, 土火.
堂 집당, 대청당, 火土.
寅 범인, 공경할인, 土火(木).
崔 높을최, 성최, 金.
常 항상상, 떳떳할상, 金土.
庸 떳떳할용, 항상용, 土土.
康 편안강, 木土.
張 베풀장, 벌릴장, 金土.
彩 채색채, 빛날채, 金.
彬 빛날빈, 水火.
得 얻을득, 火木.
婌 후궁벼슬이름숙 金木.
苑 동산원, 土火.
姹 예쁠화, 土火.
婉 예쁠완, 土火.
敏 민첩할민, 水火.
斌 빛날빈, 水火.

旋 돌이킬선, 金火.
晨 새벽신, 샐녘신, 金火.
晧 해돋을호, 土(火).
晟 밝을성, 金土(火).
晚 늦을만, 저물만, 水火(火).
焖 불꽃형, 土火(火).
現 나타날현, 土火.
紫 검붉을자, 金.
婘 예쁠권, 木火.
晙 밝을준, 金火(火).
翊 삼갈익, 도울익, 土木.
逢 만날봉, 水土.
郭 성곽, 木木.
陳 벌릴진, 펼진, 金火.
浚 물가준, 金火(水).
珠 진주주, 金.
珪 서옥규, 木.

12획부

黃 누를황, 土土.
勝 이길승, 金土.
媄 여자아름다울미, 水.
植 심을식, 金木.
喜 기쁠희, 土.
善 착할선, 金火.
喆 밝을철, 金火.
壹 한일, 土火.
富 부자부, 水.
弼 도울필, 水火.

246

惠　은혜혜, 土.
悳　큰덕, 火木.
敦　도타울돈, 火火.
智　지혜지, 金.
淑　맑을숙, 金木(水).
景　볕경, 木土(火).
晶　맑을정, 수정정, 金土(火).
朝　아침조, 金.
欽　공경할흠, 土水(金).
然　그럴연, 土火(火).
琴　거문고금, 木水.
皓　흴호, 밝을호, 土.
盛　성할성, 金土.
翔　날개펴고날상, 金土.
貴　귀할귀, 木.
雲　구름운, 土火.
淸　맑을청, 金土(水).
雄　수컷웅, 웅장할웅, 土土.
順　순할순, 金火.
能　능할능, 火火.
淳　순박할순, 金火(水).
肅　엄숙할숙, 金木.

13획부

勢　권세세, 형세세, 金.
勤　부지런할근, 木火.
勠　협력할륙, 火木.
彙　무리휘, 모을휘, 土.
愚　어리석을우, 土.

愛　사랑애, 土.
敬　공경할경, 木土.
新　새신, 새로울신, 金火.
會　모을회, 土.
楚　초나라초, 金(木).
業　업업, 일할업, 土水(木).
熙　빛날희, 土(火).
義　옳을의, 의리의, 土.
羨　부러워할선, 金火.
聖　성인성, 金土.
載　실을재, 金.
暎　빛날영, 土土(火).
楊　버들양, 土土(木).
琬　서옥완, 土火.
湧　물솟을용, 土土(水).
湖　큰늪호, 土(水).
淳　물이름정, 金土(水).
渡　건널도, 火(水).
渼　물결미, 水(水).
湞　물줄성, 金土(水).
湜　물맑을식, 金木(水).
煥　빛날환, 土火(火).
煜　빛날욱, 土木(火).
煐　빛날영, 土土(火).
琦　옥기, 클기, 木.
琪　옥기, 木.
琥　옥그릇호, 호박호, 土.
琳　아름다운옥림, 火水.
琨　아름다운옥곤, 木火.

琵　비파비,　水.
琶　비파파,　水.
琴　거문고금,　木水.
琡　옥이름숙,　金木.
祿　복록록,　火木.
稙　일찍심을벼직,　金木.
裕　넉넉할유,　너그러울유,　土.
郁　문채날욱,　土木.
鉉　솥귀현,　土火(金).
鈴　방울령,　火土(金).
鈺　보배옥,　土木(金).
園　동산원,　土火.
經　경서경,　글경,　木土.
椿　참죽나무춘,　金火(木).
揆　헤아릴규,　木.
軾　수레앞턱가로나무식,　金木.
溫　따뜻할온,　土火(水).
渶　물맑을영,　土土(水).
琠　옥이름전,　金火.
祺　길할기,　木.

14획부

壽　목숨수,　金.
寧　편안할령,　火土.
嫮　아름다울호,　土.
僖　즐거울희,　土.
實　열매실,　金火.
慈　사랑할자,　金.
愼　삼갈신,　정성스러울신,　金火.

嘉　아름다울가,　木木.
暢　화창할창,　金土.
榕　용나무용,　土土(木).
榿　기나무기,　木(木).
溶　편편히흐를용,　土土(水).
榮　영화영,　빛날영,　土土(木).
溥　클부,　넓을부,　水(水).
溪　시내계,　木(水).
準　법준,　金火(水)
溫　따뜻할온,　土火(水).
瑞　상서서,　金.
瑄　큰옥선,　金火.
瑛　옥광채영,　土土.
睿　성인예,　土.
碧　푸를벽,　水木.
福　복복,　水木.
禎　복정,　金土.
種　심을종,　金土.
綺　비단기,　木.
綱　벼리강,　木土.
華　빛날화,　土.
誠　정성성,　金土.
豪　호걸호,　土.
赫　빛날혁,　土木.
趙　조나라조,　金.
輔　도울보,　水.
逢　만날봉,　水土.
連　이을련,　火火.
郎　사내랑,　火土.

銀 은은, 土火(金).
閨 규수규, 木.
鳳 새봉, 水土.
夢 꿈몽, 水土.
碩 클석, 金木.
嫦 계집이름상, 金土.
彰 밝을창, 金土.
滄 서늘할창, 金土(水).
熏 불사를훈, 土火(火).

15획부

樂 즐거울락, 火木(木).
標 표할표, 水(木).
樑 들보량, 火土(木).
樣 모양양, 土土(木).
滿 찰만, 가득할만, 水火(水).
漢 한수한, 은하수한, 土火(水).
漂 뜰표, 떠서흐를표 水(水).
漸 점점점, 金水(水).
演 물흐를연, 土火(水).
瑢 패옥소리용, 土土.
瑱 귀막이옥진, 金火.
瑪 옥돌마, 마노마, 水.
瑩 귀막이옥영, 土土.
瑨 옥진, 金火.
璁 옥은, 土火.
範 법범, 본보기범, 水水.
練 단련할련, 火火.
興 일흥, 土土.

萬 일만만, 水火.
葉 잎엽, 土水.
賢 어질현, 土火.
贊 도울찬, 金火.
輝 빛날휘, 土.
進 나아갈진, 金火.
逸 놓을일, 편안일, 土火.
郭 성곽, 木木.
鋈 도금할옥, 土木(金).
震 진동할진, 벼락칠진, 金火.
魯 나라노, 火(火).
養 칠양, 기를양, 土土.
院 집원.
鋪 펼포, 베풀포, 水(金).
鋒 칼날봉, 水土(金).
銳 예리할예, 土(金).
鋌 쇳덩이정, 金土(金).
賦 부세부, 줄부, 水.
慶 경사경, 木土.
複 거듭부, 水.
調 고를조, 金.
儀 거동의, 土.
儁 준걸준, 金火.
價 값가, 木.
億 억억, 土木.
劉 묘금도류, 火.
奭 클석, 金木.
嬉 아름다울희, 土.
嬈 예쁜체할요, 土.

嬅　여자의이름자화，　土.
嬒　여자의이름자회，　土.
寬　너그러울관，　木火.
審　살필심，　金水.
廣　넓을광，　木土.
影　그림자영，　土土.
徹　관철할철，　金火.
德　큰덕，　火木.
慮　생각려，　土.
慧　지혜혜，　土.
慕　사모할모，　水.
敷　베풀부，　水.
暭　밝을호，　土(火).
暲　해돋을장，　金土(火).
模　법모，　水(木).
槿　무궁화근，　木火(木).
綠　푸를록，　火木.
輸　보낼수，　金.

16획부

龍　용룡，　미리룡，　火土.
龜　거북구，　木.
勳　공훈，　土火(火).
學　배울학，　土木.
導　인도할도，　火.
熹　밝을희，　土(火).
憲　법헌，　土火.
整　정제할정，　金土.
燕　연나라연，　土火(火).

盧　성로，　火.
篤　도타울독，　火木.
嬙　계집벼슬이름장，　金土.
翰　깃한，　土火.
靜　고요할정，　金土.
儒　선비유，　土.
憬　멀경，　木土.
曈　먼동틀동，　火土(火).
暾　밝을돈，　火火(火).
曄　빛날화，　土(火).
暻　밝을경，　木土(火).
曒　밝을철，　金火(火).
機　베틀기，　木(木).
樹　나무수，　金(木).
樺　자작나무화，　土(木).
橓　무궁화나무순，　金火(木).
潼　물결높을동，　火土(水).
澈　물맑을철，　金火(水).
潤　물흐를민，　水火(水).
潤　부를윤，　윤택할윤，　土火(水).
澎　물소리팽，　水土(水).
潘　물이름반，　水火(水).
澔　채색빛날호，　土(水).
潭　연못담，　火水(水).
澆　물댈요，　土(水).
潔　맑을결，　木火(水).
潚　깊고맑을축，　金木(水).
澐　큰물결운，　土火(水).
熺　밝을희，　土(火).

燉 불성할돈, 火土(火).
瑾 붉은옥근, 木火.
璇 옥이름선, 金火.
璊 붉은옥문, 水火.
璟 옥빛경, 木土.
穆 화할목, 水木.
蒙 어릴몽, 水土.
蓉 쑥용, 土土.
蓋 덮을개, 木.
蒼 푸를창, 金土.
諸 모두제, 金.
運 옮길운, 土火.
道 길도, 火.
達 사무칠달, 火火.
都 도읍도, 火.
錢 돈전, 金火(金).
鋼 강철강, 木土(金).
錦 비단금, 木水(金).
錫 주석석, 金木(金).
陳 베풀진, 金火.
陰 그늘음, 土水.
陸 뭍륙, 火木.
默 잠잠할묵, 水木.
曉 새벽효, 土(火).
燃 불탈연, 土火(火).
璃 유리리, 火.
璋 서옥장, 金土.
憙 기쁠희, 즐거울희, 土.

17획부

嬪 계집의벼슬이름빈, 水火.
嬬 아내유, 土.
嶱 산이름호, 土.
嶸 산높을영, 土土.
彌 그칠미, 더할미, 水.
應 응할응, 土土.
憶 생각할억, 土木.
檀 박달나무단, 火火(木).
橿 박달나무강, 木土(木).
檉 능수버들정, 金土(木).
澥 바다이름해, 土(水).
澤 못택, 윤택할택, 火木(水).
澯 맑을찬, 金土(水).
潐 큰물넘쳐흐를초, 金(水).
燮 불꽃섭, 화할섭, 金水(火).
營 지을영, 土土(火).
燦 빛날찬, 金土(火).
璡 옥돌진, 金火.
璟 옥돌경, 木土.
禧 복희, 土.
總 거느릴총, 金土.
繁 번성할번, 水火.
羲 기운희, 土.
聲 소리성, 金土.
蔡 법채, 거북채, 金.
蔣 나라이름장, 金土.
遠 멀원, 土火.

鄕　마을향, 土土.
鄒　나라이름추, 金.
鍾　쇠북종, 金土(金).
鍵　자물쇠건, 木火(金).
隆　성할륭, 土土.
陽　볕양, 양기양, 土土.
鍊　단련할련, 火火(金).
韓　나라한, 土火.
駿　준마준, 金火.
鮮　새선, 좋을선, 金火.
鴻　기러기홍, 土土.
齋　집재, 金.
臨　임할림, 火水.
優　넉넉할우, 이길우, 土.
償　갚을상, 金土.
壕　땅이름호, 土(土).
嬰　두를영, 土土.
嶽　메악, 土木.
擇　가릴택, 火木.
璜　반달옥황, 土土.
燥　말릴조, 마를조, 金(火).
禪　전위할선, 고요할선, 金火.
蔚　익모초위, 土.
蓬　터부룩할봉, 쑥봉, 水土.
遜　겸손할손, 金火.
遺　끼칠유, 土.
鍍　도금할도, 火(金).
闌　차면란, 드물란, 火火.
隋　수나라수, 金.

雖　비록수, 金.
霞　놀하, 멀하, 土.
鞠　구부릴국, 木木.
隅　모퉁이우, 土.

18획부

戴　덤받을대, 火.
曙　새벽서, 金(火).
曜　빛날요(日出照), 土(火).
檪　향나무전, 金火(木).
歸　돌아갈귀, 木.
濟　건널제, 金(水).
濤　큰물결도, 火(水).
濦　물흐를은, 火土(水).
濠　해자호, 土(水).
濯　씻을탁, 火木(水)
濱　물가빈, 水火(水).
燻　불기운훈, 土火(火).
燿　비칠요, 土(火).
燽　밝을주, 金(火).
爀　빛날혁, 土木(火).
爵　벼슬작, 金木.
璨　옥광채찬, 金火.
環　둘릴환, 土火.
瑜　옥이름촉, 金木.
璥　옥경, 木土.
礎　주춧돌초, 金.
禮　예도례, 火.
簡　편지간, 木火.

繡 비단숙, 金木.
翼 날개익, 土木.
豐 풍년풍, 水土.
鎔 녹일용, 土土(金).
鎭 진정할진, 金火(金).
鎬 호경호, 土(金).
濬 깊을준, 金火(水).
曛 어둑어둑할훈, 土火.
濩 흘러퍼질호, 土(水).
燾 덮을도, 비칠도, 火(火).
繕 기울선, 金火.
聶 낄섭, 金水.
蕙 난초혜, 土.
覆 돌이킬복, 水木.
謀 꾀모, 水.
鎣 꾸밀형, 土土(金).
鎰 스물녁냥중일, 土火(金).
顔 얼굴안, 土火.
馥 향기복, 水木.
鵑 뻐꾹새견, 木火.

霧 안개무, 水.
鏞 큰쇠북용, 土土.
鏡 거울경, 木土(金).
鄲 땅이름단, 火火.
選 가릴선, 金火.
轍 바퀴자국철, 金火.
贊 도울찬, 찬성할찬, 金火.
譚 말씀담, 火水.
薛 다북쑥설, 나라이름설, 金火
薦 천거할천, 金火.
蘊 마름온, 土火.
薇 장미화미, 水.
疇 밭주, 金.
瀅 물맑을영, 土土(水).
曠 빌광, 밝을광, 木土(火).
勸 권할권, 木火.
羅 벌릴라, 火.
嬿 안존할연, 土火.
鄯 나라이름선, 金火.
鄭 정나라정, 金土.
鏋 금만, 水火(金).

19획부

龐 충실할롱, 火土.
麒 기린기, 木.
麗 고울려, 火.
鶉 메추라기순, 金火.
鵬 큰새붕, 水土.
願 원할원, 土火.
韻 운운, 土火.

20획부

嚴 엄할엄, 土水.
壤 곱다란흙양, 土土(土).
寶 보배보, 水.
巆 산골으슥할영, 土土.
曦 햇빛희, 土(火).
瀚 질펀할한, 土火(水).

瀟 물맑고깊을소, 金(水).
瀛 큰바다영, 土土(水).
瀞 맑을정, 정결할정, 金土(水).
燁 빛날화, 土(火).
爔 불희, 날빛희, 土(火).
瓊 붉은옥경, 木土.
璨 유리려, 火.
籍 문서적, 金木.
耀 빛날요, 土.
薰 향풀훈, 土火.
覺 깨달을각, 木木.
還 돌아올환, 土火.
鐘 큰쇠북종, 金土(金).
隣 이웃린, 火火.
黨 무리당, 火土.
孃 계집양, 土土.
璣 옥돌기, 木.
競 다툴경, 木土.
繼 이을계, 木.
譜 문서보, 곡보보, 水.
邀 맞을요, 구할요, 土.
邁 멀리갈매, 水.
露 이슬로, 火.
馨 향내멀리날형, 土土.
騰 오를등, 土土.
鷄 닭계, 木.

21획부
瀯 물소리영, 土土(水)

瀾 큰물결란, 火火(水).
爛 찬란할란, 火火(火).
藝 재주예, 土.
藤 덩굴등, 火土.
鐸 방울탁, 요령탁, 火木(金).
隨 좇을수, 金.
霹 벼락벽, 水木.
響 소리향, 土土.
驃 날쌜표, 말달릴표, 水.
鶯 꾀꼬리앵, 土土.
鶴 학학, 土木.
鶲 할미새옹, 土土.
欄 난간란, 火火(木).
櫻 앵두앵, 土土(木).
護 호위호, 土.
顧 돌아볼고, 木.
辯 말잘할변, 水火.
邇 가까울이, 土.
鐵 쇠철, 金火(金).
鏽 쇳덩이수. 金(金).
蘭 난초란, 火火.

22획부
瓔 옥돌영, 土土.
蘆 갈로, 火.
蘇 차조기소, 부소나무소, 金.
邊 가변, 변방변, 水火.
鑑 거울감, 본뜰감, 木水(金).
鑄 쇠를녹여틀에부을주, 金(金).

隱 숨을은, 土火.
霽 비갤제(雨止), 金.
驊 준마화, 土.
驍 날랠효, 좋은말효, 土.
騸 좋은말숙, 金木.
權 권세권, 木火(木).
攝 몰아잡을섭, 金水.
巑 산높을찬, 金土.
灃 물이름풍, 水土(水).
灌 물댈관, 木火(水).
瓓 옥무늬란, 火火.
歡 기쁠환, 土火.
穰 벼줄기양, 土火.
鑊 가마확, 土木(金).
覇 으뜸패, 대왕패, 水.

23획부
巖 큰바위암, 土水.
瓘 서옥관, 木火.
顯 나타날현, 土火.
鷹 매응, 土土.
鷬 꾀꼬리황, 土土.
麟 기린린, 火火.

24획부
瓚 옥그릇찬, 金火.
壠 땅이름농, 火土.
靈 신령령, 火土.
穳 벼베어가리칠찬, 金火.

25획부
觀 볼관, 木火.

2. 각 성자(姓字) 수, 음양, 오행

각 성자의 음양과 음령오행의 간지(干支)를 다음과 같이 표시한다. 괄호 안에는 글자의 변오행과 뜻외 오행을 표시하고, 음령오행에 지(支)와 간지(干支)를 겸하여 표시하였다.

오행에서 첫 오행은 주오행(主五行)을 뜻하고, 두 번째 오행은 종오행(從五行)을 뜻한다.

1획부〔陽〕
一 일, 土火, 辰午, 戊午.
乙 을, 土火, 辰午, 戊午.

2획부〔陰〕
丁 정, 金土, 酉未, 辛未.
卜 복, 水木, 亥卯, 癸卯.

3획부〔陽〕

于　우, 土, 辰, 戊辰.

弓　궁, 木土, 寅辰, 甲辰.

凡　범, 水水, 子子, 壬子.

4획부〔陰〕

尹　윤, 土火, 未巳, 己巳.

元　원, 土火, 未巳, 己巳.

文　문, 水火, 亥巳, 癸巳.

方　방, 水土, 亥未, 癸未.

太　태, 火, 巳, 丁巳.

公　공, 木土, 卯未, 乙未.

孔　공, 木土, 卯未, 乙未.

王　왕, 土土, 未未, 己未.

午　오, 土, 未(火), 午, 己巳, 戊午.

天　천, 金火, 酉巳, 辛巳.

夫　부, 水, 亥, 癸亥.

化　화, 土, 未, 己未.

毛　모, 水, 亥, 癸亥.

卞　변, 水火, 亥巳, 癸巳.

片　편, 水火, 亥巳, 癸巳.

5획부〔陽〕

白　백, 水木, 子寅, 壬寅.

玄　현, 土火, 辰午, 戊午.

申　신, 金火, 申午, 庚午.

田　전, 金火, 申午, 庚午.

甘　감, 木水, 寅子, 甲子.

史　사, 金, 申, 庚申.

玉　옥, 土木, 辰寅, 戊寅.

丘　구, 木, 寅, 甲寅.

皮　피, 水, 子, 壬子.

石　석, 金木, 申寅, 庚寅.

平　평, 水土, 子辰, 壬辰.

弘　홍, 土土, 辰辰, 戊辰.

永　영, 土土, 辰辰, 戊辰.

司　사, 金, 申, 庚申.

6획부〔陰〕

安　안, 土火, 未巳, 己巳.

朴　박, 水木(木), 亥卯(卯), 癸卯.

全　전, 金火, 酉巳, 辛巳.

吉　길, 木火, 卯巳, 己巳.

朱　주, 金, 酉, 辛酉.

印　인, 土火, 未巳, 己巳.

牟　모, 水, 亥, 癸亥.

7획부〔陽〕

李　리, 火(木), 午午(寅), 丙午(寅).

吳　오, 土, 戌, 戊戌.

辛　신, 金火, 申午, 庚午.

成　성, 金土, 申戌, 庚戌.

呂　려, 火, 午, 丙午.

宋　송, 金土(木), 申戌(寅), 庚戌(寅).

池　지, 金(水), 申(子),
　　　庚申(子).

余　여, 土, 戌, 戊戌.

延　연, 土火, 戌午, 戊午.

車　차, 金, 申, 庚申.
杜　두, 火(木)午, 丙午(寅).

8획부〔陰〕

金　김, 木水(金), 卯亥(酉), 乙亥(酉).
孟　맹, 水土, 亥丑, 癸丑.
具　구, 木, 卯, 乙卯.
奇　기, 木, 卯, 乙卯.
尙　상, 金土, 酉丑, 辛丑.
沈　심, 金水(水), 酉亥, 辛亥(亥).
林　림, 火水(木), 巳亥(卯), 丁亥(卯).
房　방, 水土, 亥丑, 癸丑.
表　표, 水, 亥, 癸亥.
宗　종, 金土, 酉丑. 辛丑.
卓　탁, 火木, 巳卯, 丁卯.
奉　봉, 水土, 亥丑, 癸丑.
周　주, 金, 酉, 辛酉.
明　명, 水土, 亥丑, 癸丑.
承　승, 金土, 酉丑, 辛丑.
昔　석, 金木, 酉卯, 辛卯.
長　장, 金土, 酉丑, 辛丑.
夜　야, 土土, 丑丑, 己丑.

9획부〔陽〕

南　남, 火水, 午子(火), 丙子(午).
兪　유, 土土, 戌戌, 戊戌.
禹　우, 土土, 戌戌, 戊戌.
柳　류, 火火(木), 午午(寅), 丙午(寅).
姜　강, 木土, 寅戌, 甲戌.

咸　함, 土水, 戌子, 戊子.
河　하, 土(水), 戌(子), 戊戌(子).
宣　선, 金火, 申午, 庚午.
秋　추, 金(火), 申, 庚申(午).

10획부〔陰〕

孫　손, 金火, 酉巳, 辛巳.
徐　서, 金, 酉, 辛酉.
洪　홍, 土土(水), 丑丑, 己丑(亥).
高　고, 木, 卯, 乙卯.
殷　은, 土火, 丑巳, 己巳.
馬　마, 水, 亥, 癸亥.
芮　예, 土, 丑, 己丑.
桂　계, 木(木), 卯, 乙卯.
曹　조, 金, 酉, 辛酉.

11획부〔陽〕

崔　최, 金, 申, 庚申.
許　허, 土, 辰, 戊辰.
康　강, 木土, 寅辰, 甲辰.
張　장, 金土, 申辰, 庚辰.
魚　어, 土, 辰, 戊辰.
曹　조, 金, 申, 庚申.
梁　량, 火, 午, 丙午.
胡　호, 土, 辰, 戊辰.

12획부〔陰〕

黃　황, 土土, 未未, 己未.

閔 민, 水火, 亥巳, 癸巳.
景 경, 木土, 卯未, 乙未.
智 지, 金, 酉, 辛酉.
程 정, 金土, 酉未, 辛未.
彭 팽, 水土, 亥未, 癸未.

13획부〔陽〕

楊 양, 土土(木), 辰辰, 戊辰(寅).
琴 금, 木水, 寅子, 甲子.
廉 렴, 土水, 辰子, 戊子.
莊 장, 金土, 申辰, 庚辰.
慈 자, 金, 申, 庚申.
舜 순, 金火, 申午, 庚午.
賈 가, 木, 寅, 甲寅.
敬 경, 木土, 寅辰, 甲辰.

14획부〔陰〕

趙 조, 金, 酉, 辛酉.
裵 배, 水, 亥, 癸亥.
鳳 봉, 水土, 亥未, 癸未.
愼 신, 金火, 酉巳, 辛巳.
端 단, 火火, 巳巳, 丁巳.
賓 빈, 水火, 亥巳, 癸巳.
種 종, 金土, 酉未, 辛未.

15획부〔陽〕

郭 곽, 木木, 寅寅, 甲寅.
劉 류, 火, 午午, 丙午.
葉 엽, 土水, 辰子, 戊子

魯 로, 火, 午午, 丙午.
童 동, 火土, 午辰, 丙辰.
漢 한, 土火(水), 辰午, 戊午.
標 표, 水(木), 子, 壬子.
價 가, 木, 寅, 甲寅.
墨 묵, 水木, 子寅, 壬寅.
慶 경, 木土, 寅辰, 甲辰.
葛 갈, 木火, 寅午, 甲午.

16획부〔陰〕

盧 로, 火, 巳, 丁巳.
陳 진, 金火, 酉巳, 辛巳.
潘 반, 水火(水), 亥巳(亥), 癸巳(亥).
都 도, 火, 巳, 丁卯.
鞠 국, 木木, 卯卯, 乙卯.
陸 륙, 火木, 巳卯, 丁巳.
諸 제, 金, 酉, 辛酉.
錢 전, 金火, 酉巳, 辛巳.
龍 룡, 火土, 巳未, 丁未.

17획부〔陽〕

韓 한, 土火, 戌午, 戊午.
蔡 채, 金, 申, 庚申.
蔣 장, 金土, 申戌, 庚戌.
鄒 추, 金, 申, 庚申.

18획부〔陰〕

魏 위, 土, 丑, 己丑.
簡 간, 木火, 卯巳, 乙巳.

禮 례, 火, 巳, 丁巳.

19획부〔陽〕
羅 라, 火, 午, 丙午.
鄭 정, 金土, 申戌, 庚戌.
薛 설, 金火, 申午, 庚午.
龐 방, 火, 午, 丙午.
離 리, 火(火)午, 丙午.

20획부〔陰〕
嚴 엄, 土水, 丑亥, 己亥.

21획부〔陽〕
釋 석, 金木, 申寅, 庚寅.

22획부〔陰〕
權 권, 木火, 卯巳, 乙巳.
邊 변, 水巳, 亥巳, 癸巳.
蘇 소, 金, 酉, 辛酉.

2자 성(姓)인 경우
　　2자 성(姓)은 두 자를 합한 수리를 쓰고, 음령오행에 발음 그대로 지(支)오행을 표출하나 간지(干支)를 표출할 때는 첫자의 주오행(主五行)을 간(干)으로 하고, 끝자의 주오행을 지(支)로 삼는다.

乙支 　을지, 5획(陽), 土火金, 辰午, 戊申.

小室 　소실, 12획(陰), 金火, 酉巳, 辛巳.

大室 　대실, 12획(陰), 火金, 巳酉, 丁酉.

東方 　동방, 12획, 火土水土, 巳丑亥丑, 丁亥.

司空 　사공, 13획, 金木土, 申寅辰, 庚寅.

令孤 　영고, 13획, 火土木, 午辰寅, 丙寅.

西門 　서문, 14획, 金水火, 酉亥巳, 辛亥.

公孫 　공손, 14획, 木土金火, 卯未酉巳, 乙酉.

石抹 　석말, 14획, 金木水火, 酉卯亥巳, 辛亥.

仲室 　중실, 15획, 金土金火, 申辰申午, 庚申.

皇甫 　황보, 10획, 土土水, 未未亥, 己亥.

古爾 　고이, 19획, 木土, 寅戌, 甲戌.

南宮 　남궁, 19획, 火水木土, 午子寅戌, 丙寅.

再會 　재회, 19획, 金土, 申戌, 庚戌.

司馬 　사마, 15획, 金水, 酉亥, 辛亥.

鮮于　선우, 20획, 金火土, 酉巳丑, 辛丑.

黑齒　흑치, 27획, 土木金, 戌寅申, 戊申.

憂候　우후, 25획, 土土, 丑丑, 己丑.

祖彌　조미, 27획, 金水, 申子, 庚子.

負鼎　부정, 22획, 水金土, 子申戌, 壬申.

齊楚　제초, 27획, 金金, 申申, 庚申.

扶餘　부여, 24획, 水土, 亥未, 癸未.

赫運　혁운, 30획, 土木土火, 丑卯丑巳, 己丑.

明臨　명림, 25획, 水土火水, 子辰午子, 壬午.

諸葛　제갈, 31획, 金木火, 申寅午, 庚寅.

獨孤　독고, 25획, 火木木, 午寅寅, 丙寅.

墻籬　장리, 40획, 金土火, 酉丑巳, 辛巳.

호적(戶籍)에 사용되는
인명용(人名用) 한자(漢字)
(總 5,762자)

　　1991년 4월 1일 호적법(戶籍法) 제49조 3항의 규정에 의하여 확정 공고한 호적용 인명 한자 2,854자와 그후 1994년 9월 1일, 1998년 1월 1일, 2003년 10월 20일, 2005년 1월 1일, 2008년 6월 5일에 추가한 한자, 2010년 3월 1일부터 시행한 한자, 2013년 추가로 확정 발표한 한자를 포함하여 총 5,762자를 모두 수록하였다.

※ 도저히 훈(訓)을 확인할 수 없는 한자는 ○○으로 훈의 난을 공란으로 비워두었다.

ㄱ

가 可 옳을 가
加 더할 가
佳 아름다울 가
家 집 가
歌 노래 가
假 거짓 가
價 값 가
街 거리 가
架 시렁 가
暇 겨를 가
嘉 아름다울 가
嫁 시집갈 가
稼 곡식 심을 가
賈 값·성 가
駕 멍에 가
伽 절 가
迦 막을 가
柯 자루 가
呵 꾸짖을 가
哥 노래 가
枷 도리깨 가
珂 옥이름 가
痂 헌데 딱지 가
苛 매울 가
茄 연 줄기 가
袈 가사 가
訶 꾸짖을 가
跏 책상다리할 가
軻 굴대 가
哿 좋을 가
嘏 클 가
舸 큰 배 가
珈 머리꾸미개 가

각 各 각각 각
角 뿔 각
脚 종아리 각
却 물리칠 각
刻 새길 각
閣 다락집 각
覺 깨달을 각
珏 쌍옥 각
恪 공경할 각
殼 껍질 각
慤 삼갈 각
愨 慤의 속자

간 干 방패 간
間 사이 간
看 볼 간
刊 책 펴낼 간
肝 간 간
姦 간사할 간
幹 줄기 간
簡 대쪽 간
懇 간절할 간
艮 간방 간
侃 강직할 간
杆 산뽕나무 간
桿 杆의 속자
玕 아름다운 돌 간
竿 대줄기 간
揀 가릴 간
諫 간할 간
墾 개간할 간
栞 도표 간
奸 범할 간
柬 가릴 간
澗 산골 물 간
癎 간기 간
癇 癎의 속자
磵 골짜기 간
稈 짚 간
艱 어려울 간
忓 다할 간
矸 돌이 정결한 모양 간
玪 옥돌 간

갈 渴 목마를 갈
葛 칡 갈
垏 땅이름 갈
喝 더위 먹을 갈
曷 어찌 갈
碣 둥근 비석 갈
竭 다할 갈
褐 털옷 갈
蝎 전갈 갈
鞨 말갈 갈

감 甘 달 감
敢 구태여 감
減 덜 감
感 느낄 감
監 볼 감
鑑 거울 감
鑒 鑑의 속자
勘 헤아릴 감
堪 견딜 감
瞰 볼 감
坎 구덩이 감

	한자	뜻	음
	嵌	산 깊을	감
	憾	한할	감
	戡	칠	감
	柑	감자나무	감
	橄	감람나무	감
	疳	감질	감
	紺	감색	감
	邯	땅	감
	龕	감실	감
갑	甲	첫째 천간	갑
	鉀	갑옷	갑
	匣	갑	갑
	岬	산허리	갑
	胛	어깨	갑
	閘	수문	갑
강	江	강	강
	降	내릴	강
	强	강할	강
	強	强의 속자	
	講	강론할	강
	康	편안할	강
	剛	굳셀	강
	鋼	강철	강
	鏹	鋼과 同字	
	綱	벼리	강
	杠	깃대	강
	堈	독	강
	岡	산등성이	강
	崗	岡의 속자	
	姜	성	강
	橿	박달나무	강
	彊	꿋꿋할	강
	慷	강개할	강

	한자	뜻	음
	畺	지경	강
	疆	지경	강
	糠	겨	강
	絳	진홍	강
	羌	종족이름	강
	腔	빈 속	강
	舡	오나라 배	강
	薑	생강	강
	襁	포대기	강
	繈	襁의 속자	
	鱇	꺽저기	강
	嫝	편안할	강
	踉	머뭇거릴	강
	玒	옥 이름	강
	顜	밝을	강
	茳	강리풀	강
	鏹	돈	강
개	改	고칠	개
	開	열	개
	個	낱	개
	箇	個와 통자	
	皆	다	개
	介	낄	개
	慨	분개할	개
	概	대개	개
	蓋	덮을	개
	盖	蓋의 속자	
	价	착할	개
	凱	이길	개
	愷	편안할	개
	漑	물댈	개
	塏	높고 건조할	개
	愾	성낼	개

	한자	뜻	음
	疥	옴	개
	芥	겨자	개
	豈	즐길	개
	鎧	갑옷	개
	玠	큰 서옥	개
객	客	손	객
	喀	토할	객
갱	更	다시	갱
	坑	구덩이	갱
	粳	메벼	갱
	羹	국	갱
갹	醵	술잔치	갹
거	去	갈	거
	巨	클	거
	居	살	거
	車	수레	거
	擧	들	거
	拒	막을	거
	距	떨어질	거
	據	웅거할	거
	渠	도랑	거
	遽	급할	거
	鉅	클	거
	炬	횃불	거
	倨	거만할	거
	据	일할	거
	祛	떨어 없앨	거
	踞	웅크릴	거
	鋸	톱	거
건	建	세울	건
	建	建과 통자	
	乾	하늘	건
	漧	乾의 古字	

	한자	뜻	음
	件	조건	건
	健	군셀	건
	巾	수건	건
	虔	공경할	건
	楗	문빗장	건
	鍵	열쇠	건
	愆	허물	건
	腱	힘줄 밑둥	건
	蹇	절	건
	騫	이지러질	건
	搴	빼낼	건
	湕	물 이름	건
	趼	가는 모양	건
걸	乞	빌	걸
	傑	호걸	걸
	杰	傑의 속자	
	桀	홰	걸
검	儉	검소할	검
	劍	칼	검
	劒	劍의 속자	
	檢	검사할	검
	瞼	눈꺼풀	검
	鈐	비녀장	검
	黔	검을	검
겁	劫	위협할	겁
	怯	겁낼	겁
	迲	자내	겁
게	揭	높이들	게
	偈	쉴	게
	憩	쉴	게
격	格	격식	격
	隔	사이 뜰	격
	激	급할	격
	擊	칠	격
	檄	격문	격
	膈	흉격	격
	覡	박수	격
견	犬	개	견
	見	볼	견
	堅	굳을	견
	肩	어깨	견
	絹	명주	견
	遣	보낼	견
	牽	이끌	견
	鵑	두견새	견
	甄	질그릇	견
	繭	고치	견
	譴	꾸짖을	견
결	決	결단할	결
	結	맺을	결
	潔	맑을	결
	潔	潔의 속자	
	缺	이지러질	결
	訣	비결	결
	抉	도려낼	결
	挈	맑을	결
	狷	밝을	결
	造	뜰	결
	玦	패옥	결
	鍥	풀 베는 낫	결
겸	兼	겸할	겸
	謙	겸손할	겸
	鎌	낫	겸
	慊	찐덥지 않을	겸
	箝	재갈 먹일	겸
	鉗	칼	겸
	嗛	겸손할	겸
	槏	창틀	겸
경	京	서울	경
	京	京과 同字	
	庚	일곱째 천간	경
	景	볕	경
	暻	景의 속자	
	敬	공경할	경
	競	다툴	경
	耕	밭갈	경
	經	경서	경
	輕	가벼울	경
	慶	경사	경
	驚	놀랄	경
	更	고칠	경
	竟	마칠	경
	境	지경	경
	鏡	거울	경
	頃	밭넓이 단위	경
	傾	기울어질	경
	徑	지름길	경
	硬	단단할	경
	卿	벼슬	경
	卿	卿의 속자	
	警	경계할	경
	倞	군셀	경
	鯨	고래	경
	坰	들	경
	耿	빛날	경
	炅	빛날	경
	梗	곧을	경
	憬	깨우칠	경
	璟	옥광채 날	경

	漢字	뜻	음
	瓊	붉은 옥	경
	擎	들	경
	儆	경계할	경
	俓	곧을	경
	涇	통할	경
	莖	줄기	경
	勁	굳셀	경
	逕	동안 뜰	경
	頰	불빛	경
	冏	창 밝을	경
	囧	冏과 同字	
	勍	셀	경
	烱	무더울	경
	璟	경옥	경
	痙	심줄 땅길	경
	磬	경쇠	경
	絅	끌어 죌	경
	脛	정강이	경
	頸	목	경
	鶊	꾀꼬리	경
	檠	도지개	경
	橾	檠과 同字	
	逕	찰	경
	憼	공경할	경
	巠	물이 질펀하게 흐르는 모양	경
	曔	밝을	경
	褧	불이름	경
계	界	지경	계
	堺	界와 同字	
	季	끝	계
	癸	열째 천간	계
	計	셀	계
	溪	시내	계
	鷄	닭	계
	系	이을	계
	繫	맬	계
	係	이을	계
	桂	계수나무	계
	戒	경계할	계
	契	계약할	계
	械	기계	계
	階	섬돌	계
	啓	열	계
	繼	이을	계
	烓	화덕	계
	誡	경계할	계
	屆	이를	계
	悸	두근거릴	계
	棨	창	계
	稽	머무를	계
	谿	시내	계
	磎	谿와 同字	
고	古	옛	고
	故	연고	고
	苦	괴로울	고
	告	알릴	고
	固	굳을	고
	考	상고할	고
	攷	考의 속자	
	高	높을	고
	姑	시어미	고
	孤	외로울	고
	稿	볏짚	고
	枯	마를	고
	庫	곳집	고
	鼓	북	고
	顧	돌아볼	고
	叩	두드릴	고
	敲	두드릴	고
	皋	언덕	고
	皐	皋의 속자	
	暠	흴	고
	呱	울	고
	尻	꽁무니	고
	拷	칠	고
	槁	마를	고
	沽	팔	고
	痼	고질	고
	皋	못	고
	羔	새끼 양	고
	股	넓적다리	고
	膏	살찔	고
	苽	줄	고
	菰	향초	고
	藁	짚	고
	蠱	독	고
	袴	바지	고
	誥	고할	고
	賈	장사	고
	辜	허물	고
	錮	땜질할	고
	雇	품 살	고
	杲	밝을	고
	皷	북 칠	고
곡	谷	골	곡
	曲	굽을	곡
	穀	곡식	곡
	哭	울	곡

斛	열말들이휘	곡
梏	쇠고랑	곡
鵠	고니	곡

곤

困	곤할	곤
坤	땅	곤
昆	형	곤
崑	산이름	곤
琨	옥돌	곤
錕	붉은 쇠	곤
梱	문지방	곤
棍	곤장	곤
滾	흐를	곤
袞	곤룡포	곤
衮	袞과 同字	
鯤	곤이	곤

골

骨	뼈	골
汨	빠질	골
滑	어지러울	골

공

工	장인	공
公	공변될	공
共	한가지	공
功	공	공
空	빌	공
孔	구멍	공
供	이바지할	공
恭	공손할	공
貢	바칠	공
恐	두려울	공
攻	칠	공
珙	옥이름	공
控	당길	공
拱	팔짱 낄	공
蚣	지네	공
鞏	묶을	공
龔	공손할	공

곳

串	곳	곳

과

果	과실	과
科	과거	과
課	시험할	과
過	지날	과
戈	창	과
瓜	외	과
寡	적을	과
誇	자랑할	과
菓	과자	과
跨	타넘을	과
鍋	노구솥	과
顆	낟알	과

곽

郭	성곽	곽
廓	클	곽
槨	덧널	곽
藿	콩잎	곽

관

官	벼슬	관
關	빗장	관
觀	볼	관
貫	꿸	관
冠	관	관
管	대통	관
寬	너그러울	관
寛	寬의 속자	
慣	버릇	관
館	객사	관
舘	館의 속자	
款	정성	관
琯	옥저	관
錧	수레굴통쇠	관
灌	물 댈	관
瓘	구슬	관
梡	네발 도마	관
串	익힐	관
棺	널	관
罐	두레박	관
菅	골풀	관
涫	끓을	관
輨	주요한 곳	관

괄

括	헤아릴	괄
刮	깎을	괄
恝	걱정 없을	괄
适	빠를	괄

광

光	빛	광
炛	光과 同字	
晃	光과 同字	
廣	넓을	광
広	廣의 속자	
狂	미칠	광
鑛	쇳덩이	광
侊	클	광
洸	물솟을	광
珖	옥피리	광
桄	광랑나무	광
匡	바를	광
曠	빛	광
壙	광	광
筐	광주리	광
胱	오줌통	광

괘

掛	걸	괘
卦	걸	괘
罫	줄	괘

괴

怪	기이할	괴

	塊	흙덩이	괴	蛟	교룡	교	矩	곡척	구

	한자	뜻	음	한자	뜻	음	한자	뜻	음
	塊	흙덩이	괴	蛟	교룡	교	矩	곡척	구
	愧	부끄러워할	괴	轎	가마	교	邱	언덕	구
	壞	무너질	괴	餃	경단	교	銶	끌	구
	乖	어그러질	괴	驕	교만할	교	溝	개천	구
	傀	클	괴	鮫	상어	교	購	살	구
	拐	속일	괴	姣	예쁠	교	鳩	비둘기	구
	槐	홰나무	괴	佼	예쁠	교	軀	몸	구
	魁	으뜸	괴	噭	부르짖을	교	耈	늙을	구
굉	宏	넓을	굉	憍	교만할	교	耇	耈와 同字	
	紘	갓끈	굉	嶠	산이름	교	枸	호깨나무	구
	肱	팔뚝	굉	구	九	아홉	구	仇	원수	구
	轟	울릴	굉	口	입	구	勾	굽을	구
교	交	사귈	교	久	오랠	구	咎	허물	구
	校	학교	교	求	구할	구	嘔	노래할	구
	敎	가르칠	교	句	글귀	구	垢	때	구
	教	敎의 속자		究	궁구할	구	寇	도둑	구
	橋	다리	교	救	구원할	구	嶇	험할	구
	巧	공교할	교	舊	옛	구	廏	마구간	구
	郊	성 밖	교	丘	언덕	구	廐	廏의 속자	
	較	견줄	교	坵	丘의 속자		柩	널	구
	矯	바로잡을	교	具	갖출	구	歐	토할	구
	僑	붙어살	교	苟	진실로	구	毆	때릴	구
	喬	높을	교	俱	함께	구	毬	공	구
	嬌	아리따울	교	區	지경	구	灸	뜸	구
	膠	아교	교	拘	잡을	구	瞿	볼	구
	咬	새소리	교	球	구슬	구	絿	급박할	구
	嶠	뾰족하게 높을	교	狗	개	구	臼	절구	구
	攪	어지러울	교	驅	몰	구	舅	시아비	구
	狡	교활할	교	鷗	갈매기	구	衢	네거리	구
	皎	달빛	교	構	집 세울	구	謳	노래할	구
	絞	목맬	교	懼	두려워할	구	逑	짝	구
	翹	꼬리 긴 깃털	교	龜	나라이름	구	鉤	갈고랑이	구
	蕎	메밀	교	玖	옥돌	구	駒	망아지	구

	한자	뜻	음
	珣	옥돌	구
	龜	거북	구
	颶	구풍	구
국	國	나라	국
	国	國의 속자	
	局	판	국
	菊	국화	국
	鞠	기를	국
	鞫	국문할	국
	麴	누룩	국
	筍	대뿌리	국
군	君	임금	군
	軍	군사	군
	郡	고을	군
	群	무리	군
	窘	막힐	군
	裙	치마	군
굴	屈	굽을	굴
	窟	굴	굴
	堀	굴	굴
	掘	팔	굴
궁	弓	활	궁
	宮	궁궐	궁
	窮	다할	궁
	躬	몸	궁
	穹	하늘	궁
	芎	궁궁이	궁
권	卷	책	권
	勸	권할	권
	權	권세	권
	権	權의 속자	
	券	문서	권
	拳	주먹	권
	圈	둥글	권
	眷	돌아볼	권
	倦	게으를	권
	捲	말	권
	淃	물 돌아흐를	권
궐	厥	그	궐
	闕	대궐	궐
	獗	날뛸	궐
	蕨	고사리	궐
	蹶	넘어질	궐
궤	軌	바퀴굴대	궤
	机	책상	궤
	櫃	함	궤
	潰	무너질	궤
	詭	속일	궤
	饋	먹일	궤
귀	貴	귀할	귀
	歸	돌아올	귀
	鬼	귀신	귀
	龜	거북	귀
	龜	龜와 同字	
	句	글귀	귀
	晷	해그림자	귀
	鐀	가래	귀
규	叫	부르짖을	규
	規	법	규
	閨	안방	규
	圭	서옥	규
	奎	별이름	규
	珪	서옥	규
	揆	헤아릴	규
	逵	한길	규
	窺	엿볼	규
	葵	해바라기	규
	槻	느티나무	규
	硅	규소	규
	竅	구멍	규
	糾	살필	규
	糺	糾와 同字	
	赳	헌걸찰	규
	邽	고을이름	규
	嫢	가는 허리	규
	湀	물이 솟아 흐를	규
	茥	딸기	규
	煃	불 타는 모양	규
균	均	고를	균
	菌	버섯	균
	龜	틀	균
	龜	龜과 同字	
	畇	밭 일굴	균
	鈞	서른 근	균
	勻	적을	균
	匀	勻의 속자	
	筠	대나무	균
	覲	크게 볼	균
귤	橘	귤나무	귤
극	極	다할	극
	克	이길	극
	劇	심할	극
	剋	이길	극
	隙	틈	극
	戟	창	극
	棘	가시나무	극
근	近	가까울	근
	根	뿌리	근
	勤	부지런할	근

斤	근	근		給	줄	급	畿	경기	기
僅	겨우	근		級	등급	급	機	틀	기
謹	삼갈	근		汲	물길을	급	淇	강이름	기
瑾	맑을	근		伋	속일	급	琪	옥이름	기
墐	진흙	근		扱	미칠	급	璂	고깔꾸미개	기
嫤	고울	근	긍	肯	즐겨할	긍	棋	바둑	기
槿	무궁화	근		亘	뻗칠	긍	碁	棋와 同字	
瑾	붉은 옥	근		亙	亘의 속자		祺	길할	기
筋	힘줄	근		兢	삼갈	긍	錤	호미	기
劤	힘 많을	근		矜	자랑할	긍	騏	천리마	기
懃	은근할	근	기	己	몸	기	麒	기린	기
芹	미나리	근		其	그	기	玘	패옥	기
菫	제비꽃	근		基	터	기	杞	구기자	기
覲	뵐	근		期	기약할	기	埼	굽은낭떠러지	기
饉	흉년들	근		技	재주	기	崎	산길 험할	기
글	契	나라이름	글	記	기록할	기	琦	옥이름	기
	劼	심히 고달플	글	起	일어날	기	綺	무늬비단	기
금	今	이제	금	氣	기운	기	錡	세발가마	기
	金	쇠	금	幾	몇	기	箕	키	기
	禁	금할	금	旣	이미	기	岐	갈림길	기
	琴	거문고	금	企	꾀할	기	汽	물 끓는 김	기
	禽	날짐승	금	奇	기이할	기	沂	내이름	기
	錦	비단	금	寄	부칠	기	圻	지경	기
	衾	이불	금	豈	어찌	기	耆	늙은이	기
	襟	옷깃	금	忌	꺼릴	기	璣	구슬	기
	昑	밝을	금	紀	벼리	기	璣	璣와 同字	
	妗	외숙모	금	祈	기도할	기	磯	물속 자갈	기
	擒	사로잡을	금	器	그릇	기	譏	나무랄	기
	檎	능금나무	금	棄	버릴	기	冀	바랄	기
	芩	풀이름	금	欺	속일	기	驥	천리마	기
	衿	옷깃	금	騎	말 탈	기	嗜	즐길	기
급	及	미칠	급	旗	기	기	暣	볕 기운	기
	急	급할	급	飢	주릴	기	伎	재주	기

한자	뜻	음	한자	뜻	음	한자	뜻	음
夒	조심할	기	拿	붙잡을	나	**념** 念	생각할	념
妓	기생	기	旇	깃발바람에 날릴	나	恬	편안할	념
朞	돌	기	胗	성길	나	拈	집을	념
畸	뙈기밭	기	挐	가질	나	捻	비틀	념
祁	성할	기	挪	옮길	나	**녑** 惗	생각할	념
祇	토지의 신	기	挐	많을	나	**녕** 寧	편안할	녕
羈	굴레	기	梛	나무이름	나	寍	寧과 同字	
磯	갈	기	糯	찰벼	나	獰	모질	녕
肌	살	기	詉	서로 당길	나	佞	아첨할	녕
饑	주릴	기	**낙** 諾	대답할	낙	**노** 怒	성낼	노
稘	일주년	기	**난** 暖	따뜻할	난	奴	종	노
檟	오리나무	기	難	어려울	난	努	힘쓸	노
嶬	산 우뚝 솟은 모양	기	煖	더울	난	弩	쇠뇌	노
恎	공경할	기	**날** 捺	도장찍을	날	瑙	마노	노
긴 緊	긴요할	긴	捏	이길	날	駑	둔할	노
길 吉	길할	길	**남** 南	남녘	남	誟	기쁠	노
佶	바를	길	男	사내	남	**농** 農	농사	농
桔	도라지	길	楠	들메	남	濃	짙을	농
姞	성	길	湳	강이름	남	膿	고름	농
拮	일할	길	柑	녹나무	남	**뇌** 惱	괴로워할	뇌
김 金	성	김	**납** 納	바칠	납	腦	뇌	뇌
끽 喫	마실	끽	衲	기울	납	**뇨** 尿	오줌	뇨
			낭 娘	아가씨	낭	鬧	시끄러울	뇨
(ㄴ)			囊	주머니	낭	撓	어지러울	뇨
나 那	어찌	나	**내** 內	안	내	**누** 耨	김맬	누
奈	어찌	나	乃	이에	내	**눈** 嫩	어릴	눈
柰	어찌	나	奈	어찌	내	**눌** 訥	말 더듬을	눌
娜	휘청거릴	나	耐	견딜	내	**뉴** 紐	맺을	뉴
拏	끌	나	柰	어찌	내	鈕	인꼭지	뉴
儺	역귀 쫓을	나	**녀** 女	계집	녀	杻	감탕나무	뉴
喇	나팔	나	**년** 年	해	년	袻	옷 부드러울	뉴
懦	나약할	나	秊	年의 속자	년	**능** 能	능할	능
			撚	비틀	년	**니** 泥	진흙	니

	尼	중	니		彖	단	단		埮	땅 평평하고 길	담
	梛	무성할	니		湍	여울	단		炎	아름다울	담
	㶈	치렁치렁할	니		簞	대광주리	단	답	答	대답	답
	膩	미끄러울	니		蛋	새알	단		畓	논	답
	馜	진한 향기	니		袒	웃통 벗을	단		踏	밟을	답
	愵	마음 좋을	니		鄲	조나라 서울	단		沓	합할	답
닉	匿	숨을	닉		煓	불꽃 성할	단		遝	뒤섞일	답
	溺	빠질	닉		旽	밝을	단	당	堂	집	당
					担	떨칠	단		當	마땅	당
	ㄷ			달	達	통달할	달		唐	당나라	당
					撻	매질할	달		糖	사탕	당
다	多	많을	다		澾	미끄러울	달		黨	무리	당
	夛	多와 同字			獺	수달	달		塘	못	당
	茶	차	다		疸	황달	달		鐺	쇠사슬	당
	爹	아비	다	담	談	말씀	담		撞	칠	당
	寮	깊은 모양	다		淡	묽을	담		幢	기	당
	搽	차	다		潭	깊을	담		戇	어리석을	당
	茤	마름	다		擔	멜	담		棠	팥배나무	당
	䰲	뿔 밑동	다		譚	이야기	담		螳	사마귀	당
단	丹	붉을	단		膽	쓸개	담	대	大	큰	대
	但	다만	단		澹	담박할	담		代	대신할	대
	單	홀	단		覃	미칠	담		待	기다릴	대
	短	짧을	단		啖	먹을	담		對	대답할	대
	端	끝	단		坍	물이 언덕칠	담		帶	띠	대
	旦	아침	단		憺	편안할	담		貸	빌릴	대
	段	층계	단		曇	흐릴	담		隊	떼	대
	團	둥글	단		湛	가득히 괼	담		臺	대	대
	壇	단	단		痰	가래	담		坮	臺와 同字	
	檀	박달나무	단		聃	귓바퀴 없을	담		垈	집터	대
	斷	끊을	단		蕈	지모	담		玳	대모	대
	緞	비단	단		錟	긴 창	담		袋	자루	대
	鍛	쇠 불릴	단		倓	고요할	담		戴	머리에 일	대
	亶	믿음	단		啿	넉넉한 모양	담		擡	들	대

한자	뜻	음
抬	搯의 속자	
旲	햇빛	대
岱	대산	대
黛	눈썹먹	대
曼	해 돋을	대
嶹	무성할	대
댁 宅	집	댁
덕 德	큰	덕
悳	德의 속자	
徳	德의 속자	
도 刀	칼	도
度	법도	도
徒	무리	도
到	이를	도
塗	진흙	도
都	도읍	도
島	섬	도
嶋	島와 同字	
道	길	도
圖	그림	도
途	길	도
逃	달아날	도
挑	돋울	도
桃	복숭아나무	도
跳	뛸	도
盜	훔칠	도
倒	넘어질	도
渡	건널	도
稻	벼	도
陶	질그릇	도
導	이끌	도
堵	담	도
棹	노	도
濤	큰물결	도
燾	덮일	도
禱	빌	도
鍍	도금할	도
蹈	밟을	도
屠	잡을	도
悼	슬퍼할	도
掉	흔들	도
搗	찧을	도
櫂	노	도
淘	쌀일	도
滔	물 넘칠	도
睹	볼	도
萄	포도	도
覩	볼	도
賭	걸	도
韜	감출	도
馟	향기로울	도
裪	복	도
鈍	둔할	도
夲	나아갈	도
稌	찰벼	도
독 獨	홀로	독
讀	읽을	독
毒	독할	독
篤	도타울	독
督	살펴볼	독
瀆	도랑	독
牘	편지	독
犢	송아지	독
禿	대머리	독
纛	둑	독
돈 豚	돼지	돈
敦	도타울	돈
墩	돈대	돈
惇	도타울	돈
暾	아침해	돈
燉	불 성할	돈
頓	조아릴	돈
旽	밝을	돈
沌	어두울	돈
焞	귀갑 지지는 불	돈
돌 突	부딪칠	돌
乭	사람이름	돌
동 冬	겨울	동
東	동녘	동
同	한가지	동
仝	同과 同字	
洞	고을	동
童	아이	동
動	움직일	동
凍	얼	동
銅	구리	동
桐	오동나무	동
棟	동자기둥	동
董	바를	동
潼	강이름	동
垌	못막이	동
瞳	눈동자	동
蝀	무지개	동
憧	그리워할	동
疼	아플	동
胴	큰창자	동
朣	달 뜰	동
曈	동틀	동
彤	붉은칠할	동

	炯	더운 모양	동				瓓	옥무늬	란
	橦	나무이름	동				丹	꽃이름	란
	勭	動의 고자			ㄹ		欒	나무이름	란
두	斗	말	두				鸞	난새	란
	豆	콩	두	라	羅	그물	라	鑾	방울	란
	頭	머리	두		螺	소라	라	랄	剌	어그러질	랄
	杜	팥배나무	두		喇	나팔	라		辣	매울	랄
	枓	두공	두		懶	게으를	라	람	覽	볼	람
	兜	투구	두		癩	문둥병	라		藍	쪽	람
	痘	천연두	두		蘿	여라	라		濫	넘칠	람
	竇	구멍	두		裸	벌거숭이	라		嵐	남기	람
	荳	콩	두		邏	돌	라		攬	잡을	람
	讀	구두점	두		剆	칠	라		擥	攬과 同字	
	逗	머무를	두		覶	자세할	라		擥	攬과 同字	
	阧	치솟을	두		攞	정돈할	라		欖	감람나무	람
둔	屯	진칠	둔		菻	열매	라		籃	바구니	람
	鈍	무딜	둔		鑼	징	라		纜	닻줄	람
	遁	달아날	둔		儸	간능할	라		襤	누더기	람
	臀	볼기	둔		砢	돌이 쌓인 모양	라		嬾	예쁠	람
	芚	채소이름	둔		臝	벌거벗을	라		婪	탐할	람
	遯	달아날	둔	락	落	떨어질	락	灠	퍼질	람
둘	乧	○○	둘		樂	즐길	락	漤	과실 장아찌	람
득	得	얻을	득		洛	물이름	락	爁	불 번질	람
등	等	무리	등		絡	연락할	락	璼	옥이름	람
	登	오를	등		珞	목걸이	락	랍	拉	꺾을	랍
	燈	등잔	등		酪	소젖	락		臘	납향	랍
	騰	오를	등		烙	지질	락		蠟	밀	랍
	藤	등나무	등		駱	낙타	락	랑	浪	물결	랑
	謄	베낄	등	란	卵	알	란		郎	사나이	랑
	鄧	나라이름	등		亂	어지러울	란		郞	郎의 속자	
	嶝	고개	등		蘭	난초	란		朗	달 밝을	랑
	橙	등자나무	등		欄	난간	란		廊	복도	랑
					爛	익을	란		琅	옥 같은 돌	랑
					瀾	큰 물결	란				

	瑯	옥 같은 돌	랑	려	旅	나그네	려	煉	쇠 불릴	련
	狼	이리	랑		麗	고울	려	璉	종묘제기	련
	烺	빛 밝을	랑		慮	생각할	려	攣	걸릴	련
	蜋	사마귀	랑		勵	힘쓸	려	漣	물놀이	련
	螂	蜋과 同字			呂	음률	려	輦	손수레	련
	㝗	높을	랑		侶	짝	려	變	아름다울	련
	駺	꼬리 흰 말	랑		閭	이문	려	聯	이을	련
	榔	나무이름	랑		黎	검을	려	렬	列	벌일	렬
래	來	올	래		儷	짝	려	烈	세찰	렬
	来	來의 속자			廬	오두막집	려	劣	용렬할	렬
	棶	來와 同字			戾	어그러질	려	裂	찢을	렬
	崍	산이름	래		櫚	종려나무	려	洌	맑을	렬
	萊	명아주	래		濾	거를	려	冽	찰	렬
	倈	올	래		礪	거친 숫돌	려	렴	廉	청렴할	렴
랭	冷	찰	랭		藜	나라이름	려	濂	엷을	렴
략	略	다스릴	략		蠣	굴	려	簾	발	렴
	掠	노략질할	략		驢	나귀	려	斂	거둘	렴
량	良	좋을	량		驪	가라말	려	殮	염할	렴
	兩	두	량		矑	햇빛 성할	려	렵	獵	사냥할	렵
	涼	서늘할	량	력	力	힘	력	령	令	하여금	령
	凉	涼의 속자			歷	지날	력	領	거느릴	령
	量	헤아릴	량		曆	책력	력	零	떨어질	령
	梁	들보	량		瀝	거를	력	嶺	산 고개	령
	諒	믿을	량		礫	조약돌	력	靈	신령	령
	糧	양식	량		轢	삐걱거릴	력	伶	영리할	령
	粮	糧과 同字			靂	벼락	력	玲	금옥소리	령
	亮	밝을	량	련	連	잇닿을	련	姈	여자이름	령
	倆	공교할	량		練	익힐	련	昤	날빛 영롱할	령
	樑	들보	량		蓮	연꽃	련	鈴	방울	령
	粱	기장	량		鍊	쇠 불릴	련	齡	나이	령
	輛	수레	량		憐	불쌍히 여길	련	怜	영리할	령
	駺	꼬리 흰 말	량		聯	연할	련	囹	옥	령
	俍	잘할	량		戀	사모할	련	笭	도꼬마리	령

부수음	한자	뜻	음
	羚	영양	령
	翎	깃	령
	聆	들을	령
	逞	굳셀	령
	泠	깨우칠	령
	澪	강이름	령
	岭	산이름	령
	岺	岭과 同字	
	呤	말씀	령
례	例	법식	례
	禮	예도	례
	礼	禮의 속자	
	隷	종	례
	澧	강이름	례
	醴	단술	례
로	老	늙을	로
	路	길	로
	勞	수고로울	로
	露	이슬	로
	爐	화로	로
	魯	노나라	로
	盧	성	로
	鷺	해오라기	로
	撈	잡을	로
	擄	사로잡을	로
	櫓	방패	로
	潞	강이름	로
	瀘	강이름	로
	蘆	갈대	로
	虜	포로	로
	虜	虜의 속자	
	輅	수레	로
	鹵	소금	로
	嚧	웃을	로
	璐	옥이름	로
	櫨	두공	로
	蕗	감초	로
	潦	큰비	로
	瓐	푸른 옥	로
	澇	큰 물결	로
록	綠	초록빛	록
	祿	복록	록
	錄	기록할	록
	鹿	사슴	록
	彔	나무 깎을	록
	碌	푸른 돌	록
	菉	조개풀	록
	麓	산기슭	록
론	論	의논	론
롱	弄	희롱할	롱
	瀧	적실	롱
	瓏	환할	롱
	籠	대그릇	롱
	壟	언덕	롱
	朧	흐릿할	롱
	聾	귀머거리	롱
뢰	雷	천둥	뢰
	賴	힘입을	뢰
	賴	賴의 속자	
	瀨	여울	뢰
	儡	영락할	뢰
	牢	우리	뢰
	磊	돌무더기	뢰
	賂	뇌물 줄	뢰
	賚	줄	뢰
	耒	쟁기	뢰
료	料	헤아릴	료
	了	마칠	료
	僚	동관	료
	遼	멀	료
	寮	벼슬아치	료
	廖	공허할	료
	燎	화톳불	료
	療	병 고칠	료
	瞭	밝을	료
	聊	귀 울	료
	蓼	여뀌	료
룡	龍	용	룡
	竜	龍의 속자	
루	累	얽힐	루
	淚	눈물	루
	樓	다락	루
	漏	샐	루
	屢	여러	루
	壘	진	루
	婁	별이름	루
	瘻	부스럼	루
	縷	실	루
	蔞	쑥	루
	褸	남루할	루
	鏤	새길	루
	陋	좁을	루
	慺	정성스러울	루
	嶁	봉우리	루
	耬	씨 뿌리는 기구	루
	熡	불꽃	루
류	流	흐를	류
	柳	버들	류
	留	머무를	류

	字	뜻	음
	類	무리	류
	琉	유리돌	류
	瑠	琉와 同字	
	劉	성	류
	硫	유황	류
	瘤	혹	류
	旒	깃발	류
	榴	석류나무	류
	溜	방울져 떨어질	류
	瀏	맑을	류
	謬	그릇될	류
륙	六	여섯	륙
	陸	뭍	륙
	戮	죽일	륙
륜	倫	인륜	륜
	輪	수레바퀴	륜
	侖	뭉치	륜
	崙	산이름	륜
	崘	崙과 同字	
	綸	푸른 인끈	륜
	淪	물놀이	륜
	錀	금	륜
	圇	완전할	륜
률	律	법	률
	栗	밤나무	률
	率	비율	률
	慄	두려워할	률
	崒	가파를	률
	稇	벼를 쌓은 모양	률
	瑮	옥 무늬	률
륭	隆	높을	륭
륵	勒	굴레	륵
	肋	갈비	륵
름	凜	찰	름
	凛	凜의 속자	
	廩	곳집	름
	菻	나라이름	름
릉	陵	큰 언덕	릉
	綾	비단	릉
	菱	마름	릉
	稜	모	릉
	凌	능가할	릉
	楞	모	릉
	楞	楞의 속자	
리	里	마을	리
	利	이	리
	理	다스릴	리
	吏	관리	리
	李	오얏	리
	梨	배나무	리
	裏	속	리
	裡	裏의 속자	
	離	떠날	리
	离	離와 同字	
	履	밟을	리
	俚	속될	리
	莉	사과꽃	리
	璃	유리	리
	俐	똑똑할	리
	悧	俐와 同字	
	唎	가는 소리	리
	浬	해리	리
	犂	얼룩소	리
	犁	犂와 同字	
	狸	살쾡이	리
	痢	설사	리
	籬	울타리	리
	罹	근심	리
	羸	여윌	리
	釐	다스릴	리
	厘	釐의 속자	
	鯉	잉어	리
	涖	다다를	리
	蒞	바를	리
	摛	퍼질	리
린	潾	물맑을	린
	璘	옥빛	린
	麟	기린	린
	麐	麟과 同字	
	吝	아낄	린
	燐	도깨비불	린
	藺	골풀	린
	躪	짓밟을	린
	鱗	비늘	린
	撛	붙들	린
	鄰	이웃	린
	隣	鄰과 同字	
	鏻	굳셀	린
	獜	튼튼할	린
	橉	나무 이름	린
	粦	燐과 동자	
	潾	물 맑을	린
	蟒	반딧불	린
	繗	이을	린
림	林	수풀	림
	臨	임할	림
	琳	아름다운 옥	림
	霖	장마	림
	淋	물댈	림

구분	字	訓	音
	棽	무성할	림
	琳	깊을	림
	啉	알고자 할	림
	玲	아름다운 옥	림
립	立	설	립
	笠	삿갓	립
	粒	낟알	립
	砬	돌소리	립

ㅁ

구분	字	訓	音
마	馬	말	마
	麻	삼	마
	磨	갈	마
	瑪	마노	마
	摩	갈	마
	痲	저릴	마
	碼	마노	마
	魔	마귀	마
	媽	어미	마
막	莫	말	막
	幕	장막	막
	漠	사막	막
	寞	쓸쓸할	막
	膜	막	막
	邈	멀	막
만	萬	일만	만
	万	萬의 속자	
	晩	늦을	만
	滿	찰	만
	漫	물 질펀할	만
	慢	거만할	만
	蠻	오랑캐	만

구분	字	訓	音
	曼	길	만
	蔓	덩굴	만
	鏋	금	만
	卍	만자	만
	娩	해산할	만
	巒	뫼	만
	彎	굽을	만
	挽	당길	만
	灣	물굽이	만
	瞞	속일	만
	輓	끌	만
	饅	만두	만
	鰻	뱀장어	만
말	末	끝	말
	茉	말리꽃	말
	靺	○○	말
	抹	바를	말
	沫	거품	말
	襪	버선	말
	韤	버선	말
망	亡	망할	망
	忙	바쁠	망
	忘	잊을	망
	望	바랄	망
	朢	望과 同字	
	罔	없을	망
	妄	망령될	망
	茫	아득할	망
	網	그물	망
	芒	까끄라기	망
	莽	우거질	망
	莽	莽의 속자	
	輞	바퀴테	망

구분	字	訓	音
	邙	산이름	망
매	每	매양	매
	妹	손아랫누이	매
	買	살	매
	賣	팔	매
	梅	매화나무	매
	埋	묻을	매
	媒	중매	매
	寐	잠잘	매
	昧	새벽	매
	枚	줄기	매
	煤	그을음	매
	罵	욕할	매
	邁	갈	매
	魅	도깨비	매
	苺	딸기	매
맥	麥	보리	맥
	脈	맥	맥
	貊	북방 종족	맥
	陌	두렁	맥
	驀	말 탈	맥
맹	孟	맏	맹
	盟	맹세할	맹
	猛	사나울	맹
	盲	소경	맹
	萌	싹	맹
	氓	백성	맹
멱	冪	덮을	멱
	覓	찾을	멱
면	面	낯	면
	眠	잠잘	면
	免	면할	면
	勉	힘쓸	면

	字	뜻	음
	綿	솜	면
	冕	면류관	면
	棉	목화	면
	沔	머리 감을	목
	眄	애꾸눈	면
	緬	가는 실	면
	麪	국수	면
	麵	麪과 同字	
멸	滅	멸할	멸
	蔑	업신여길	멸
명	名	이름	명
	命	목숨	명
	明	밝을	명
	鳴	새소리	명
	冥	어두울	명
	銘	새길	명
	溟	바다	명
	瞑	어두울	명
	椧	홈통	명
	皿	그릇	명
	瞑	눈감을	명
	茗	차 싹	명
	蓂	명협	명
	螟	마디충	명
	酩	술 취할	명
	慏	근심할	명
	洺	강이름	명
	明	밝게 볼	명
	鵬	초명새	명
메	袂	소매	메
모	母	어미	모
	毛	털	모
	侮	업신여길	모
	暮	저물	모
	冒	무릅쓸	모
	某	아무	모
	謀	꾀할	모
	募	모을	모
	慕	사모	모
	模	법	모
	矛	세모진 창	모
	貌	모양	모
	摸	본뜰	모
	牟	클	모
	謨	꾀	모
	姆	여스승	모
	帽	모자	모
	摹	베낄	모
	牡	수컷	모
	瑁	서옥	모
	眸	눈동자	모
	耗	줄	모
	芼	풀 우거질	모
	茅	띠	모
	橅	법	모
	軞	임금이 타는 수레	모
	慔	힘쓸	모
목	木	나무	목
	目	눈	목
	牧	기를	목
	沐	머리감을	목
	睦	화목할	목
	穆	화할	목
	鶩	집오리	목
몰	沒	빠질	몰
	歿	죽을	몰
몽	夢	꿈	몽
	蒙	어릴	몽
	朦	풍부할	몽
묘	妙	묘할	묘
	玅	妙와 同字	
	卯	넷째 지지	묘
	苗	싹	묘
	墓	무덤	묘
	廟	사당	묘
	描	그릴	묘
	錨	닻	묘
	畝	밭이랑	묘
	昴	별자리이름	묘
	杳	어두울	묘
	渺	아득할	묘
	猫	고양이	묘
무	戊	다섯째 천간	무
	茂	우거질	무
	無	없을	무
	无	無의 속자	
	舞	춤출	무
	武	호반	무
	務	힘쓸	무
	貿	바꿀	무
	霧	안개	무
	拇	엄지손가락	무
	珷	옥돌이름	무
	畝	밭이랑	무
	撫	어루만질	무
	懋	힘쓸	무
	巫	무당	무
	憮	어루만질	무
	楙	무성할	무

부수음	자	뜻	음
	毋	말	무
	繆	얽을	무
	蕪	거칠어질	무
	誣	무고할	무
	鵡	앵무새	무
	橅	법	무
묵	墨	먹	묵
	默	잠잠할	묵
문	門	문	문
	問	물을	문
	聞	들을	문
	文	글월	문
	汶	물이름	문
	炆	연기날	문
	紋	무늬	문
	們	들	문
	刎	목 벨	문
	吻	입술	문
	紊	어지러울	문
	蚊	모기	문
	雯	구름무늬	문
	抆	닦을	문
물	勿	말	물
	物	만물	물
	沕	아득할	물
미	未	아닐	미
	米	쌀	미
	美	아름다울	미
	味	맛	미
	尾	꼬리	미
	迷	미혹할	미
	眉	눈썹	미
	微	작을	미
	嵄	깊은산	미
	渼	물결무늬	미
	薇	고비	미
	彌	그칠	미
	弥	彌의 속자	
	媄	빛 고울	미
	媚	아름다울	미
	嵋	산이름	미
	梶	나무 끝	미
	楣	문미	미
	湄	물가	미
	謎	수수께끼	미
	靡	쓰러질	미
	黴	곰팡이	미
	躾	모양낼	미
	嫩	착할	미
	瀰	치렁치렁할	미
	煝	빛날	미
	娓	장황할	미
	洣	강이름	미
	侎	어루만질	미
	瑂	옥돌	미
	寀	깊이 들어갈	미
	濔	물가	미
	采	점점	미
	蘪	천궁(川芎)	미
민	民	백성	민
	敏	재빠를	민
	憫	불쌍히 여길	민
	玟	옥돌	민
	旻	가을하늘	민
	旼	화할	민
	閔	성	민
	珉	옥돌	민
	瑉	珉과 同字	
	砇	珉과 同字	
	碈	珉과 同字	
	岷	산이름	민
	忞	힘쓸	민
	忟	忞과 同字	
	慜	총명할	민
	敃	강할	민
	愍	근심할	민
	潣	물 졸졸 흐를	민
	暋	굳셀	민
	頣	강할	민
	泯	뒤섞일	민
	悶	번민할	민
	緡	낚싯줄	민
	顐	강할	민
	鈱	철판	민
	脗	물결 가없는 모양	민
	閩	종족이름	민
	盿	볼	민
	罠	낚싯줄	민
	瑉	옥돌	민
	琝	옥돌	민
밀	密	빽빽할	밀
	蜜	꿀	밀
	謐	고요할	밀
	樒	침향(沈香)	밀

ㅂ

부수음	자	뜻	음
박	朴	질박할	박
	拍	칠	박

	迫	핍박할	박		斑	얼룩	반	
	泊	배댈	박		槃	쟁반	반	
	博	넓을	박		泮	학교	반	
	薄	엷을	박		瘢	흉터	반	
	珀	호박	박		盼	눈 예쁠	반	
	撲	부딪칠	박		磻	강이름	반	
	璞	옥돌	박		礬	명반	반	
	鉑	금박	박		絆	줄	반	
	舶	큰배	박		蟠	서릴	반	
	剝	벗길	박		斒	알록달록할	반	
	樸	통나무	박		攽	나눌	반	
	箔	발	박	**발**	發	일어날	발	
	粕	지게미	박		拔	뺄	발	
	縛	묶을	박		髮	터럭	발	
	膊	포	박		潑	활발할	발	
	雹	누리	박		鉢	바리때	발	
	駁	얼룩말	박		渤	바다이름	발	
반	半	반	반		勃	우쩍 일어날	발	
	反	되돌릴	반		撥	다스릴	발	
	伴	짝	반		跋	밟을	발	
	飯	밥	반		醱	술 괼	발	
	返	돌아올	반		魃	가물귀신	발	
	班	나눌	반		炦	불기운	발	
	叛	배반할	반	**방**	方	방위	방	
	般	되돌아올	반		房	방	방	
	盤	소반	반		防	막을	방	
	畔	밭두둑	반		放	놓을	방	
	頒	반포할	반		訪	찾아볼	방	
	潘	물이름	반		邦	나라	방	
	磐	반석	반		妨	방해할	방	
	拌	버릴	반		傍	곁	방	
	搬	옮길	반		芳	꽃다울	방	
	攀	더 위 잡을	반		倣	본받을	방	

坊	고을이름	방
彷	방황할	방
昉	밝을	방
厖	어지러울	방
榜	매	방
尨	삽살개	방
旁	두루	방
枋	다목	방
滂	비 퍼부을	방
磅	돌 떨어지는 소리	방
紡	자을	방
肪	기름	방
膀	쌍배	방
舫	배	방
蒡	인동덩굴	방
蚌	방합	방
謗	헐뜯을	방
幫	도울	방
幇	幫과 同字	
배 拜	절	배
杯	잔	배
盃	杯의 속자	
倍	갑절	배
培	북돋울	배
配	짝	배
輩	무리	배
背	등	배
排	물리칠	배
陪	모실	배
裵	성	배
裴	裵의 본자	
湃	물결 이는 모양	배
俳	광대	배

한자	뜻	음
徘	어정거릴	배
焙	불에 쬘	배
胚	아이 밸	배
褙	속적삼	배
賠	물어줄	배
北	달아날	배
蔕	꽃봉오리	배
貝	○○	배
백 白	흰	백
百	일백	백
伯	맏	백
柏	잣나무	백
栢	柏의 속자	
佰	백사람의 어른	백
帛	비단	백
魄	넋	백
茞	성	백
趙	급할	백
珀	호박	백
번 番	갈마들	번
煩	번거로울	번
繁	많을	번
飜	날	번
翻	飜의 속자	
蕃	번성할	번
幡	기	번
樊	울	번
燔	구울	번
磻	○○	번
藩	덮을	번
벌 伐	칠	벌
罰	벌줄	벌
閥	가문	벌
筏	떼	벌
범 凡	무릇	범
犯	범할	범
範	법	범
汎	뜰	범
帆	돛	범
机	나무이름	범
氾	물 넘칠	범
范	벌	범
梵	범어	범
泛	뜰	범
釩	떨칠	범
渢	풍류소리	범
滼	뜨는 모양	범
법 法	법	법
琺	법랑	법
벽 壁	벽	벽
碧	푸를	벽
璧	둥근옥	벽
闢	열	벽
僻	후미질	벽
劈	쪼갤	벽
擘	엄지손가락	벽
檗	황벽나무	벽
蘗	檗과 同字	
癖	버릇	벽
霹	벼락	벽
辟	임금	벽
변 變	변할	변
辯	말 잘할	변
辨	분별할	변
邊	가	변
卞	성	변
弁	고깔	변
便	편할	변
采	분별할	변
별 別	나눌	별
瞥	언뜻 볼	별
鼈	자라	별
鱉	鼈과 同字	
襒	떨칠	별
馡	향기	별
莂	모종낼	별
鷩	붉은 꿩	별
馩	조금 향내 날	별
勮	클	별
炦	김 오를	별
병 兵	군사	병
丙	남녘	병
病	병들	병
屏	병풍	병
竝	아우를	병
並	竝의 속자	
幷	아우를	병
并	幷의 속자	
倂	나란할	병
瓶	병	병
軿	거마소리	병
鉼	불린 금덩이	병
炳	밝을	병
柄	자루	병
棅	柄과 同字	
昞	밝을	병
昺	昞의 속자	
秉	잡을	병
餠	떡	병

보		
騈	땅이름	병
鉼	판금	병
鉼	鉼의 속자	
抦	잡을	병
步	걸음	보
步	步의 속자	
保	도울	보
報	갚을	보
普	널리	보
補	도울	보
譜	계보	보
寶	보배	보
宝	寶의 속자	
珤	寶와 同字	
珎	寶와 同字	
堡	작은 성	보
甫	클	보
輔	도울	보
菩	염주나무	보
潽	물이름	보
洑	보	보
湺	물이름	보
褓	포대기	보
俌	도울	보
珤	옥그릇	보
脯	볼	보

복		
伏	엎드릴	복
服	입을	복
福	복	복
復	돌아올	복
卜	점칠	복
腹	배	복
複	겹옷	복
覆	뒤집힐	복
馥	향기	복
鍑	아구리 큰솥	복
僕	종	복
匐	길	복
宓	성	복
茯	복령	복
蔔	무	복
輹	복토	복
輻	바퀴살	복
鰒	전복	복

본		
本	밑	본

볼		
乽	○○	볼

봉		
奉	받들	봉
逢	만날	봉
封	봉할	봉
峯	산봉우리	봉
峰	峯의 속자	
蜂	벌	봉
鳳	새	봉
俸	녹	봉
捧	받들	봉
琫	칼집장식 옥	봉
烽	봉화	봉
棒	몽둥이	봉
蓬	쑥	봉
鋒	칼날	봉
熢	연기 자욱할	봉
縫	꿰맬	봉
漨	내이름	봉
逢	漨과 同字	
芃	풀 무성할	봉

부		
夫	지아비	부
父	아비	부
否	아닐	부
扶	도울	부
部	나눌	부
富	부자	부
婦	며느리	부
浮	뜰	부
付	부탁할	부
負	짐질	부
府	마을	부
附	의탁할	부
符	병부	부
膚	피부	부
腐	썩을	부
赴	달릴	부
副	버금	부
賦	구실	부
簿	장부	부
孚	믿을	부
芙	연꽃	부
傅	스승	부
溥	클	부
敷	베풀	부
復	다시	부
不	아닐	부
俯	구부릴	부
剖	쪼갤	부
吩	분부할	부
埠	선창	부
孵	알 깔	부
斧	도끼	부
缶	장군	부
腑	장부	부

한자	뜻	음
艀	작은 배	부
苻	풀이름	부
訃	부고	부
賻	부의	부
跗	책상다리할	부
釜	가마	부
阜	언덕	부
駙	곁마	부
鳧	오리	부
북		
北	북녘	북
분		
分	나눌	분
粉	가루	분
紛	어지러울	분
奔	달아날	분
墳	무덤	분
憤	분할	분
奮	떨칠	분
汾	물이름	분
芬	향기	분
盆	동이	분
吩	뿜을	분
噴	뿜을	분
忿	성낼	분
扮	꾸밀	분
昐	날빛	분
焚	불사를	분
糞	똥	분
賁	클	분
雰	안개	분
불		
不	아니	불
弗	말	불
佛	부처	불
拂	떨칠	불
彿	비슷할	불
붕		
朋	벗	붕
崩	산 무너질	붕
鵬	붕새	붕
棚	시렁	붕
硼	봉사	붕
繃	묶을	붕
비		
非	아닐	비
比	견줄	비
悲	슬플	비
備	갖출	비
飛	날	비
鼻	코	비
卑	낮을	비
妃	왕비	비
婢	여자종	비
肥	살찔	비
祕	숨길	비
秘	祕의 속자	
碑	돌기둥	비
費	허비할	비
批	손으로 칠	비
庇	덮을	비
枇	참빗	비
琵	비파	비
扉	문짝	비
譬	비유할	비
丕	클	비
匕	비수	비
匪	대상자	비
憊	고달플	비
斐	오락가락할	비
榧	비자나무	비
毖	삼갈	비
毗	도울	비
毘	毗와 同字	
沸	끓을	비
泌	샘물흐르는 모양	비
痺	암메추라기	비
砒	비상	비
秕	쭉정이	비
粃	쭉정이	비
緋	붉은빛	비
翡	물총새	비
脾	지라	비
臂	팔	비
菲	엷을	비
蜚	바퀴	비
裨	도울	비
誹	헐뜯을	비
鄙	더러울	비
棐	도울	비
庀	다스릴	비
奜	클	비
霏	눈 펄펄 내릴	비
俾	더할	비
馡	향기로울	비
伾	힘셀	비
빈		
貧	가난할	빈
賓	손	빈
頻	자주	빈
彬	빛날	빈
份	彬의 古字	
斌	빛날	빈
濱	물가	빈
嬪	귀녀	빈

284

한자	뜻	음
稹	향기	빈
儐	인도할	빈
璸	진주이름	빈
玭	구슬이름	빈
嚬	찡그릴	빈
檳	빈랑나무	빈
殯	염할	빈
浜	물가	빈
瀕	물가	빈
牝	암컷	빈
邠	나라이름	빈
繽	어지러울	빈
豳	나라이름	빈
霦	옥 광채	빈
鑌	강철	빈
贇	예쁠	빈
擯	물리칠	빈
馪	향기 찌를	빈
빙 氷	얼음	빙
聘	청할	빙
憑	기댈	빙
騁	달릴	빙

（ㅅ）

한자	뜻	음
사 士	선비	사
仕	벼슬할	사
四	넉	사
寺	절	사
師	스승	사
巳	뱀	사
史	역사	사
死	죽을	사
使	하여금	사
絲	실	사
事	일	사
思	생각	사
舍	집	사
私	사사	사
射	쏠	사
謝	사례할	사
司	맡을	사
社	모일	사
祀	제사	사
蛇	뱀	사
詞	말씀	사
捨	버릴	사
邪	간사할	사
賜	줄	사
斜	비낄	사
詐	속일	사
沙	모래	사
似	같을	사
査	캐물을	사
寫	베낄	사
斯	이	사
辭	말씀	사
泗	물이름	사
砂	모래	사
糸	극히 적은 수	사
紗	깁	사
娑	춤추는 모양	사
徙	옮길	사
奢	사치할	사
嗣	이을	사
赦	용서할	사
乍	잠깐	사
些	적을	사
伺	엿볼	사
俟	기다릴	사
傞	잘게 부술	사
唆	부추길	사
柶	수저	사
梭	북	사
渣	찌끼	사
瀉	쏟을	사
獅	사자	사
祠	사당	사
篩	체	사
肆	방자할	사
莎	향부자	사
蓑	도롱이	사
裟	가사	사
飼	먹일	사
駟	사마	사
麝	사향노루	사
삭 削	깎을	삭
朔	초하루	삭
數	자주	삭
索	동아줄	삭
爍	빛날	삭
鑠	녹일	삭
搠	바를	삭
산 山	뫼	산
産	낳을	산
散	흩을	산
算	셈 놓을	산
酸	초·실	산
珊	산호	산

음	한자	뜻	음
	傘	양산	산
	刪	깎을	산
	汕	오구	산
	疝	산증	산
	蒜	달래	산
	霰	싸라기눈	산
	祘	셀	산
	懺	큰 은덕	산
	産	낳을	산
살	殺	죽일	살
	薩	보살	살
	乷	○○	살
	撒	뿌릴	살
	煞	죽일	살
삼	三	석	삼
	森	나무 빽빽할	삼
	參	석	삼
	蔘	인삼	삼
	杉	삼나무	삼
	衫	적삼	삼
	滲	스밀	삼
	芟	벨	삼
삽	揷	꽂을	삽
	挿	揷의 속자	
	澁	떫을	삽
	鈒	창	삽
	颯	바람소리	삽
상	上	위	상
	尙	오히려	상
	相	서로	상
	想	생각할	상
	商	장사	상
	常	항상	상
	喪	상사	상
	霜	서리	상
	傷	상할	상
	賞	상줄	상
	床	평상	상
	狀	형상	상
	象	코끼리	상
	詳	자세할	상
	祥	상서로울	상
	桑	뽕나무	상
	裳	치마	상
	像	형상	상
	償	갚을	상
	嘗	맛볼	상
	庠	우나라 태학	상
	湘	강이름	상
	箱	상자	상
	翔	돌아날	상
	爽	시원할	상
	塽	땅 높고 밝은곳	상
	孀	과부	상
	峠	산 고개	상
	廂	행랑	상
	橡	상수리나무	상
	觴	술잔	상
	樣	상수리나무	상
	牀	평상	상
	懪	성품 밝을	상
	潒	세찰	상
쌍	雙	쌍	쌍
새	塞	변방	새
	璽	도장	새
	賽	굿할	새
색	色	빛	색
	索	찾을	색
	嗇	아낄	색
	穡	거둘	색
	塞	막을	색
생	生	날	생
	牲	희생	생
	甥	생질	생
	省	덜	생
	笙	생황	생
서	西	서녘	서
	書	글	서
	序	차례	서
	暑	더울	서
	敍	베풀	서
	叙	敍의 속자	
	敘	敍의 속자	
	徐	천천할	서
	恕	용서할	서
	㤩	恕의 古字	
	庶	뭇	서
	署	관청	서
	緒	실마리	서
	誓	맹세할	서
	抒	끌어낼	서
	舒	펼	서
	瑞	상서	서
	棲	쉴	서
	栖	棲와 同字	
	捿	棲와 同字	
	曙	새벽	서
	誓	맹세할	서
	壻	사위	서

婿 壻의 속자	奭 클 석	璇 구슬 선
惰 지혜 서	汐 저녁조수 석	羨 부러워할 선
諝 슬기 서	淅 쌀일 석	嬋 고울 선
諿 諝와 同字	晳 밝을 석	銑 윤택한 금 선
墅 농막 서	晰 晳과 同字	珗 옥 다음가는 돌 선
嶼 섬 서	祏 섬 석	嫙 예쁠 선
嵧 嶼와 同字	鉐 놋쇠 석	僊 춤출 선
犀 무소 서	錫 주석 석	敾 다스릴 선
筮 점대 서	潟 개펄 석	煽 부칠 선
絮 솜 서	蓆 자리 석	癬 옴 선
胥 서로 서	舄 신 석	腺 샘 선
縃 胥와 同字	鼫 석서 석	蘚 이끼 선
薯 참마 서	褯 어린아이 옷 석	蟬 매미 선
逝 갈 서	**선** 先 먼저 선	詵 많을 선
鋤 호미 서	仙 신선 선	跣 맨발 선
黍 기장 서	善 착할 선	鐥 복자 선
鼠 쥐 서	船 배 선	洒 삼갈 선
嬃 고울 서	線 실 선	亘 펼 선
揟 고기 잡을 서	鮮 고울 선	譔 가르칠 선
忞 기쁠 서	選 가릴 선	嫙 아름다울 선
湑 거를 서	宣 베풀 선	瑢 아름다운 옥이름 선
偦 재주 있을 서	旋 돌 선	洗 깨끗할 선
稰 거두어들인 곡식 서	禪 전위할 선	**설** 說 말씀 설
曙 밝을 서	扇 부채 선	設 베풀 설
遾 미칠 서	渲 물 적실 선	雪 눈 설
석 石 돌 석	瑄 둥근 옥 선	舌 혀 설
夕 저녁 석	愃 쾌할 선	薛 다북쑥 설
昔 옛 석	墡 백토 선	楔 문설주 설
惜 아낄 석	膳 반찬 선	屑 가루 설
席 자리 석	饍 膳과 同字	泄 샐 설
析 가를 석	繕 기울 선	洩 샐 설
釋 풀 석	琁 구슬 선	渫 칠 설
碩 클 석	璿 아름다운 옥 선	褻 더러울 설

	齧	물	설		聖	聖과 同字		소	鞨	쉐 바탕나무 맬끈 세
	离	사람이름	설		聲	소리	성		彗	풀이름 세
	禼	离과 同字			星	별	성	소	小	작을 소
	蒩	향기로울	설		省	살필	성		少	적을 소
	契	사람이름	설		性	성품	성		所	바 소
	偰	맑을	설		晟	밝을	성		素	흴 소
	揳	쓸어버릴	설		晟	晟과 同字			笑	웃을 소
섬	纖	가늘	섬		晠	晟의 속자			咲	笑의 古字
	暹	해돋을	섬		珹	옥이름	성		消	사라질 소
	蟾	두꺼비	섬		娍	아리따울	성		召	부를 소
	剡	고을이름	섬		瑆	옥빛	성		昭	밝을 소
	殲	다 죽일	섬		惺	깨달을	성		訴	하소연할 소
	贍	넉넉할	섬		醒	술깰	성		蘇	깨어날 소
	閃	번쩍할	섬		宬	서고	성		掃	쓸 소
	陝	고을이름	섬		猩	성성이	성		騷	떠들 소
섭	涉	물 건널	섭		筬	바디	성		燒	사를 소
	攝	잡을	섭		腥	비릴	성		蔬	푸성귀 소
	燮	불꽃	섭		胜	넉넉할	성		沼	늪 소
	葉	성	섭		胜	비릴	성		炤	밝을 소
	欇	삿자리	섭		聤	귀 밝을	성		紹	소개할 소
	緤	비단	섭	세	世	인간	세		邵	고을이름 소
	躞	걸을	섭		洗	씻을	세		韶	아름다울 소
	躡	밟을	섭		稅	세금	세		巢	새집 소
성	成	이룰	성		勢	권세	세		疏	성길 소
	成	成의 속자			歲	해	세		疎	疏와 同字
	姓	성	성		細	가늘	세		遡	거스를 소
	盛	성할	성		貰	세낼	세		溯	遡와 同字
	盛	盛의 속자			笹	가는 대	세		招	나무 흔들릴 소
	城	재	성		說	달랠	세		珆	아름다운 옥 소
	城	城의 속자			忕	익힐	세		嘯	휘파람 불 소
	誠	정성	성		洒	씻을	세		塑	토우 소
	誠	誠의 속자			涗	잿물	세		宵	밤 소
	聖	성스러울	성		嫀	여자의 이름자 세			搔	긁을 소

한자	뜻	음
梳	빗	소
瀟	강이름	소
瘙	종기	소
篠	가는 대	소
簫	퉁소	소
蕭	맑은대쑥	소
逍	거닐	소
銷	녹일	소
愫	정성	소
穌	긁어모을	소
甦	穌의 속자	
卲	높을	소
霄	하늘	소
鼼	霄와 同字	
劭	힘쓸	소
衛	정결할	소
璅	옥돌	소
傃	향할	소
䶹	소금 굴	소
俗	풍속	속
速	빠를	속
續	이을	속
束	묶을	속
粟	조	속
屬	붙을	속
涑	헹굴	속
謖	일어날	속
贖	속바칠	속
孫	손자	손
損	덜	손
遜	겸손할	손
巽	괘이름	손
蓀	향풀이름	손
飧	저녁밥	손
飱	飧의 속자	
帥	거느릴	솔
率	거느릴	솔
乺	솔	솔
達	군사를 거느릴	솔
衛	거느릴	솔
松	소나무	송
送	보낼	송
訟	송사할	송
誦	욀	송
頌	기릴	송
宋	송나라	송
淞	강이름	송
悚	두려워할	송
竦	삼갈	송
憽	똑똑할	송
刷	인쇄할	쇄
殺	감할	쇄
灑	뿌릴	쇄
碎	부술	쇄
鎖	쇠사슬	쇄
鎻	鎖의 속자	
衰	쇠할	쇠
釗	쇠	쇠
手	손	수
守	지킬	수
水	물	수
收	거둘	수
數	셀	수
受	받을	수
垂	드리울	수
愁	근심	수
首	머리	수
誰	누구	수
授	줄	수
搜	찾을	수
修	닦을	수
脩	修와 同字	
壽	목숨	수
寿	壽의 속자	
秀	빼어날	수
雖	비록	수
須	모름지기	수
樹	나무	수
囚	가둘	수
殊	다를	수
需	음식	수
遂	마침내	수
帥	장수	수
睡	잘	수
輸	보낼	수
隨	따를	수
獸	짐승	수
洙	물가	수
琇	옥돌	수
銖	저울눈	수
粹	순수할	수
穗	벼이삭	수
穟	穗의 속자	
繡	수놓을	수
隋	수나라	수
髓	골수	수
袖	소매	수
嗽	기침할	수
嫂	형수	수

岫	산굴	수	**숙**	宿	묵을	숙	恂	정성	순

岫	산굴	수			
峀	岫와 同字				
戍	지킬	수			
漱	양치질할	수			
燧	부싯돌	수			
狩	사냥	수			
璲	패옥	수			
瘦	파리할	수			
豎	더벅머리	수			
竪	豎의 속자				
綏	편안할	수			
綬	인끈	수			
羞	바칠	수			
茱	수유	수			
蒐	꼭두서니	수			
蓨	기쁠	수			
藪	늪	수			
邃	깊을	수			
酬	갚을	수			
銹	녹쓸	수			
隧	길	수			
鬚	수염	수			
鷫	새매	수			
賥	재물	수			
讎	짝	수			
讐	讎와 同字				
睢	강이름	수			
濉	睢와 同字				
睟	바로 볼	수			
瓍	구슬	수			
宿	별자리	수			
泅	헤엄칠	수			
璓	옥이름	수			

숙

宿	묵을	숙
叔	아재비	숙
淑	맑을	숙
孰	누구	숙
熟	익을	숙
肅	엄숙할	숙
塾	서당	숙
琡	옥이름	숙
璹	옥그릇	숙
橚	길고곧은 모양	숙
夙	일찍	숙
潚	성	숙
菽	콩	숙

순

順	순할	순
純	순전할	순
旬	열흘	순
殉	따라죽을	순
脣	입술	순
盾	방패	순
循	돌	순
巡	돌	순
瞬	눈 꿈적일	순
洵	믿을	순
珣	옥그릇	순
荀	풀이름	순
筍	죽순	순
舜	순임금	순
淳	순박할	순
焞	밝을	순
諄	정성스러울	순
錞	사발종	순
醇	순후할	순
徇	주창할	순

恂	정성	순
栒	가름대나무	순
楯	난간	순
橓	무궁화나무	순
蓴	순채	순
蕣	무궁화	순
詢	물을	순
馴	길들	순
峋	깊숙할	순
姰	여자 처음 올	순
徇	시킬	순

술

戌	개	술
述	지을	술
術	재주	술
鉥	돗바늘	술
崒	높을	술

숭

崇	높을	숭
嵩	높을	숭
崧	우뚝 솟을	숭

슬

瑟	비파	슬
膝	무릎	슬
璱	푸른 진주	슬
蝨	이	슬
瑳	푸른 구슬	슬
彇	붉고 푸를	슬

습

習	익힐	습
拾	주울	습
濕	젖을	습
襲	엄습할	습
褶	주름	습

승

承	이을	승
乘	탈	승
勝	이길	승

	한자	뜻	음
	升	되	승
	昇	오를	승
	僧	중	승
	丞	도울	승
	陞	오를	승
	阩	陞의 속자	
	繩	노	승
	蠅	파리	승
	縢	바디	승
	氶	도울	승
	塍	논 두둑	승
	乘	도울	승
	陼	해 돋을	승
시	市	저자	시
	示	보일	시
	是	이	시
	時	때	시
	詩	귀글	시
	始	처음	시
	視	볼	시
	試	시험할	시
	施	베풀	시
	矢	화살	시
	侍	모실	시
	柴	땔나무	시
	恃	믿을	시
	匙	숟가락	시
	嘶	울	시
	媤	시집	시
	尸	주검	시
	屎	똥	시
	屍	주검	시
	弑	죽일	시
	猜	새암할	시
	翅	날개	시
	蒔	모종낼	시
	蓍	시초	시
	諡	시호	시
	豕	돼지	시
	豺	승냥이	시
	偲	굳셀	시
	翤	날개 칠	시
	諰	이	시
	媞	자세할	시
	柹	감나무	시
	柿	柹의 속자	
	枾	柹의 본자	
	愢	겸손할	시
	褆	편안할	시
	絁	명주	시
	泜	현이름	시
	諰	두려워할	시
	眂	볼	시
	漦	흐를	시
씨	氏	각시	씨
식	式	법	식
	食	밥	식
	植	심을	식
	識	알	식
	息	숨쉴	식
	飾	꾸밀	식
	栻	점판	식
	埴	찰흙	식
	殖	번성할	식
	湜	물 맑을	식
	軾	수레앞턱가로나무	식
	寔	이	식
	拭	닦을	식
	熄	꺼질	식
	篒	땅이름	식
	蝕	좀먹을	식
신	臣	신하	신
	申	펼	신
	辛	매울	신
	身	몸	신
	信	믿을	신
	神	귀신	신
	新	새	신
	伸	펼	신
	晨	새벽	신
	愼	삼갈	신
	紳	큰 띠	신
	莘	약이름	신
	薪	섶	신
	迅	빠를	신
	訊	물을	신
	侁	걷는 모양	신
	呻	끙끙거릴	신
	娠	애 밸	신
	宸	집	신
	燼	깜부기불	신
	腎	콩팥	신
	藎	조개풀	신
	蜃	무명조개	신
	辰	별	신
	璶	옥돌	신
실	失	잃을	실
	室	방	실
	實	열매	실

	漢字	뜻	음
	実	實의 속자	
	悉	알	실
심	心	마음	심
	甚	심할	심
	深	깊을	심
	尋	찾을	심
	審	살필	심
	沁	물이름	심
	沈	성	심
	瀋	즙	심
	芯	등심초	심
	諶	참	심
십	十	열	십
	什	열 사람	십
	拾	열	십
쌍	雙	쌍	쌍
	双	雙의 속자	

ㅇ

	漢字	뜻	음
아	我	나	아
	兒	아이	아
	児	兒의 속자	
	亞	버금	아
	亜	亞의 속자	
	阿	언덕	아
	牙	어금니	아
	芽	싹	아
	雅	아담할	아
	餓	주릴	아
	娥	예쁠	아
	峨	산 높을	아
	峩	峨와 同字	
	衙	마을	아
	婀	여자의 자	아
	俄	갑자기	아
	啞	벙어리	아
	莪	지칭개	아
	蛾	나방	아
	訝	맞을	아
	鴉	갈가마귀	아
	鵝	거위	아
	婀	아름다울	아
	娿	婀와 同字	
	哦	읊을	아
	硪	바위	아
	皒	흰빛	아
	研	갈	아
	婭	동서	아
	椏	가장귀	아
	啊	사랑하고 미워 하는 소리	아
	妿	여자를 가르치는 선생	아
	猗	부드러울	아
	枒	가장귀진 모양	아
악	惡	악할	악
	岳	큰 산	악
	樂	풍류	악
	堊	백토	악
	嶽	큰 산	악
	幄	휘장	악
	愕	놀랄	악
	握	쥘	악
	渥	두터울	악
	鄂	땅이름	악
	鍔	칼날	악
	顎	얼굴 높을	악
	鰐	악어	악
	齷	악착할	악
안	安	편안할	안
	案	책상	안
	桉	案과 同字	
	眼	눈	안
	顔	얼굴	안
	岸	언덕	안
	鴈	기러기	안
	雁	鴈의 속자	
	晏	늦을	안
	按	누를	안
	鞍	안장	안
	鮟	아귀	안
	鴳	불빛	안
	姲	여자의 이름자	안
	嬋	고울	안
	矸	산의 돌	안
	侒	편안할	안
	饜	배부를	안
알	謁	아뢸	알
	斡	관리할	알
	軋	삐걱거릴	알
	閼	가로막을	알
암	暗	어두울	암
	巖	바위	암
	岩	巖의 속자	
	庵	암자	암
	菴	쑥	암
	唵	머금을	암
	癌	암	암

	闇	닫힌 문	암
압	押	수결	압
	壓	누를	압
	鴨	집오리	압
	狎	익숙할	압
앙	仰	우러를	앙
	央	가운데	앙
	殃	재앙	앙
	昂	밝을	앙
	昻	昂의 속자	
	鴦	원앙새	앙
	怏	원망할	앙
	秧	모	앙
애	哀	슬플	애
	愛	사랑	애
	涯	물가	애
	厓	언덕	애
	崖	벼랑	애
	艾	쑥	애
	埃	티끌	애
	曖	가릴	애
	隘	좁을	애
	靄	아지랑이	애
	賹	사람의 이름	애
	礙	거리낄	애
	碍	礙의 속자	
	烗	빛날	애
	唉	그래	애
액	厄	액	액
	額	이마	액
	液	진액	액
	扼	누를	액
	掖	낄	액
	縊	목 맬	액
	腋	겨드랑이	액
앵	鶯	꾀꼬리	앵
	櫻	앵두나무	앵
	罌	양병	앵
	鸚	앵무새	앵
야	也	어조사	야
	夜	밤	야
	野	들	야
	埜	野의 古字	
	耶	어조사	야
	冶	쇠 불릴	야
	倻	땅이름	야
	惹	이끌	야
	椰	야자나무	야
	爺	아비	야
	若	반야	야
	揶	희롱할	야
	挪	揶와 同字	
약	若	같을	약
	約	기약할	약
	弱	약할	약
	藥	약	약
	躍	뛸	약
	葯	구릿대 잎	약
	蒻	부들	약
양	羊	양	양
	洋	큰 바다	양
	陽	볕	양
	昜	陽과 同字	
	養	기를	양
	揚	오를	양
	敭	揚의 古字	
	讓	사양할	양
	楊	버들	양
	樣	모양	양
	壤	기름진 흙	양
	襄	도울	양
	孃	아씨	양
	漾	출렁거릴	양
	佯	거짓	양
	恙	근심	양
	攘	물리칠	양
	暘	해돋는 곳	양
	瀼	내이름	양
	煬	쬘	양
	痒	앓을	양
	瘍	종기	양
	禳	제사이름	양
	穰	볏대	양
	釀	빚을	양
	椋	푸조나무	양
어	魚	물고기	어
	漁	고기 잡을	어
	語	말씀	어
	於	어조사	어
	御	모실	어
	圄	옥	어
	瘀	멍들	어
	禦	막을	어
	馭	말 부릴	어
	齬	어긋날	어
	唹	웃을	어
	衙	그칠	어
억	億	억	억
	憶	기억할	억

구분	漢字	訓	音
	抑	누를	억
	檍	박달나무	억
	臆	가슴	억
언	言	말씀	언
	焉	어조사	언
	諺	상말	언
	彦	선비	언
	彦	彦의 속자	
	偃	쓰러질	언
	堰	방죽	언
	嫣	생긋 웃을	언
얼	孽	서자	얼
	蘖	그루터기	얼
	糵	누룩	얼
	蘖	蘖과 同字	
	钀	땅이름	얼
엄	嚴	엄할	엄
	嚴	嚴의 속자	
	奄	문득	엄
	俺	클	엄
	掩	거둘	엄
	儼	의젓할	엄
	淹	담글	엄
	龑	고명할	엄
업	業	업	업
	嶪	산 높은 모양	업
엔	円	○○	엔
여	如	같을	여
	余	나	여
	汝	너	여
	與	줄	여
	餘	남을	여
	予	나	여
	輿	수레바탕	여
	歟	어조사	여
	璵	옥	여
	礜	여돌	여
	艅	배이름	여
	茹	먹을	여
	轝	수레	여
	妤	궁녀	여
	悆	잊을	여
역	亦	또	역
	易	바꿀	역
	逆	거스를	역
	役	부릴	역
	域	지경	역
	譯	통변할	역
	驛	역말	역
	疫	염병	역
	睗	날 흐릴	역
	繹	풀어낼	역
연	然	그러할	연
	煙	연기	연
	烟	煙과 同字	
	研	갈	연
	硯	벼루	연
	硎	硯과 同字	
	鉛	납	연
	宴	잔치	연
	演	통할	연
	沿	물따라 내려갈	연
	燃	사를	연
	燕	제비	연
	延	미칠	연
	緣	인연	연
	軟	연할	연
	輭	軟의 본자	
	衍	넓을	연
	淵	못	연
	渊	淵의 속자	
	姸	고울	연
	妍	姸의 속자	
	娟	예쁠	연
	姢	娟과 同字	
	涓	시내	연
	沇	물 흐르는 모양	연
	筵	대자리	연
	瑌	옥돌	연
	姬	빛날	연
	嚥	삼킬	연
	堧	빈터	연
	捐	버릴	연
	挻	늘일	연
	椽	서까래	연
	涎	침	연
	緳	길	연
	鳶	소리개	연
	曣	청명할	연
	嬿	성	연
	醼	잔치	연
	兗	강이름	연
	兖	兗의 속자	
	嬿	아름다울	연
	莚	풀이름	연
	瓀	옥돌	연
	均	따를	연
	戭	사람이름	연
열	悅	기쁠	열

294

분류	한자	뜻	음
	熱	더울	열
	閱	검열할	열
	說	기쁠	열
	咽	목멜	열
	渷	물 흐르는 모양	열
염	炎	불꽃	염
	染	물들	염
	鹽	소금	염
	艶	고울	염
	艷	艶의 속자	
	琰	비취옥	염
	厭	싫어할	염
	焰	불꽃	염
	苒	풀 우거질	염
	閻	이문	염
	髯	구레나룻	염
엽	葉	잎	엽
	燁	번쩍거릴	엽
	曄	빛날	엽
	炠	환한 모양	엽
영	永	길	영
	英	꽃부리	영
	榮	영화로울	영
	栄	榮의 속자	
	荣	榮의 속자	
	迎	맞을	영
	映	비칠	영
	暎	映의 속자	
	營	경영할	영
	泳	헤엄칠	영
	詠	읊을	영
	影	그림자	영
	渶	물 맑을	영
	煐	빛날	영
	瑛	옥 광채	영
	瑩	밝을	영
	濚	물소리	영
	濴	濚과 同字	
	盈	찰	영
	楹	기둥	영
	鍈	방울소리	영
	嬰	갓난아이	영
	穎	이삭	영
	瓔	옥돌	영
	咏	읊을	영
	塋	무덤	영
	嶸	가파를	영
	潁	강이름	영
	瀛	바다	영
	纓	갓끈	영
	霙	진눈깨비	영
	嬴	찰	영
	瀯	지킬	영
	蠑	영원	영
	朠	달빛	영
	浧	거침없이 흐를	영
	睲	똑바로 볼	영
	楧	나무이름	영
예	藝	재주	예
	埶	藝와 同字	
	芸	藝의 속자	
	豫	미리	예
	銳	날카로울	예
	譽	기릴	예
	叡	밝을	예
	睿	叡의 속자	
	容	叡의 古字	
	壑	叡의 古字	
	預	미리	예
	芮	풀 뾰족뾰족날	예
	乂	정리할	예
	倪	어린이	예
	刈	벨	예
	曳	당길	예
	汭	물 구비	예
	濊	더러울	예
	猊	사자	예
	穢	더러울	예
	裔	후손	예
	詣	이를	예
	霓	무지개	예
	堄	성가퀴	예
	橤	꽃술	예
	玴	옥돌	예
	嫕	유순할	예
	蓺	심을	예
	蕊	꽃술	예
	蘂	蕊의 속자	
	薳	아름다울	예
	艾	쑥	예
	藝	심을	예
	羿	사람이름	예
	瘱	고요할	예
	郳	나라이름	예
	嬖	다스릴	예
	帠	법	예
	況	물가	예
	兒	연약할	예
오	五	다섯	오

	吾	나	오
	午	낮	오
	悟	깨달을	오
	烏	까마귀	오
	誤	그릇할	오
	娛	즐거워할	오
	嗚	탄식할	오
	汚	더러울	오
	傲	거만할	오
	梧	오동나무	오
	伍	대오	오
	吳	오나라	오
	旿	대낮	오
	珸	옥돌	오
	晤	밝을	오
	奧	속	오
	俉	다섯 사람	오
	塢	둑	오
	墺	물가	오
	寤	깰	오
	惡	미워할	오
	懊	한할	오
	敖	놀	오
	澳	깊을	오
	熬	볶을	오
	獒	개	오
	筽	버들고리	오
	蜈	지네	오
	鼇	자라	오
	鰲	鼇의 속자	
	浯	강이름	오
	燠	입김 몰아불	오
	顒	높을	오
옥	玉	구슬	옥
	屋	집	옥
	獄	옥	옥
	沃	기름질	옥
	鈺	보배	옥
온	溫	따뜻할	온
	瑥	사람이름	온
	媼	할미	온
	穩	평온할	온
	穏	穩의 속자	
	瘟	염병	온
	縕	헌솜	온
	蘊	쌓을	온
	馧	향기로울	온
	昷	어질	온
	昷	昷의 속자	
	榲	팥배나무	온
	醞	향기로울	온
	饂	보리를 서로 먹을	온
올	兀	우뚝할	올
	杌	위태로울	올
옹	翁	늙은이	옹
	擁	안을	옹
	雍	화할	옹
	壅	막을	옹
	瓮	독	옹
	甕	독	옹
	癰	악창	옹
	邕	화할	옹
	饔	아침밥	옹
와	瓦	기와	와
	臥	엎드릴	와
	渦	소용돌이	와
	窩	움집	와
	窪	웅덩이	와
	蛙	개구리	와
	蝸	달팽이	와
	訛	그릇될	와
완	完	완전할	완
	緩	느릴	완
	玩	희롱할	완
	垸	회 섞어바를	완
	浣	옷 빨	완
	莞	빙그레 웃을	완
	琓	구슬	완
	琬	서옥	완
	婠	몸 예쁠	완
	婉	예쁠	완
	宛	굽을	완
	梡	나무이름	완
	椀	주발	완
	碗	그릇	완
	翫	가지고 놀	완
	脘	밥통	완
	腕	팔	완
	豌	완두	완
	阮	관이름	완
	頑	완고할	완
	妧	좋을	완
	岏	가파를	완
	鋎	저울	완
	抏	꺾을	완
	杬	주무를	완
왈	曰	가로되	왈
왕	王	임금	왕
	往	갈	왕

	旺	왕성할	왕	窈	그윽할	요	慂	권할	용

한자	뜻	음	한자	뜻	음	한자	뜻	음
旺	왕성할	왕	窈	그윽할	요	慂	권할	용
汪	깊고 넓을	왕	窯	기와굽는 가마	요	聳	솟을	용
枉	굽을	왕	繇	역사	요	傛	불안할	용
왜 倭	왜국	왜	繞	두를	요	槦	병기 없는 시렁	용
娃	아름다운 계집	왜	蟯	요충	요	宂	쓸데없을	용
歪	비뚤	왜	邀	맞을	요	冗	宂과 同字	
矮	키 작을	왜	曒	밝을	요	勈	날랠	용
외 外	바깥	외	**욕** 欲	하고자 할	욕	**우** 又	또	우
畏	두려울	외	浴	목욕할	욕	右	오른쪽	우
嵬	높을	외	慾	욕심	욕	于	어조사	우
巍	높고 클	외	辱	욕될	욕	牛	소	우
猥	함부로	외	縟	화문 놓을	욕	友	벗	우
요 要	구할	요	褥	요	욕	宇	집	우
謠	노래	요	**용** 用	쓸	용	尤	더욱	우
搖	흔들릴	요	容	얼굴	용	雨	비	우
腰	허리	요	勇	날쌜	용	宋	雨의 古字	
遙	멀	요	庸	떳떳할	용	遇	만날	우
夭	일찍 죽을	요	溶	녹을	용	憂	근심	우
堯	요임금	요	鎔	녹일	용	羽	깃	우
饒	넉넉할	요	熔	鎔의 속자		偶	짝	우
曜	요일	요	瑢	패옥소리	용	愚	어리석을	우
耀	빛날	요	榕	뱅골보리수	용	優	넉넉할	우
瑤	옥돌	요	蓉	연꽃	용	郵	우편	우
樂	좋아할	요	涌	물 솟을	용	佑	도울	우
姚	예쁠	요	湧	涌의 속자		祐	다행할	우
僥	바랄	요	埇	골목길	용	禹	하우씨	우
凹	오목할	요	踊	뛸	용	瑀	옥돌	우
妖	아리따울	요	鏞	큰 쇠북	용	寓	머무를	우
嶢	높을	요	茸	녹용	용	堣	모퉁이	우
拗	꺾을	요	墉	성	용	隅	모퉁이	우
擾	어지러울	요	甬	길	용	玗	옥돌	우
橈	굽을	요	俑	허수아비	용	釪	악기이름	우
燿	빛날	요	傭	품팔이	용	迂	멀	우

한자	뜻	음
霂	물소리	우
旴	클	우
盂	바리	우
禑	복	우
紆	굽을	우
芋	토란	우
藕	연뿌리	우
虞	헤아릴	우
雩	기우제	우
扜	지휘할	우
圩	오목할	우
惆	삼갈	우
煦	입김 몰아불	우
愚	기쁠	우
俁	얼굴 클	우
邘	땅이름	우
澴	물 소용돌이쳐 흐를	우
욱 旭	빛날	욱
昱	밝을	욱
煜	빛날	욱
郁	향내 날	욱
頊	사람이름	욱
彧	무성할	욱
勖	힘쓸	욱
栯	산앵두	욱
燠	따뜻할	욱
稢	서속 성할	욱
稶	稢의 본자	
馘	빛날	욱
운 云	이를	운
雲	구름	운
運	돌	운
韻	운치	운

한자	뜻	음
沄	끓을	운
澐	큰 물결	운
耘	김맬	운
賱	넉넉할	운
夽	높을	운
暈	무리	운
橒	나무무늬	운
殞	죽을	운
熉	노란 모양	운
芸	향초이름	운
蕓	평지	운
隕	떨어질	운
篔	왕대	운
簹	篔과 同字	
霣	구름이 일	운
員	더할	운
鄖	나라이름	운
頵	얼굴빛 다급할	운
울 蔚	고을이름	울
鬱	막힐	울
乯	울	울
웅 雄	수컷	웅
熊	곰	웅
원 元	으뜸	원
怨	원망할	원
願	원할	원
原	근원	원
遠	멀	원
圓	둥글	원
園	동산	원
員	관원	원
貟	員의 속자	
院	집	원

한자	뜻	음
源	근원	원
援	구원할	원
袁	옷 긴 모양	원
垣	낮은 담	원
洹	흐를	원
沅	물이름	원
瑗	구멍 큰 옥	원
媛	예쁜 계집	원
嫄	여자이름	원
愿	정성	원
苑	나라동산	원
轅	멍에 채	원
婉	아름다울	원
湲	물 흐를	원
爰	이에	원
猿	원숭이	원
阮	성	원
鴛	원앙	원
褑	패옥 띠	원
朊	달빛 희미할	원
杬	나무이름	원
鋺	저울 바탕	원
冤	원통할	원
寃	冤의 속자	
筦	대무늬	원
邍	넓은 언덕	원
俒	기쁠	원
월 月	달	월
越	넘을	월
鉞	도끼	월
위 爲	할	위
位	자리	위
危	위태할	위

한자	뜻	음
威	위엄	위
偉	클	위
委	맡길	위
胃	밥통	위
圍	둘레	위
衛	지킬	위
衞	衛의 속자	
違	어길	위
謂	이를	위
慰	위로할	위
緯	경위	위
僞	거짓	위
尉	벼슬	위
韋	연할	위
瑋	옥이름	위
暐	빛날	위
渭	물이름	위
魏	위나라	위
萎	마를	위
葦	갈대	위
蔿	애기풀	위
蝟	고슴도치	위
褘	장막	위
韡	꽃 활짝 필	위
有	있을	유
幼	어릴	유
由	말미암을	유
油	기름	유
唯	오직	유
遊	놀	유
酉	닭	유
猶	같을	유
柔	부드러울	유
遺	끼칠	유
儒	선비	유
乳	젖	유
愈	나을	유
幽	그윽할	유
裕	넉넉할	유
惟	생각할	유
誘	인도할	유
維	이을	유
悠	멀	유
侑	도울	유
洧	물이름	유
宥	너그러울	유
庾	노적	유
兪	그러할	유
俞	兪의 속자	
喩	깨우칠	유
楡	느릅나무	유
瑜	옥	유
瓀	옥돌	유
狖	꾀	유
濡	젖을	유
渘	濡와 同字	
愉	즐거울	유
秞	벼 무성할	유
攸	곳	유
柚	유자	유
釉	빛낼	유
嬬	젖먹이	유
揄	끌	유
楢	졸참나무	유
游	헤엄칠	유
癒	병 나을	유
臾	잠깐	유
萸	수유	유
諛	아첨할	유
諭	깨우칠	유
踰	넘을	유
蹂	밟을	유
逾	넘을	유
鍮	놋쇠	유
曘	해 빛깔	유
媃	예쁠	유
囿	동산	유
牖	창	유
迶	만족할	유
妠	짝	유
聈	고요할	유
薷	꽃 축 늘어진 모양	유
狖	열매 많이 열릴	유
湵	물이름	유
瑈	옥이름	유
需	부드러울	유
揉	주무를	유
帷	휘장	유
肉	고기	육
育	기를	육
堉	기름진 땅	육
毓	기를	육
潤	젖을	윤
閏	윤달	윤
閠	閏과 同字	
閨	閏과 同字	
尹	믿을	윤
允	진실로	윤
玧	귀막이구슬	윤

한자	뜻	음
銃	창	윤
胤	이을	윤
亂	胤의 속자	
阭	높을	윤
潏	물 깊고넓을	윤
贇	예쁠	윤
昀	햇빛	윤
蒻	연뿌리	윤
鋆	금(金)	윤
橍	나무이름	윤
沇	향나무	윤
율		
聿	붓	율
燏	빛나는 모양	율
汨	흐를	율
建	가는 모양	율
潏	물 흐르는 모양	율
駅	빨리 날	율
矞	송곳질할	율
颶	큰 바람	율
융		
融	화할	융
戎	되	융
瀜	물이 깊고 넓은 모양	융
絨	융	융
은		
恩	은혜	은
銀	은	은
隱	숨길	은
垠	언덕	은
殷	은나라	은
誾	온화할	은
闇	誾과 同字	
激	물소리	은
珢	옥돌	은
慇	괴로워할	은
灖	물이름	은
億	남에게 기댈	은
听	웃는 모양	은
璑	옥	은
圻	언덕	은
蘟	인동덩굴	은
檼	대마루	은
檃	바로잡을	은
訢	공손한 모양	은
蒑	풀빛 푸른	은
泿	물가	은
蒽	풀이름	은
憖	억지로	은
圁	물이름	은
嶾	산 높을	은
齗	웃을	은
溵	물이름	은
을		
乙	새	을
圪	담 높은 모양	을
鳦	제비	을
음		
音	소리	음
吟	읊을	음
陰	응달	음
飲	마실	음
淫	음란할	음
蔭	그늘	음
愔	화평할	음
馨	소리 화할	음
읍		
邑	고을	읍
泣	울	읍
揖	읍	읍
응		
凝	엉길	응
應	응할	응
膺	가슴	응
鷹	매	응
凝	엉길	응
矕	말끄러미 볼	응
의		
衣	옷	의
依	의지할	의
意	뜻	의
義	옳을	의
議	의논할	의
醫	의원	의
矣	어조사	의
宜	마땅할	의
疑	의심할	의
儀	법도	의
倚	믿을	의
誼	옳을	의
毅	굳셀	의
擬	비길	의
懿	아름다울	의
椅	의나무	의
艤	배 댈	의
薏	율무	의
蟻	개미	의
娭	여자 이름자	의
猗	아름다울	의
이		
二	두	이
貳	두	이
以	써	이
耳	귀	이
異	다를	이
已	이미	이
移	옮길	이
而	말 이을	이

	夷	오랑캐	이		翌	다음날	익		稇	벼꽃	인

夷 오랑캐 이
珥 햇무리 이
伊 저 이
易 쉬울 이
弛 늦출 이
怡 화할 이
爾 너 이
彝 떳떳할 이
彛 彝의 속자
頤 턱 이
姨 이모 이
痍 상처 이
肄 익힐 이
苡 질경이 이
苵 흰비름 이
貽 끼칠 이
邇 가까울 이
飴 엿 이
媐 기쁠 이
柂 나무이름 이
胰 힘줄이 질길 이
姼 여자이름 이
珆 옥돌 이
鴺 제비 이
羠 고을이름 이
熙 아름다울 이
佴 버금 이
廙 공경할 이

익
益 더할 익
翼 날개 익
翊 도울 익
瀷 스며 흐를 익
謚 웃을 익

翌 다음날 익
熤 사람이름 익

인
人 사람 인
仁 어질 인
忈 仁과 同字
忎 仁의 古字
引 끌 인
因 인할 인
忍 참을 인
認 알 인
印 도장 인
寅 범 인
刃 칼날 인
姻 혼인할 인
咽 목구멍 인
湮 잠길 인
絪 기운 인
茵 자리 인
蚓 지렁이 인
靷 가슴걸이 인
𩊚 작은북 인
鞇 靷과 同字
茝 풀이름 인
洳 끈적거릴 인
牣 찰 인
瑌 사람이름 인
靭 길 인
靱 靭과 同字
氤 기운 성할 인
儿 사람 인
諲 공경할 인
䚇 등심 인
瀙 물줄기 인

稇 벼꽃 인
戭 창 인

일
一 한 일
日 날 일
壹 하나 일
逸 편안할 일
逸 逸의 속자
溢 넘칠 일
鎰 스물넉냥쭝 일
馹 역마 일
佾 춤 일
佚 편안할 일

임
壬 아홉째 천간 임
任 맡길 임
賃 빌릴 임
妊 아이 밸 임
姙 妊과 同字
稔 곡식 익을 임
恁 생각할 임
荏 들깨 임
誑 생각할 임
諶 믿을 임

입
入 들 입
廿 스물 입
卄 廿과 同字

잉
剩 남을 잉
仍 인할 잉
孕 아이 밸 잉
芿 새 풀싹 잉

ㅈ

자
子 아들 자

自	스스로	자
字	글자	자
者	놈	자
姊	손윗누이	자
姉	姊의 속자	
慈	사랑	자
資	재물	자
恣	방자할	자
姿	맵시	자
紫	자줏빛	자
刺	찌를	자
兹	이	자
玆	兹자의 통용어	
雌	암컷	자
仔	자세할	자
滋	부를	자
磁	자석	자
藉	깔	자
瓷	오지그릇	자
咨	물을	자
孜	힘쓸	자
炙	고기 구울	자
煮	삶을	자
疵	흠	자
茨	가시나무	자
蔗	사탕수수	자
諮	물을	자
秄	북돋을	자
작 作	지을	작
昨	어제	작
酌	참작할	작
爵	벼슬	작
灼	구울	작

芍	함박꽃	작
雀	참새	작
鵲	까치	작
勺	구기	작
嚼	씹을	작
斫	벨	작
炸	터질	작
綽	너그러울	작
舃	까치	작
잔 殘	나머지	잔
孱	잔약할	잔
棧	잔도	잔
潺	물 흐르는 소리	잔
盞	잔	잔
잠 潛	잠길	잠
潜	潛의 속자	
蠶	누에	잠
暫	잠시	잠
箴	경계할	잠
岑	봉우리	잠
簪	비녀	잠
잡 雜	섞일	잡
장 長	길	장
壯	장할	장
壮	壯의 속자	
將	장수	장
将	將의 속자	
章	글	장
場	마당	장
丈	어른	장
張	베풀	장
腸	창자	장
障	막힐	장

裝	행장	장
墻	담	장
牆	墻과 同字	
奬	권면할	장
獎	奬과 同字	
帳	휘장	장
莊	씩씩할	장
庄	莊의 속자	
葬	장사 지낼	장
藏	감출	장
臟	오장	장
掌	손바닥	장
粧	단장할	장
匠	장인	장
庄	농막	장
杖	지팡이	장
奘	클	장
漳	물이름	장
樟	노나무	장
璋	서옥	장
暲	밝을	장
薔	장미	장
蔣	줄	장
仗	무기	장
檣	돛대	장
欌	장롱	장
漿	미음	장
狀	문서	장
獐	노루	장
臧	착할	장
贓	장물	장
醬	젓갈	장
재 在	있을	재

302

	才	재주	재	儲	쌓을	저	勣	공적	적
	再	두 번	재	咀	씹을	저	吊	이를	적
	宰	재상	재	姐	맏누이	저	嫡	정실	적
	財	재물	재	杵	공이	저	狄	오랑캐	적
	材	재목	재	樗	가죽나무	저	炙	고기 구울	적
	哉	어조사	재	渚	물가	저	翟	꿩	적
	栽	심을	재	狙	원숭이	저	荻	물억새	적
	災	재앙	재	猪	돼지	저	謫	귀양갈	적
	載	실을	재	疽	등창	저	迹	자취	적
	裁	옷 마를	재	箸	젓가락	저	鏑	살촉	적
	梓	노나무	재	紵	모시	저	全	온전할	전
	縡	일	재	菹	채소 절임	저	田	밭	전
	齋	재계할	재	藷	사탕수수	저	前	앞	전
	滰	맑을	재	詛	저주할	저	典	법	전
	滓	찌끼	재	躇	머뭇거릴	저	電	번개	전
	齎	가져올	재	這	이	저	戰	싸울	전
	捊	손바닥에 받을	재	雎	물수리	저	展	펼	전
	賍	재물	재	齟	어긋날	저	殿	대궐	전
	溨	물이름	재	的	과녁	적	錢	돈	전
쟁	爭	다툴	쟁	赤	붉을	적	傳	전할	전
	錚	쇳소리	쟁	適	마침	적	轉	구를	전
	箏	쟁	쟁	敵	원수	적	專	오로지	전
	諍	간할	쟁	笛	피리	적	佺	신선이름	전
저	貯	쌓을	저	寂	고요할	적	栓	나무못	전
	低	낮을	저	賊	도둑	적	詮	평론	전
	著	지을	저	籍	서적	적	銓	저울질할	전
	底	밑	저	摘	딸	적	琠	옥이름	전
	抵	막을	저	滴	물방울	적	甸	경기	전
	苧	모시	저	積	쌓을	적	塡	막힐	전
	邸	집	저	績	길쌈	적	奠	정할	전
	楮	닥나무	저	跡	자취	적	荃	향풀	전
	沮	막을	저	蹟	사적	적	餰	살진 고기	전
	佇	우두커니	저	迪	나아갈	적	顚	꼭대기	전

	한자	뜻	음
	佃	밭갈	전
	剪	가위	전
	塼	벽돌	전
	廛	가게	전
	悛	고칠	전
	氈	모전	전
	澱	앙금	전
	煎	달일	전
	畑	밭	전
	癲	미칠	전
	筌	통발	전
	箋	글	전
	箭	화살	전
	篆	전자	전
	纏	얽힐	전
	輾	구를	전
	鈿	비녀	전
	鐫	새길	전
	顫	떨릴	전
	餞	전별할	전
절	節	대마디	절
	絕	끊을	절
	絶	絕과 同字	
	切	끊을	절
	折	꺾을	절
	竊	훔칠	절
	晢	밝을	절
	截	끊을	절
	浙	강이름	절
	癤	부스럼	절
점	店	가게	점
	占	점칠	점
	點	검은 점	점
	点	點의 속자	
	奌	點의 속자	
	漸	점점	점
	岾	재	점
	粘	끈끈할	점
	霑	젖을	점
	鮎	메기	점
접	接	대접할	접
	蝶	나비	접
	摺	접을	접
정	正	바를	정
	丁	장정	정
	井	우물	정
	貞	곧을	정
	頂	정수리	정
	定	정할	정
	政	정사	정
	庭	뜰	정
	情	뜻	정
	精	정기	정
	靜	고요할	정
	静	靜의 속자	
	停	머무를	정
	淨	깨끗할	정
	亭	정자	정
	征	칠	정
	訂	바로잡을	정
	整	가지런할	정
	廷	조정	정
	程	길	정
	汀	물가	정
	玎	옥소리	정
	町	밭 지경	정
	呈	드러낼	정
	桯	걸상	정
	珵	패옥	정
	娗	계집 단정할	정
	偵	정탐할	정
	湞	물이름	정
	幀	그림족자	정
	楨	쥐똥나무	정
	禎	상서	정
	珽	옥이름	정
	挺	뺄	정
	綎	인끈	정
	鼎	솥	정
	晶	수정	정
	晸	해뜨는 모양	정
	柾	나무 바를	정
	鉦	징	정
	淀	배댈	정
	錠	덩이	정
	鋌	쇳덩이	정
	鄭	정나라	정
	靖	편안할	정
	靚	단장할	정
	鋥	칼날 세울	정
	炡	빛날	정
	渟	물결	정
	釘	못	정
	涏	곧을	정
	頔	아름다운 모양	정
	婷	예쁠	정
	旌	기	정
	檉	위성류	정
	瀞	맑을	정

睛 눈동자 정	濟 건널 제	潮 조수 조
碇 닻 정	済 濟의 속자	彫 새길 조
穽 허방다리 정	悌 공경할 제	措 둘 조
艇 거룻배 정	梯 사다리 제	晁 아침 조
諄 고를 정	瑅 옥이름 제	窕 안존할 조
酊 술 취할 정	劑 약 지을 제	祚 복조 조
霆 천둥소리 정	嗁 울 제	趙 조나라 조
彭 조촐하게 꾸밀 정	臍 배꼽 제	肇 비로소 조
埩 다스릴 정	薺 냉이 제	詔 조서 조
侹 바삐 갈 정	蹄 굽 제	釣 낚시 조
姃 안존할 정	醍 맑은 술 제	曹 무리 조
梃 몽둥이 정	霽 갤 제	曺 曹와 同字
胜 비릴 정	媞 안존할 제	遭 만날 조
灯 열화 정	儕 동배 제	眺 바라볼 조
眐 바라볼 정	禔 편안할 제	俎 도마 조
靘 검푸른빛 정	偍 준걸 제	凋 시들 조
朾 칠 정	姼 예쁠 제	嘲 비웃을 조
侱 긴 모양 정	晢 별이 빛날 제	棗 대추나무 조
捇 펼 정	**조** 早 새벽 조	枣 棗의 속자
頲 곧을 정	鳥 새 조	槽 구유 조
제 弟 아우 제	朝 아침 조	漕 배로 실어나를 조
第 차례 제	助 도울 조	爪 손톱 조
題 표제 제	造 지을 조	璪 면류관 드림 옥 조
帝 임금 제	祖 조상 조	稠 빽빽할 조
製 지을 제	調 고를 조	粗 거칠 조
諸 모든 제	兆 조짐 조	糟 전국 조
祭 제사 제	弔 조상할 조	繰 야청통견 조
除 덜 제	操 잡을 조	藻 말 조
制 제도 제	燥 마를 조	蚤 벼룩 조
提 들 제	照 비출 조	躁 성급할 조
齊 가지런할 제	租 세금 조	阻 험할 조
堤 방죽 제	組 짤 조	雕 독수리 조
際 모을 제	條 가지 조	昭 밝을 조

음	漢字	뜻	음
	嶆	깊을	조
족	足	발	족
	族	겨레	족
	簇	조릿대	족
	鏃	살촉	족
존	存	있을	존
	尊	높을	존
졸	卒	군사	졸
	拙	졸할	졸
	猝	갑자기	졸
종	宗	마루	종
	終	끝날	종
	從	좇을	종
	種	씨	종
	鐘	쇠북	종
	縱	세로	종
	倧	옛적 신인	종
	琮	서옥이름	종
	淙	물소리	종
	椶	종려나무	종
	棕	椶과 同字	
	悰	즐거울	종
	綜	모을	종
	璁	패옥소리	종
	鍾	술잔	종
	慫	권할	종
	腫	부스럼	종
	蹤	자취	종
	踪	蹤과 同字	
	踵	발꿈치	종
	柊	나무이름	종
좌	左	왼쪽	좌
	坐	앉을	좌
	佐	도울	좌
	座	자리	좌
	挫	꺾을	좌
죄	罪	허물	죄
주	主	주인	주
	住	살	주
	注	물댈	주
	走	달릴	주
	朱	붉을	주
	酒	술	주
	宙	집	주
	晝	낮	주
	舟	배	주
	柱	기둥	주
	周	두루	주
	株	그루	주
	州	고을	주
	洲	물가	주
	鑄	쇠 불릴	주
	胄	투구	주
	奏	아뢸	주
	湊	물 모일	주
	炷	심지	주
	註	주낼	주
	珠	구슬	주
	疇	밭	주
	週	주일	주
	遒	굳셀	주
	逎	遒의 속자	
	駐	말 머무를	주
	妵	사람이름	주
	澍	단비	주
	姝	빛깔 고울	주
	侏	난쟁이	주
	做	지을	주
	呪	빌	주
	嗾	부추길	주
	廚	부엌	주
	籌	투호살	주
	紂	껑거리끈	주
	紬	명주	주
	綢	얽을	주
	蛛	거미	주
	誅	벨	주
	躊	머뭇거릴	주
	輳	모일	주
	酎	진한 술	주
	燽	드러날	주
	硃	쇳돌	주
	拄	버틸	주
	晭	밝을	주
	邾	나라이름	주
	聃	귀	주
	絑	붉을	주
	賍	재물	주
	椆	영수목	주
	晭	밝을	주
	珘	옥	주
	紸	댈	주
	調	아침	주
	睭	햇빛	주
죽	竹	대	죽
	粥	죽	죽
준	俊	준걸	준
	準	법	준
	凖	準의 속자	

遵	좇을	준
峻	높을	준
浚	깊을	준
晙	밝을	준
焌	불 땔	준
竣	일 마칠	준
畯	농부	준
駿	준마	준
准	법	준
濬	깊을	준
睿	濬과 同字	
雋	새 살찔	준
儁	영특할	준
埻	관혁	준
隼	새매	준
寯	모일	준
樽	술통	준
蠢	꿈틀거릴	준
逡	뒷걸음질 칠	준
純	선두를	준
蓬	클	준
噂	기쁠	준
僔	모일	준
陖	가파를	준
埈	陵과 同字	
睃	볼	준
餕	대궁	준
迿	○○	준
惷	어수선할	준
騿	뛰어날	준
憌	똑똑할	준
鐏	창고달	준
後	물러갈	준

皴	주름	준
줄 茁	싹	줄
중 中	가운데	중
重	무거울	중
衆	무리	중
仲	버금	중
즉 卽	곧	즉
即	卽의 속자	
즐 櫛	빗	즐
즙 汁	즙	즙
楫	노	즙
葺	기울	즙
증 曾	일찍	증
增	더할	증
證	증거	증
憎	미워할	증
症	병 증세	증
贈	줄	증
蒸	찔	증
烝	김 오를	증
甑	시루	증
拯	건질	증
繒	비단	증
지 之	갈	지
支	지탱할	지
只	다만	지
止	그칠	지
知	알	지
䂨	知와 同字	
地	땅	지
至	이를	지
志	뜻	지
枝	가지	지

持	가질	지
指	손가락	지
紙	종이	지
池	못	지
智	슬기	지
𣉻	智의 古字	
誌	기록할	지
遲	늦을	지
旨	뜻	지
沚	모래톱	지
址	터	지
祉	복	지
趾	발	지
祇	공경할	지
芝	지초	지
摯	잡을	지
鋕	새길	지
脂	기름	지
咫	길이	지
枳	탱자나무	지
漬	담글	지
砥	숫돌	지
肢	사지	지
芷	구릿대	지
蜘	거미	지
識	기록할	지
贄	폐백	지
坻	섬	지
厎	숫돌	지
汦	강이름	지
吱	가는 소리	지
駤	굳셀	지
劧	굳을	지

구분	한자	뜻	음
	恈	믿을	지
	坻	모래섬	지
	搘	버틸	지
	禔	복	지
	舐	핥할	지
직	直	곧을	직
	職	직분	직
	織	짤	직
	稙	올벼	직
	稷	메기장	직
진	眞	참	진
	真	眞의 속자	
	辰	별	진
	進	나아갈	진
	盡	다할	진
	尽	盡의 속자	
	陣	진칠	진
	珍	보배	진
	鉁	珍과 同字	
	振	떨칠	진
	震	진동할	진
	鎭	진압할	진
	陳	늘어놓을	진
	晉	나아갈	진
	晋	晉의 속자	
	瑨	옥돌	진
	瑨	瑨의 속자	
	瑱	옥이름	진
	津	나루	진
	璡	옥돌	진
	秦	진나라	진
	軫	구를	진
	塵	티끌	진
	禛	복받을	진
	診	볼	진
	縝	맺을	진
	塡	오랠	진
	賑	구휼할	진
	溱	많을	진
	抮	되돌릴	진
	唇	놀랄	진
	瞋	성낼	진
	搢	꽂을	진
	桭	평교대	진
	榛	개암나무	진
	殄	다할	진
	畛	두렁길	진
	疹	홍역	진
	瞋	부릅뜰	진
	縉	꽂을	진
	臻	이를	진
	蓁	사철쑥	진
	袗	홑옷	진
	趁	밝을	진
	蓁	많은 모양	진
	昣	밝을	진
	枃	바디	진
	榗	뿌리 모일	진
	稹	떨기로 날	진
	儘	다할	진
	疢	바를	진
	僅	다스릴	진
	眹	눈동자	진
질	質	바탕	질
	疾	병	질
	姪	조카	질
	秩	차례	질
	瓆	사람이름	질
	佚	어리석을	질
	叱	꾸짖을	질
	嫉	시기할	질
	帙	책갑	질
	桎	차꼬	질
	窒	막을	질
	膣	새살 돋을	질
	蛭	거머리	질
	跌	넘어질	질
	迭	갈마들	질
짐	斟	짐작할	짐
	朕	나	짐
집	集	모일	집
	執	잡을	집
	什	세간	집
	潗	물 끓을	집
	潗	潗과 同字	
	楫	노	집
	輯	모을	집
	鏶	쇳조각	집
	緝	낳을	집
징	徵	부를	징
	懲	혼날	징
	澄	맑을	징

ㅊ

구분	한자	뜻	음
차	此	이	차
	次	버금	차
	且	또	차
	借	빌	차

한자	뜻	음
差	어길	차
車	수레	차
叉	두 갈래	차
瑳	옥빛 깨끗할	차
侘	실의할	차
嗟	탄식할	차
嵯	우뚝 솟을	차
磋	갈	차
箚	차자	차
茶	차	차
蹉	넘어질	차
遮	막을	차
硨	옥돌	차
奲	너그러울	차
姹	예쁜 여자	차
醝	소금	차
착 着	부딪칠	착
錯	섞일	착
捉	잡을	착
搾	짤	착
窄	좁을	착
鑿	뚫을	착
齷	악착할	착
찬 贊	도울	찬
賛	贊의 속자	
讚	기릴	찬
讃	讚의 속자	
撰	글 지을	찬
纂	모을	찬
粲	선명할	찬
澯	맑을	찬
燦	빛날	찬
璨	옥빛 찬란할	찬
瓚	옥그릇	찬
纘	이을	찬
鑚	뚫을	찬
竄	숨을	찬
篡	빼앗을	찬
簒	篡의 속자	
餐	먹을	찬
饌	반찬	찬
攅	모일	찬
巑	산 뾰족할	찬
儹	모을	찬
儧	儹의 속자	
欑	모일	찬
爟	희고 환할	찬
찰 察	살필	찰
札	패	찰
刹	절	찰
擦	비빌	찰
紮	감을	찰
참 參	간여할	참
慘	슬플	참
慙	부끄러워할	참
慚	慙과 同字	
僭	참람할	참
塹	구덩이	참
懺	뉘우칠	참
斬	벨	참
站	우두커니 설	참
讒	참소할	참
讖	참서	참
창 昌	성할	창
唱	노래 부를	창
窓	창	창
倉	곳집	창
蒼	푸를	창
創	비롯할	창
暢	화창할	창
滄	서늘할	창
菖	창포	창
昶	밝을	창
彰	밝을	창
敞	열	창
廠	헛간	창
倡	광대	창
娼	몸 파는 여자	창
愴	슬퍼할	창
槍	창	창
漲	불을	창
猖	미처 날뛸	창
瘡	부스럼	창
脹	배부를	창
艙	선창	창
淐	물이름	창
晿	사람의 이름자	창
淌	큰 물결	창
채 菜	나물	채
採	캘	채
彩	무늬	채
債	빚질	채
采	취할	채
埰	사패땅	채
寀	동관	채
蔡	채나라	채
綵	채색 비단	채
寨	울짱	채
砦	울타리	채

	釵 비녀 채	천	千 일천 천	첨	尖 뾰족할 첨
	琗 구슬빛 채		天 하늘 천		添 더할 첨
	責 빛 채		川 내 천		僉 다 첨
	楺 참나무 채		泉 샘 천		瞻 쳐다볼 첨
	媒 여자 이름자 채		淺 얕을 천		沾 더할 첨
	睬 주목할 채		賤 천할 천		簽 농 첨
책	責 꾸짖을 책		踐 밟을 천		籤 제비 첨
	册 책 책		薦 천거할 천		詹 이를 첨
	冊 册과 同字		遷 옮길 천		諂 아첨할 첨
	策 꾀 책		仟 천사람 천		甜 달 첨
	柵 울짱 책		阡 밭둑길 천		甛 甜과 同字
처	妻 아내 처		喘 헐떡거릴 천	첩	妾 첩 첩
	處 곳 처		擅 멋대로 천		帖 문서 첩
	悽 슬퍼할 처		玔 옥고리 천		捷 이길 첩
	凄 쓸쓸할 처		穿 뚫을 천		堞 성가퀴 첩
척	尺 자 척		舛 어그러질 천		牒 글씨판 첩
	斥 물리칠 척		釧 팔찌 천		疊 겹쳐질 첩
	戚 겨레 척		闡 열 천		睫 속눈썹 첩
	拓 열 척		韆 그네 천		諜 염탐할 첩
	陟 나아갈 척		茜 꼭두서니 천		貼 붙을 첩
	墌 기지 척	철	鐵 쇠 철		輒 문득 첩
	坧 墌과 同字		鉄 鐵의 속자	청	靑 푸를 청
	倜 대범할 척		哲 밝을 철		青 靑과 同字
	刺 칼로 찌를 척		喆 哲과 同字		晴 갤 청
	剔 바를 척		徹 관철 철		晴 晴의 속자
	慼 근심할 척		澈 물 맑을 철		請 청할 청
	慽 慼과 同字		撤 거둘 철		請 請의 속자
	擲 던질 척		轍 수레자국 철		淸 맑을 청
	滌 씻을 척		綴 맺을 철		清 淸의 속자
	瘠 파리할 척		凸 볼록할 철		聽 들을 청
	脊 등성마루 척		輟 그칠 철		廳 관청 청
	蹠 밟을 척		悊 공경할 철		菁 휘늘어질 청
	隻 새 한 마리 척		瞮 눈 밝을 철		鯖 청어 청

체									
체	體	몸	체	礁	물에 잠긴 바위	초	冢	무덤	총
	滯	막힐	체	稍	벼줄기 끝	초	塚	冢의 속자	
	替	대신할	체	苕	능소화	초	**촬** 撮	취할	촬
	逮	미칠	체	貂	담비	초	**최** 最	가장	최
	遞	갈마들	체	酢	초	초	催	재촉할	최
	締	맺을	체	醋	초	초	崔	성	최
	諦	살필	체	醮	초례	초	**추** 秋	가을	추
	切	모두	체	嶕	산 높을	초	推	차례로 옮길	추
	剃	머리 깎을	체	鈔	좋은 쇠	초	追	쫓을	추
	涕	눈물	체	俏	닮을	초	抽	뺄	추
	諟	자세히 살필	체	繰	오색 고운 빛	초	醜	추할	추
	玼	옥빛 깨끗할	체	**촉** 促	재촉할	촉	楸	노나무	추
	棣	산앵두나무	체	燭	촛불	촉	樞	지도리	추
초	草	풀	초	觸	닿을	촉	鄒	나라이름	추
	艸	草와 同字		屬	이을	촉	錐	송곳	추
	初	처음	초	囑	부탁할	촉	錘	저울눈	추
	招	부를	초	矗	우거질	촉	墜	떨어질	추
	肖	닮을	초	蜀	나라이름	촉	椎	몽치	추
	超	뛰어넘을	초	**촌** 寸	마디	촌	湫	다할	추
	抄	베낄	초	村	마을	촌	皺	주름	추
	秒	까끄라기	초	邨	村의 본자		芻	꼴	추
	礎	주춧돌	초	忖	헤아릴	촌	萩	다북쑥	추
	樵	땔나무	초	**총** 銃	총	총	諏	꾀할	추
	焦	그을릴	초	總	거느릴	총	趨	달릴	추
	蕉	파초	초	総	總과 同字		酋	두목	추
	楚	초나라	초	聰	귀 밝을	총	鎚	쇠망치	추
	剿	끊을	초	聡	聰과 同字		雛	병아리	추
	哨	망볼	초	寵	사랑할	총	騶	말 먹이는 사람	추
	憔	수척할	초	叢	떨기	총	鰍	미꾸라지	추
	梢	나무 끝	초	悤	바쁠	총	鰌	鰍와 同字	
	椒	산초나무	초	怱	바쁠	총	**축** 丑	소	축
	炒	볶을	초	摠	모두	총	祝	빌	축
	硝	초석	초	蔥	파	총	畜	가축	축

蓄 쌓을 축	臭 냄새 취	淄 검은빛 치
築 쌓을 축	趣 뜻 취	痔 치질 치
逐 쫓을 축	翠 물총새 취	癡 어리석을 치
縮 오그라질 축	聚 모을 취	痴 癡의 속자
軸 굴대 축	嘴 부리 취	緇 검은 비단 치
竺 대나무 축	娶 장가들 취	緻 뺄 치
筑 악기이름 축	炊 불 땔 취	蚩 어리석을 치
蹙 대지를 축	脆 무를 취	輜 짐수레 치
蹴 찰 축	驟 달릴 취	**칙** 勅 신칙할 칙
춘 春 봄 춘	鷲 수리 취	飭 신칙할 칙
椿 참죽나무 춘	**측** 側 곁 측	則 법칙 칙
瑃 옥이름 춘	測 헤아릴 측	**친** 親 친할 친
賰 넉넉할 춘	仄 기울 측	**칠** 七 일곱 칠
출 出 날 출	惻 슬퍼할 측	漆 옻 칠
朮 차조 출	廁 뒷간 측	柒 옻 칠
黜 물리칠 출	厠 廁과 同字	**침** 針 바늘 침
충 忠 충성 충	**층** 層 층 층	枕 베개 침
充 가득할 충	**치** 致 이를 치	沈 가라앉을 침
蟲 벌레 충	治 다스릴 치	浸 적실 침
虫 蟲의 속자	齒 이 치	侵 침노할 침
衝 충돌할 충	恥 부끄러워할 치	寢 잠잘 침
珫 귀걸이 옥 충	置 둘 치	琛 보배 침
沖 화할 충	値 값 치	砧 다듬잇돌 침
沖 沖의 속자	稚 어릴 치	鍼 침 침
衷 가운데 충	穉 稚와 同字	梫 뒤덮힐 침
췌 萃 모을 췌	熾 불 성할 치	**칩** 蟄 벌레 움츠릴 칩
悴 파리할 췌	峙 산 우뚝할 치	**칭** 稱 일컬을 칭
膵 췌장 췌	雉 꿩 치	秤 저울 칭
贅 혹 췌	馳 달릴 치	
취 取 취할 취	侈 사치할 치	**ㅋ**
吹 불 취	嗤 웃을 치	
就 이룰 취	幟 기 치	**쾌** 快 쾌할 쾌
醉 취할 취	梔 치자나무 치	夬 결단할 쾌

ㅌ

타	他	다를	타
	打	칠	타
	妥	편안할	타
	墮	떨어질	타
	咤	꾸짖을	타
	唾	침	타
	惰	게으를	타
	拖	끌	타
	朶	늘어질	타
	舵	키	타
	陀	비탈질	타
	馱	짐 실을	타
	駝	낙타	타
	橢	길쭉할	타
	楕	橢와 同字	
탁	托	밀	탁
	卓	책상	탁
	濁	흐릴	탁
	濯	씻을	탁
	琢	쪼을	탁
	度	헤아릴	탁
	倬	클	탁
	琸	사람이름	탁
	晫	밝을	탁
	託	부탁할	탁
	擢	뽑을	탁
	鐸	큰 방울	탁
	拓	열	탁
	啄	쫄	탁
	坼	터질	탁
	柝	열	탁
	踔	뛰어날	탁
	橐	자루	탁
	橐	橐의 속자	
탄	炭	숯	탄
	歎	탄식할	탄
	彈	퉁길	탄
	誕	태어날	탄
	呑	삼킬	탄
	坦	평평할	탄
	灘	여울	탄
	嘆	탄식할	탄
	憚	꺼릴	탄
	綻	옷 터질	탄
	暺	밝을	탄
탈	脫	벗을	탈
	奪	빼앗을	탈
탐	探	찾을	탐
	貪	탐할	탐
	耽	즐길	탐
	眈	노려볼	탐
탑	塔	탑	탑
	榻	걸상	탑
탕	湯	끓을	탕
	宕	방탕할	탕
	帑	금고	탕
	糖	사탕	탕
	蕩	쓸어버릴	탕
태	太	클	태
	泰	클	태
	態	모양	태
	怠	게으를	태
	殆	위태로울	태
	汰	미끄러질	태
	兌	바꿀	태
	台	별이름	태
	胎	아이 밸	태
	邰	태나라	태
	笞	볼기칠	태
	苔	이끼	태
	跆	밟을	태
	颱	태풍	태
	鈦	티타늄	태
	珆	용무늬 있는 홀 옥	태
	鮐	복	태
	脫	느릿느릿할	태
	娧	느릿느릿 하는 모양	태
	迨	미칠	태
택	宅	집	택
	擇	가릴	택
	澤	늪	택
	垞	언덕	택
탱	撑	버틸	탱
터	攄	펼	터
토	土	흙	토
	吐	토할	토
	討	칠	토
	兔	토끼	토
	兎	兔의 속자	
통	通	통할	통
	統	거느릴	통
	痛	아플	통
	桶	통	통
	慟	서럽게 울	통
	洞	통할	통
	筒	대롱	통

퇴	退	물러날	퇴
	堆	흙무더기	퇴
	槌	던질	퇴
	腿	넓적다리	퇴
	褪	바랠	퇴
	頹	무너질	퇴
투	投	던질	투
	透	통할	투
	鬪	싸움	투
	偸	훔칠	투
	套	덮개	투
	妬	강새암할	투
특	特	특별할	특
	慝	사특할	특
틈	闖	많이 문을 나오는 모양	틈

ㅍ

파	波	물결	파
	破	깨뜨릴	파
	派	물가닥	파
	把	잡을	파
	播	심을	파
	罷	파면할	파
	頗	비뚤어질	파
	巴	땅이름	파
	芭	파초	파
	琶	비파	파
	坡	언덕	파
	杷	비파나무	파
	婆	할미	파
	擺	열릴	파
	爬	긁을	파

	跛	절뚝발이	파
판	判	판가름할	판
	板	널	판
	版	인쇄할	판
	販	장사	판
	阪	산비탈	판
	坂	언덕	판
	瓣	외씨	판
	辦	힘쓸	판
	鈑	금박	판
팔	八	여덟	팔
	叭	입 벌릴	팔
	捌	깨뜨릴	팔
패	貝	조개	패
	敗	패할	패
	浿	물이름	패
	佩	찰	패
	牌	방패	패
	唄	찬불	패
	悖	어그러질	패
	沛	늪	패
	狽	이리	패
	稗	피	패
	霸	으뜸	패
	覇	霸의 속자	
팽	彭	성	팽
	澎	물소리	팽
	烹	삶을	팽
	膨	부풀	팽
팍	愎	괴팍할	팍
편	片	조각	편
	便	편할	편
	偏	치우칠	편

	篇	책	편
	編	책편	편
	遍	두루	편
	扁	작을	편
	翩	빨리 날	편
	鞭	채찍	편
	騙	속일	편
폄	貶	떨어뜨릴	폄
평	平	평평할	평
	評	평론할	평
	坪	평수	평
	枰	바둑판	평
	泙	물소리	평
	萍	부평초	평
폐	閉	닫을	폐
	肺	허파	폐
	廢	폐할	폐
	弊	폐단	폐
	蔽	덮을	폐
	幣	폐백	폐
	陛	섬돌	폐
	吠	짖을	폐
	嬖	사랑할	폐
	斃	넘어질	폐
포	布	베	포
	抱	안을	포
	包	쌀	포
	胞	태보	포
	飽	배부를	포
	浦	개	포
	捕	잡을	포
	葡	포도	포
	襃	포장할	포

314

砲	큰 대포	포
鋪	펼	포
佈	펼	포
匍	길	포
匏	박	포
咆	으르렁거릴	포
哺	먹을	포
圃	밭	포
怖	두려워할	포
拋	던질	포
抛	拋의 속자	
暴	사나울	포
泡	거품	포
疱	천연두	포
脯	포	포
苞	딸기	포
蒲	부들	포
袍	두루마기	포
逋	달아날	포
鮑	절인 어물	포
폭 暴	볕에 말릴	폭
爆	폭발할	폭
幅	폭	폭
曝	쬘	폭
瀑	폭포	폭
輻	바퀴살	폭
표 表	겉	표
票	표	표
標	표할	표
漂	뜰	표
杓	북두자루	표
豹	표범	표
彪	칡범	표

驃	날쌜	표
俵	흩을	표
僄	빠를	표
慓	날랠	표
瓢	박	표
飄	회오리바람	표
飆	폭풍	표
颮	飆와 同字	
聽	겨우 들을	표
품 品	물건	품
稟	품할	품
풍 風	바람	풍
楓	단풍나무	풍
豐	풍년	풍
豊	豐의 속자	
諷	욀	풍
馮	성	풍
피 皮	가죽	피
彼	저	피
疲	나른할	피
被	덮을	피
避	피할	피
披	나눌	피
陂	비탈	피
필 匹	짝	필
必	반드시	필
筆	붓	필
畢	다할	필
弼	도울	필
泌	개천물	필
珌	칼 장식 옥	필
苾	향기 날	필
馝	향기 날	필

鉍	창자루	필
佖	점잖을	필
疋	필	필
潷	샘 용솟을	필
韠	불 모양	필
咇	향기로울	필
핍 乏	가난할	핍
逼	닥칠	핍

ㅎ

하 下	아래	하
何	어찌	하
夏	여름	하
昰	夏의 古字	
河	물	하
賀	하례할	하
荷	연꽃	하
廈	큰 집	하
厦	廈의 속자	
霞	노을	하
瑕	티	하
蝦	새우	하
遐	멀	하
鰕	새우	하
呀	입 벌릴	하
煆	클	하
碬	숫돌	하
閜	크게 열릴	하
嚇	웃을	하
赮	붉을	하
讚	사람의 이름	하
煆	불사를	하

한자	뜻	음
蕸	연잎	하
呀	크게 웃을	하
抲	지휘할	하
嗄	웃을	하
학 學	배울	학
斈	學의 속자	
鶴	두루미	학
壑	골	학
虐	사나울	학
謔	희롱거릴	학
嗃	엄할	학
한 恨	한 될	한
寒	찰	한
漢	한수	한
韓	한나라	한
閑	한가할	한
限	한계	한
汗	땀	한
旱	가물	한
澣	빨래할	한
瀚	넓고 클	한
翰	벼슬이름	한
閒	겨를	한
悍	사나울	한
罕	그물	한
澖	아득히 넓은 모양	한
巐	산 형상	한
僩	노할	한
嫻	우아할	한
榦	큰 나무	한
鷳	익힐	한
扞	막을	한
忓	착할	한
邗	땅이름	한
할 割	벨	할
轄	맡아볼	할
함 咸	다	함
含	머금을	함
陷	빠질	함
函	함	함
涵	젖을	함
艦	싸움배	함
喊	소리	함
檻	우리	함
緘	봉할	함
銜	재갈	함
啣	銜의 속자	
鹹	짤	함
菡	연봉오리	함
합 合	합할	합
哈	물고기 많은 모양	합
盒	합	합
蛤	대합조개	합
閤	쪽문	합
闔	문짝	합
陜	고을	합
항 恒	항상	항
恆	恒의 본자	
巷	골목	항
港	항구	항
項	목뒤	항
抗	항거할	항
航	배질할	항
亢	목	항
沆	큰물	항
姮	계집이름	항
嫦	姮과 同字	
伉	짝	항
杭	건널	항
桁	차꼬	항
缸	항아리	항
肛	똥구멍	항
行	항렬	항
降	항복할	항
해 海	바다	해
海	海의 속자	
害	해칠	해
亥	돼지	해
解	풀	해
奚	어찌	해
該	그	해
偕	함께할	해
楷	본뜰	해
諧	화할	해
咳	어린아이 웃을	해
垓	지경	해
孩	어린아이	해
懈	게으를	해
瀣	이슬 기운	해
蟹	게	해
邂	만날	해
駭	놀랄	해
骸	뼈	해
哈	비웃을	해
瑎	검은 옥돌	해
澥	바다이름	해
祄	하늘이 도울	해
晐	갖출	해
핵 核	씨	핵

	劾	캐물을	핵	赫	밝을	혁	譞	깨달을	현
행	行	갈	행	爀	빛날	혁	怰	팔	현

劾 캐물을 핵
행 行 갈 행
幸 다행 행
杏 살구나무 행
倖 요행 행
荇 마름 행
涬 기운 행
향 香 향기 향
向 향할 향
鄕 시골 향
享 드릴 향
響 소리 울릴 향
珦 옥이름 향
嚮 향할 향
餉 건량 향
饗 잔치할 향
麝 사향사슴 향
曏 밝을 향
허 許 허락할 허
虛 빌 허
墟 옛 성터 허
噓 불 허
헌 軒 초헌 헌
憲 법 헌
獻 바칠 헌
櫶 나무이름 헌
輶 초헌 헌
憓 깨달을 헌
田 밝을 헌
헐 歇 쉴 헐
험 險 험난할 험
驗 시험할 험
혁 革 가죽 혁

赫 밝을 혁
爀 빛날 혁
奕 클 혁
焱 불꽃 혁
洫 고요할 혁
焃 붉을 혁
㸌 붉은빛 혁
嚇 밝을 혁
현 賢 어질 현
現 나타날 현
玄 검을 현
弦 활시위 현
絃 줄풍류 현
顯 나타날 현
顕 顯의 속자
縣 고을 현
懸 매달 현
見 뵈올 현
峴 재 현
晛 볕 기운 현
泫 물 깊을 현
炫 밝을 현
玹 옥돌 현
鉉 솥귀 현
眩 현란할 현
眩 당혹할 현
絢 무늬 현
呟 소리 현
俔 염탐할 현
睍 불거진 눈 현
舷 뱃전 현
衒 팔 현
儇 총명할 현

譞 깨달을 현
怰 팔 현
睍 한정할 현
鋗 노구솥 현
弲 활 현
琄 패옥 늘어질 현
嬛 정숙한 모양 현
娊 여자의 이름자 현
妶 절개 있을 현
灦 물 모양 현
㳠 땅이름 현
혈 血 피 혈
穴 구멍 혈
孑 외로울 혈
頁 머리 혈
혐 嫌 싫어할 혐
협 協 화할 협
脅 위협할 협
脇 脅과 同字
俠 협기 협
挾 낄 협
峽 골짜기 협
浹 사무칠 협
夾 낄 협
狹 좁을 협
陝 좁을 협
莢 풀 열매 협
鋏 집게 협
頰 뺨 협
洽 화할 협
형 兄 맏 형
形 형상 형
刑 형벌 형

한자	뜻	음
亨	형통할	형
螢	개똥벌레	형
型	본보기	형
邢	나라이름	형
珩	노리개	형
泂	찰	형
炯	빛날	형
瑩	맑을	형
濴	물 맑을	형
衡	저울대	형
馨	향기로울	형
熒	반짝일	형
滎	실개천	형
瀅	사람이름	형
荊	모형나무	형
鎣	줄	형
逈	멀	형
逈	逈의 속자	
佪	이룰	형
혜 惠	은혜	혜
恵	惠의 속자	
兮	어조사	혜
慧	지혜	혜
憲	밝힐	혜
蕙	난초	혜
彗	비	혜
譓	분별하여 살필	혜
憓	사랑할	혜
暳	별 반짝일	혜
蹊	지름길	혜
醯	초	혜
鞋	신	혜
譿	슬기로울	혜
鏸	날카로울	혜
匸	감출	혜
詴	진실한 말	혜
호 戶	지게	호
好	좋을	호
虎	범	호
乎	어조사	호
呼	부를	호
湖	호수	호
號	부르짖을	호
号	號의 속자	
互	서로	호
胡	오랑캐	호
浩	넓고 클	호
澔	浩와 同字	
毫	가는 털	호
豪	호걸	호
護	보호할	호
晧	밝을	호
皓	흴	호
昊	여름하늘	호
淏	맑을	호
濠	고을이름	호
灝	물줄기 멀	호
祜	복	호
琥	호박	호
瑚	산호	호
頀	풍류이름	호
顥	클	호
扈	뒤따를	호
鎬	호경	호
壕	성 밑 해자	호
壺	항아리	호
濩	흘러 퍼질	호
滸	물가	호
岵	산	호
弧	활	호
狐	여우	호
瓠	표주박	호
糊	풀	호
縞	명주	호
葫	마늘	호
蒿	쑥	호
蝴	나비	호
皞	밝을	호
嫭	여자의 마음 영리할	호
芐	지황	호
芦	芐와 同字	
犒	호궤할	호
鄗	땅이름	호
熩	빛날	호
嫭	아름다울	호
怙	믿을	호
瓳	큰 기와	호
蔰	채색할	호
혹 或	혹	혹
惑	미혹할	혹
酷	독할	혹
熇	불로 뜨거워질	혹
혼 婚	혼인할	혼
混	섞일	혼
昏	어두울	혼
魂	혼	혼
渾	흐릴	혼
琿	아름다운 옥	혼
俒	완전할	혼

318

	한자	뜻	음
	顴	얼굴빛 혼혼할	혼
홀	忽	홀연	홀
	惚	황홀할	홀
	笏	홀	홀
홍	紅	붉을	홍
	洪	넓을	홍
	弘	클	홍
	鴻	기러기	홍
	泓	물 깊을	홍
	烘	햇불	홍
	虹	무지개	홍
	鈱	쇠뇌 고동	홍
	哄	떠들썩할	홍
	汞	수은	홍
	訌	무너질	홍
화	火	불	화
	化	될	화
	貨	재화	화
	花	꽃	화
	華	빛날	화
	和	화할	화
	話	이야기	화
	畵	그림	화
	畫	畵의 속자	
	禾	벼	화
	禍	재화	화
	嬅	탐스러울	화
	樺	벚나무	화
	譁	시끄러울	화
	靴	신	화
	澕	물 깊을	화
확	確	확실할	확
	碻	確과 同字	
	擴	넓힐	확
	穫	곡식 거둘	확
	廓	클	확
	攫	붙잡을	확
환	患	근심	환
	歡	기뻐할	환
	丸	둥글	환
	換	바꿀	환
	還	돌아올	환
	環	옥고리	환
	喚	부를	환
	奐	클	환
	渙	물 성할	환
	煥	빛날	환
	晥	환할	환
	幻	허깨비	환
	桓	굳셀	환
	鐶	고리	환
	驩	기뻐할	환
	宦	벼슬	환
	紈	흰 비단	환
	鰥	환어	환
	圜	두를	환
	皖	샛별	환
	洹	세차게 흐를	환
활	活	살	활
	闊	넓을	활
	濶	闊의 속자	
	滑	미끄러울	활
	猾	교활할	활
	豁	뚫린 골	활
황	黃	누를	황
	皇	임금	황
	況	하물며	황
	荒	거칠	황
	凰	암봉황새	황
	堭	벽 없는 방	황
	媓	계집이름	황
	晃	햇빛	황
	晄	晃과 同字	
	滉	물 깊고넓을	황
	榥	책상	황
	煌	빛날	황
	璜	반 둥근 패옥	황
	熀	빛날	황
	幌	휘장	황
	徨	노닐	황
	恍	황홀할	황
	惶	두려워할	황
	愰	밝을	황
	慌	어렴풋할	황
	湟	해자	황
	潢	웅덩이	황
	篁	대숲	황
	簧	생황	황
	蝗	누리	황
	遑	허둥거릴	황
	隍	해자	황
	艎	깃대	황
회	回	돌아올	회
	會	모을	회
	会	會의 속자	
	灰	재	회
	悔	뉘우칠	회
	懷	품을	회
	廻	돌아올	회

恢 클 회
晦 그믐 회
檜 노송나무 회
澮 우물 도랑 회
繪 그림 회
絵 繪의 속자
誨 가르칠 회
匯 물돌 회
徊 노닐 회
淮 강이름 회
獪 교활할 회
膾 회 회
茴 회향 회
蛔 거위 회
賄 뇌물 회

획
劃 그을 획
獲 얻을 획
画 畫의 속자

횡
橫 가로 횡
鐄 큰 쇠북 횡
宖 집 울릴 횡

효
孝 효도할 효
效 본받을 효
効 效의 속자
曉 새벽 효
洨 물가 효
爻 괘이름 효
驍 날랠 효
斆 가르칠 효
哮 으르렁거릴 효
嚆 울릴 효
梟 올빼미 효
淆 뒤섞일 효

肴 안주 효
酵 술밑 효
皛 나타날 효
歊 김 오를 효
窙 높을 효
謼 울 효
傚 본받을 효
浝 강이름 효
庨 집 높을 효
虓 울부짖을 효
熇 엄할 효
烋 거들거릴 효
嫐 여자의 마음 영리할 효

후
後 뒤 후
厚 두터울 후
垕 厚의 古字
侯 벼슬이름 후
候 기후 후
喉 목구멍 후
后 임금 후
逅 만날 후
吼 울 후
嗅 맡을 후
帿 과녁 후
朽 썩을 후
煦 따뜻하게 할 후
珝 옥이름 후
堠 봉화대 후
欨 즐거워할 후
姁 예쁠 후
芋 클 후

훈
訓 가르칠 훈
勳 공 훈

勛 勳의 속자
勛 勳의 속자
焄 향내 훈
熏 불기운 훈
熏 熏과 同字
薰 향풀 훈
薫 薰의 속자
蘍 薰과 同字
壎 질나팔 훈
塤 壎과 同字
燻 불기운 성할 훈
鑂 바랠 훈
暈 무리 훈
纁 분홍빛 훈
煇 구울 훈

홍
薨 죽을 홍

훤
喧 지껄일 훤
暄 날 따뜻할 훤
萱 원추리 훤
煊 따뜻할 훤
愃 너그러울 훤
昍 밝을 훤

훼
毁 헐 훼
卉 풀 훼
卉 卉의 속자
喙 부리 훼

휘
揮 휘두를 휘
輝 빛날 휘
彙 무리 휘
徽 아름다울 휘
暉 햇빛 휘
煇 빛날 휘
諱 꺼릴 휘

	麾	대장기	휘		吃	말 더듬을	흘		晞	마를	희
	煒	빛날	휘		紇	질 낮은 명주실	흘		烯	晞와 同字
휴	休	쉴	휴		訖	이를	흘		僖	즐거울	희
	攜	끌	휴	흠	欽	공경할	흠		橲	나무이름	희
	烋	아름다울	휴		欠	하품	흠		禧	복	희
	畦	밭두둑	휴		歆	받을	흠		嬉	계집이름	희
	虧	이지러질	휴		鑫	사람의 이름	흠		憙	기뻐할	희
	庥	그늘	휴	흡	吸	숨 들이쉴	흡		熹	밝을	희
휼	恤	구휼할	휼		洽	화할	흡		熺	熹와 同字
	譎	속일	휼		恰	흡족할	흡		暿	熹와 同字
	鷸	도요새	휼		翕	합할	흡		熙	화할	희
흉	凶	흉할	흉	흥	興	일어날	흥		羲	복희	희
	胸	가슴	흉	희	喜	기쁠	희		爔	불	희
	兇	흉악할	흉		希	바랄	희		曦	햇빛	희
	匈	오랑캐	흉		稀	드물	희		俙	비슷할	희
	洶	물살 세찰	흉		戲	희롱할	희		囍	쌍희	희
흑	黑	검을	흑		戱	戲의 속자			憘	기쁠	희
흔	欣	기뻐할	흔		噫	슬플	희		犧	희생	희
	炘	화끈거릴	흔		熙	빛날	희		譆	감탄할	희
	昕	해 돋을	흔		熈	熙의 속자			嬥	기쁠	희
	痕	흉터	흔		熙	熙의 속자		힐	詰	힐문할	힐
	忻	기뻐할	흔		姬	계집	희
흘	屹	산 모양	흘		姫	姬의 속자

家庭作名法

초 판　발 행 – 1988년 11월 20일
개정증보판 발행 – 2014년　6월 20일

著　者 – 金 栢 滿
發行人 – 金 東 求
發行處 – 명 문 당(창립 1923년 10월 1일)
　　　　서울특별시 종로구 윤보선길 61(안국동)
　　　　우체국 010579-01-000682
　　　　전 화 (02) 733-3039, 734-4798
　　　　FAX (02) 734-9209
　　　　Homepage　www.myunmundang.net
　　　　E-mail　mmdbook1@hanmail.net
　　　　등록 1977.11.19. 제1-148호
　　　　　　　　■

* 낙장 및 파본은 교환해 드립니다.
* 불허 복제
* 정가　15,000원
ISBN　978-89-7270-944-2　13140